职业教育·道路运输类专业教材

公路施工与养护管理

GONGLU SHIGONG YU YANGHU GUANLI

第 2 版

孟 华 主 编
黄丽平 副主编
高俊启 主 审

人民交通出版社股份有限公司

北 京

内 容 提 要

本书为职业教育道路运输类专业教材。全书主要介绍了公路建设管理的概念,公路施工组织设计和公路基本建设工程概预算的基本原理和编制方法,公路施工质量和公路养护管理的基本原理和方法。

本书可作为职业院校道路与桥梁工程施工专业、公路养护与管理专业教学用书,也可供在职公路工程技术人员学习参考,或作为公路行业高级工、技师、高级技师培训用书。

本书有配套教学课件,教师可通过加入职教路桥教学研讨群(QQ561416324)免费获取。

图书在版编目(CIP)数据

公路施工与养护管理/孟华主编. —2版. —北京:人民交通出版社股份有限公司,2022.8
 ISBN 978-7-114-18144-3

Ⅰ.①公… Ⅱ.①孟… Ⅲ.①道路施工②公路养护 Ⅳ.①U415②U418

中国版本图书馆 CIP 数据核字(2022)第 147416 号

职业教育·道路运输类专业教材

书　　名:	公路施工与养护管理(第2版)
著 作 者:	孟　华
责任编辑:	刘　倩
责任校对:	赵媛媛
责任印制:	张　凯
出版发行:	人民交通出版社股份有限公司
地　　址:	(100011)北京市朝阳区安定门外外馆斜街3号
网　　址:	http://www.ccpcl.com.cn
销售电话:	(010)59757973
总 经 销:	人民交通出版社股份有限公司发行部
经　　销:	各地新华书店
印　　刷:	北京虎彩文化传播有限公司
开　　本:	880×1230　1/16
印　　张:	14.75
字　　数:	350千
版　　次:	2005年11月　第1版 2022年8月　第2版
印　　次:	2023年6月　第2版　第2次印刷　总第9次印刷
书　　号:	ISBN 978-7-114-18144-3
定　　价:	42.00元

(有印刷、装订质量问题的图书由本公司负责调换)

第2版前言

《公路施工与养护管理》第一版根据2004年全国交通职业教育教学委员会公路类(技工)学科委员会和交通技工教育研究会公路专业委员会发布的公路施工与养护专业(高级工)《公路施工与养护管理》教学大纲进行编写,并于2005年11月出版,出版后被多所院校用于教学,效果良好,为本专业的人才培养发挥了重要作用。但随着教学模式的改革与知识技术的更新,第一版教材的教学标准、教学内容已不能满足当前道路运输类专业人才岗位技能的要求,对教材进行修订势在必行。

本次改版延续了上一版教材的结构体系,修订后具有以下特点:

(1) 全书内容融入行业最新规范。本版教材根据《公路工程标准施工招标文件(2018年版)》《公路工程概算定额》(JTG/T 3831—2018)、《公路工程预算定额》(JTG/T 3832—2018)、《公路工程机械台班费用定额》(JTG/T 3833—2018)、《公路工程建设项目概算预算编制办法》(JTG 3830—2018)和《公路技术状况评定标准》(JTG 5210—2018)进行了相关内容的更新,符合科学性、规范性等要求。

(2) 本教材对接职业能力要求及专业教学标准,注重理论和实践紧密结合,重视职业岗位技能学习和训练。本书附录以某新建二级公路为例,运用WECOST(V9.7.1版)软件编制的预算文件,可配合"第五章 公路工程概算预算"相关知识点进行讲解,案例教学贯穿全书。

(3) 在每章内容的最后,用二维码链接了自动答题库,学生可扫码在线答题,提交后系统可自动给出对错判断,并提示参考答案。使用方法:先扫描封二上的数字资源码,进行绑定,再扫描每章末二维码进入答题。

(4) 本版教材配套教学课件,便于教师授课。另外,书后附课程标准,帮助学生更好地掌握本课程的学习要点。

本教材由山东公路技师学院孟华担任主编,河南交通技师学院黄丽平担任副主编,南京航空航天大学土木与机场工程系高俊启副教授主审。编写分工如下:第一章、第四章由山东公路技师学院孟华编写,第二章、第三章由广东省城市技师学院邝青梅编写,第五章及附录由河南交通技师学院黄丽平编写,第六章由山东公路技师学院曲元梅、李逸航编写,第七章由山东公路技师学院张桂霞、姜天玉编写。

因本书内容涉及面广,且我们业务水平和教学经验有限,书中难免存在不足或差错,恳请读者批评指正。相关意见请发送至编辑邮箱liuq@ccpress.com.cn,以便重印时修改,谢谢!

编 者
2022年5月

第1版前言

为了适应交通新的跨越式发展,积极推进一体化教学改革,进一步加快高级技工学校公路类专业教材建设,交通职业教育教学指导委员会公路类(技工)学科委员会和交通技工教育研究会公路专业委员会组织制定了高级技工学校公路施工与养护和公路工程机械使用与维修两个专业的教学计划与教学大纲,并依此确定了教学改革和教材改革的模式。2004年3月启动教材的编写工作,2005年7月交稿。

本套教材用于培养公路类专业高级技工和技师,具有以下特点:

1. 教材内容与高级工等级标准、考核标准相衔接,适应现代化施工与养护的基本要求,教材全部采用最新的标准和规范,符合先进性、科学性和实用性的要求。

2. 教材编写满足理实一体化和模块式的教学方式,以操作技能为主,体现职业教育特色,使学生具备较高的实用技能。

3. 教材与作业、题库配套。各课程均编写了"习题集和答案",汇成题库和题解,供学生做作业和练习,也可供命题参考。

本套教材由柯爱琴担任责任编委。

《公路施工与养护管理》是全国交通高级技工学校公路施工与养护专业通用教材之一,内容包括:公路建设管理的概念,公路施工组织设计和公路基本建设工程概预算的基本原理和编制方法,公路施工质量和公路养护管理的基本原理和方法。

参加本书编写工作的有:山东公路高级技工学校孟华(编写单元一、四、六、七),广东省交通技工学校邝青梅(编写单元二、三),河南省交通技工学校黄丽平(编写单元五,附录)。全书由孟华担任主编,山西交通高级技工学校张文才担任主审。

本套教材在交通技工教育研究会理事长卢荣林的指导下进行,在编写过程中,得到了全国16个省市的交通技工学校领导的大力支持和帮助,共有60余名公路类专业教师参与了教材的编审工作,在此表示感谢。

由于我们的业务水平和教学经验有限,书中有不妥之处,恳切希望使用本书的教师和读者批评指正。

交通职业教育教学指导委员会公路类(技工)学科委员会

交通技工教育研究会公路专业委员会

二〇〇五年八月

目录

第一章 绪论 ... 1
- 第一节 概述 ... 1
- 第二节 公路建设的特点、管理原则及管理体制 ... 6
- 第三节 公路基本建设 ... 8
- 复习思考题 ... 15

第二章 施工过程组织 ... 17
- 第一节 施工过程组织概述 ... 17
- 第二节 施工过程的空间组织和时间组织 ... 20
- 第三节 网络计划技术 ... 34
- 复习思考题 ... 43

第三章 施工组织设计 ... 46
- 第一节 施工组织设计的任务和文件 ... 46
- 第二节 施工方案与施工进度计划 ... 53
- 第三节 施工平面图设计 ... 59
- 第四节 施工组织设计示例 ... 61
- 复习思考题 ... 68

第四章 公路工程定额 ... 70
- 第一节 定额的基本知识 ... 70
- 第二节 概、预算定额的组成 ... 75
- 第三节 定额的运用 ... 77
- 复习思考题 ... 88

第五章 公路工程概算预算 ... 90
- 第一节 公路工程概算预算概述 ... 90
- 第二节 概算预算费用计算 ... 94
- 第三节 概算预算文件的编制 ... 125
- 第四节 概算预算软件的应用 ... 133
- 第五节 概算预算编制练习 ... 142

复习思考题 ·· 143

第六章　施工质量管理 ·· 145
　　第一节　质量管理概述 ·· 145
　　第二节　施工过程的质量管理 ·· 151
　　第三节　施工质量管理常用方法 ·· 155
　　复习思考题 ·· 161

第七章　公路养护管理 ·· 163
　　第一节　公路养护管理组织机构 ·· 163
　　第二节　公路养护技术管理 ·· 167
　　第三节　公路养护质量检查评定 ·· 170
　　复习思考题 ·· 188

附录　WECOST（V9.7.1版）软件编制的预算文件示例 ································ 190

课程标准 ·· 224

参考文献 ·· 229

第一章 绪论

知识目标

1. 了解管理的定义及其作用；
2. 了解公路建设的特点；
3. 熟悉公路建设的管理原则及管理体制；
4. 掌握公路基本建设的程序和内容。

能力目标

1. 具备管理的一般知识；
2. 知道公路工程建设的不同阶段需编制哪些设计文件。

第一节 概 述

一、管理的一般知识

1. 管理的定义

"管理"起源于人类的共同劳动，自古就有。当人们开始组织集体去达成共同目标时，就需要管理来协调集体中每个成员的活动。倘若没有管理，人类社会就无法生存，更谈不上发展。但是，至于什么是"管理"，人们却有着不同的理解。"科学管理之父"弗雷德里克·泰罗认为：管理就是"确切知道要别人干些什么，并且使他们用最好、最经济的方法去干"。法国古典管理理论学家亨利·法约尔则认为：管理就是实行计划、组织、指挥、协调和控制。决策管理学派的代表人物西蒙认为：管理就是决策。当代管理学派的代表人物哈罗德·孔茨认为：管理就是设计一种良好的环境，使人在群体里高效率地完成既定目标。

随着管理理论的研究范围不断扩大，特别是由于各方面专家运用各种现代科学知识进行分析，人们对管理的认识更加多元化，这些不同的认识从不同侧面揭示了管理的含义，或者揭示了管理的某一方面的属性。我们在借鉴国内外学者研究成果的基础上，对"管理"做出如下定义：管理是指组织中的管理者，通过计划、组织、领导和控制，来协调他人的活动，使他人同自己一起高效率地实现既定目标的活动和过程。

2. 管理的特性

一般来说，管理具有如下特性：

(1)两重性。管理是由许多人协作劳动而产生的,是有效组织、共同劳动所必需的,具有同生产力、社会化大生产相联系的自然属性;另一方面,管理又体现着生产资料所有者指挥劳动、监督劳动的意志,因此,它又有同生产关系、社会制度相联系的社会属性。这就是管理的两重性。

(2)组织性。无论从改造自然还是改造社会的任务来看,个体的能力都是有限的,个体的无序组合是不能发挥作用的。现实社会中普遍存在着由两个或两个以上的人组成的、为一定目标而共同协作的集体,这就是组织。

(3)人本性。所谓"人本性"是指以人为根本。在管理过程中以人为中心,把理解人、尊重人、调动人的积极性放在首位,把人视为管理的重要对象和组织中最重要的资源。

(4)创新性。管理的创新性是指管理本身是一种不断变革、不断创新的社会活动。通过管理的变革,推动社会和经济的发展。

(5)科学性。管理是一门科学,它能以反映管理过程中的客观规律和方法为指导,分析、解决管理中的问题。

(6)艺术性。管理的艺术性是指在掌握一定理论和方法的基础上,灵活运用这些知识和技能。管理的艺术性强调的是管理人员必须在管理实践中发挥积极性、主动性和创造性,因地制宜地将管理知识与具体的管理活动相结合,才能进行有效的管理。管理的艺术性还意味着仅仅学习书本上的管理理论、熟记管理的原理和原则,是不可能成为成功的管理者的。成功的管理者必须学会熟练地掌握实际情况,学会因势利导、总结经验、理论联系实际。

在现代社会,管理几乎无所不包、无处不在,而且还在不断开辟新的领域。从企业来看,管理的对象主要是指人、财、物、信息、时间等资源要素,其中最主要的是对人的管理。

3. 管理的作用

管理自人类有史以来就发挥着巨大的作用。随着社会生产力的发展和科学技术的进步,人类社会有组织的活动规模越来越大,协作的范围越来越广,管理的作用也就越来越突出。人们常常把现代科学技术和现代科学管理比作是加速生产力发展的两个车轮,两者缺一不可,同时,现代科学技术必须通过现代科学管理才能发挥出更大的效益。在所有的生产活动中都需要劳动者、劳动工具和劳动对象这些生产要素,但是,离开了管理,它们只能是一种潜在的生产力。管理是使生产要素转变为现实生产力的条件,而且,管理能够提高生产力水平。马克思在论述协作时指出,"通过协作不仅提高了个人生产力,而且创造了另一种生产力,这种生产力本身必然是集体力"。正是管理创造了这种新力量。所以,现在越来越多的人把管理看作一种资源,并且疾呼要大力开发管理资源。国外有人在分析企业破产的原因时,发现有90%以上的企业破产是由它们在管理上缺乏经验所致。

二、管理学的形成与发展

自从有了人类社会,人们的社会实践活动就表现为集体的协作劳动形式,而有集体协作劳动的地方就有管理活动。一方面,人们在长期管理实践活动的基础上产生了早期的管理思想,管理思想的提炼和升华逐步形成了系统的管理理论;另一方面,人们运用管理理论去指导管理实践,并在管理实践中修正和完善管理理论。图1-1表明了管理实践、管理思想、管理理论三者之间的关系。

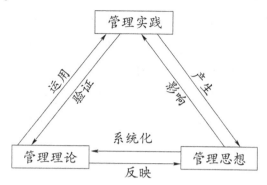

图1-1　管理实践、管理思想、管理理论三者关系示意图

管理学诞生于20世纪初,但是,人们对管理学进行系统的研究和探讨,是近五十年才开始的。从西方管理思想的发展过程看,大体可以分为以下四个发展阶段:

1. 传统(经验)管理阶段(18世纪后期～20世纪初)

在18世纪80年代,西方工业革命之后,现代大工业代替了工厂手工业,使生产方式发生了变化。手工生产被机器生产所代替,生产集中在一个场所,生产过程的分工协作变得复杂,从而引起了工厂管理的需要。由于采用机器生产需要大量的投资,因而资本家控制了工厂的生产,管理日益复杂,管理工作逐渐成为一种专门工作。这一时期生产和管理工作的主要特点是:主要凭个人经验办事,例如,工人主要凭个人的经验来操作,没有统一的操作规程;管理人员主要凭个人的经验来管理,没有统一的管理规则;工人的培养也主要是采取师傅带徒弟传授个人经验的办法;管理方法是家长式的、独裁式的、专制式的;管理的主要内容则在于生产管理、工资管理及成本管理。总之,这一时期,还没有完全摆脱小生产经营管理的影响,仍然沿袭着小生产的传统模式。因而,人们把这一时期称为传统管理阶段。

但到了19世纪末20世纪初,随着生产规模的扩大,原先的管理方式和方法已经不能适应生产需要,因而开始从传统管理阶段走向科学管理阶段。

2. 科学管理阶段(19世纪末20世纪初～20世纪40年代)

19世纪末,随着工业的迅速发展,石油、电力、化学等新工业日渐兴起,新技术在工业中的应用越来越广泛,促进了资本主义经济的迅速发展:一方面,资本更加集中,自由竞争的资本主义逐步走向垄断的资本主义;另一方面,由于经济的发展,生产进一步社会化,生产规模不断扩大,劳动专业化程度越来越高,生产技术更加复杂,劳资矛盾日益加剧,同时,竞争范围日益扩大,竞争对手日益增多。这些都对管理提出了更高要求,企业管理者仅仅凭经验与直觉这种传统管理办法进行生产与管理已经不能适应大生产的要求及应对这种激烈争夺的局面,需要专门的管理人员与管理机构来研究科学的管理制度,实行标准化生产,提高劳动生产率,以提升企业管理水平,增强企业竞争能力。为适应这种需要,加之传统管理思想为建立管理理论创造了条件,于是在20世纪初出现了以泰勒、法约尔为代表的一批管理学家,创建了"科学管理理论",使这一时期成为管理学科的转折点,使管理逐步由经验变为科学,由细碎走向系统。这一时期的管理着重研究的还是生产管理方面,主要解决生产组织方法的科学化、生产程序的标准化、生产效率的提高等方面问题。

3. 现代管理阶段(20世纪40年代～20世纪80年代)

第二次世界大战以后,世界的经济、政治情况发生了极大的变化:科学技术迅速发展,新兴工业不断出现,产品制造技术越来越复杂,劳动生产率的提高也主要不是依靠体力劳动的加强,而是依靠智力的开发;生产的社会化程度越来越高,生产的协作关系也变得越来越复杂,企业与社会的联系日益广泛和密切;企业的规模在激烈的竞争中迅速扩大;职工队伍的结构、文化程度都发生了变化,技术人员、管理人员在职工中的比重增加;技术更新周期加快,市场竞争异常激烈。在这种背景条件下,不仅传统管理根本无法适应,就是科学管理这一属于近代管理范畴的管理方式,也因其仅限于动作、时间和车间范围内的管理方式而不能满足要求,于是现代化的管理便应运而生,出现了众多的现代管理理论学派,美国管理学家孔茨(H. Koontz)称之为"管理理论的丛林"。这些学派主要有:管理程序学派、权变理论学派、经验主义学派、决策理论学派、系统管理学派、管理科学学派、行为科学学派、社会系统学派、社会技术系统学派、经理角色学派、经营管理理论学派等。这些学派与经济学中的流派类似,是建立在基本理论观点、基本分析方法和主要管理措施相一致的基础上的,各家都有自己的独到之处,而且都曾解决或说明过一些实际问题,现在也都同样经历着实践的检验。

4. 当代管理阶段(20世纪80年代至今)

20世纪80年代为企业再造时代,该理论的创始人是美国麻省理工学院原教授迈克尔·哈默(M. Hammer)与詹姆斯·钱皮(J. Champy),他们认为企业应以工作流程为中心,重新设计企业的经营、管理及运作方式,进行所谓的"再造工程"。美国从20世纪80年代起开始了大规模的企业重组革命,日本企业也于20世纪90年代开始进行第二次管理革命,这十几年间,企业管理经历着前所未有的、类似脱胎换骨的变革。

20世纪80年代末以来,信息化和全球化浪潮迅速席卷世界,顾客的个性化、消费的多元化决定了企业必须适应不断变化的消费者的需要,在全球市场上争得顾客的信任,才有生存和发展的可能。这一时代,管理理论研究主要针对学习型组织而展开。彼得·圣吉(P. M. Senge)在所著的《第五项修炼》中更是明确指出企业唯一持久的竞争优势源于比竞争对手学得更快更好的能力,学习型组织正是人们从工作中获得生命意义、实现共同愿景和获取竞争优势的组织蓝图。

三、管理学的基本内容

管理学研究的内容是很广泛的,大体可以分两个层次或两个侧重点。

1. 管理学的研究对象

由于管理活动总是在一定的社会生产方式下进行的,因此管理学的研究对象可以分为以下三个方面:

(1)生产力方面。主要研究合理组织生产力问题,使劳动者、劳动工具、劳动对象在一定的空间和时间上科学、合理地组织和运转,各生产要素充分发挥作用,以求得最佳经济效益与社会效益。

(2)生产关系方面。研究如何正确处理人与人之间的关系和其他关系,研究如何正确处理分配关系以及企业内部的管理体制、组织机构、经济核算等问题。

(3)上层建筑方面。研究如何从企业的实际出发,认真贯彻执行党和国家的有关方针、政策、法令、计划,以及各项规章制度,从而维持正常的生产关系,促进生产力的发展。

2. 管理的职能

管理的职能是指企业管理者在企业管理活动中所应有的职责和功能,一般包括以下几个方面:

(1) 计划和决策

计划是指通过调研、预测,对企业的经营目标、经营方针作出决策,制订长远和短期计划,确定实现目标的途径、方法和资源配置等管理工作,并把计划层层分解落实到各个部门、各个环节。计划是企业从事经营活动的行动纲领,具有科学性、统一性、灵活性、连续性和群众性的特征,是企业管理各项职能中的首要职能。

决策主要是指对企业生产经营的方向、战略目标以及由此而产生的一系列重大问题进行决定。决策正确与否,极大地影响企业的经营水平。

(2) 组织和指挥

组织是根据计划,为了实现企业经济目标,把生产的各种要素、各个环节在时间和空间上合理地组织起来,形成一个有机的整体,从而有效地进行生产活动。指挥是由企业各级领导人员行使的一种职能,企业各级领导人员为贯彻实施企业的计划,通过组织系统来安排指导其下属人员的工作活动,使其互相配合,以便更好地完成企业的计划任务和经营目标。

(3) 控制和协调

控制职能是指将工作执行的实际情况与该项工作的标准相比较,进行检查和考核,发现偏差、纠正偏差的管理活动,以保证经济目标的实现。

协调职能是指协调企业内部各生产部门之间的经营生产活动。既要协调人、财、物各部门的工作,以及企业各层次领导间、领导和职工间的工作,还要协调企业内部与外部环境关系,平衡和调节企业与外部环境之间出现的一些矛盾和不协调现象。

控制和协调是不可分割的。只控制不协调,控制就失去本来的积极意义,而离开控制去协调,协调便是无的放矢。

(4) 教育和鼓励

提高职工队伍的素质,离不开教育培训和鼓励。充分发挥员工主观能动性,使其以企业主人翁的态度积极地对待企业,视企业如家,多劳多得,优质优酬等,是做好各项企业工作的重要措施。

以上四个方面八项职能相互影响、相互渗透,交叉进行、缺一不可。只有按照企业管理活动自身的内在规律开展好各项管理活动,才能收到良好的管理效果。

四、公路建设管理的概念

公路建设管理,就是对公路施工与养护过程中涉及的各个要素进行合理组织,按照经济规律和生产力组织规律来进行管理,是在将公路工程技术与经济规律相结合,将公路施工与养护管理经验、技术政策与现代管理科学的理论和方法相结合,将人的思想行为与公路工程建设的客观规律性相结合而发展起来的一门学科。

由于公路建设点多线长、流动分散,其管理工作比其他工业管理的难度更大。作为公路建设者,不懂公路建设管理,就不能适应工作的需要,因此,应认真学习和掌握这门学科,并把理论学习同工程实践相结合,不断提高工程管理能力。在学习和研究时,可以采取以下方法:①定性分析和定量分析相结合;②注重各学科知识的综合运用;③国内经验与国外经验相结合。

第二节　公路建设的特点、管理原则及管理体制

一、公路建设的概念

现代交通运输业是由铁路、公路、水运、航空以及管道等多种运输方式组成的综合运输体系,交通运输对提高国民经济、加强国防和改善人民物质文化生活具有重要意义。

公路运输以其机动、灵活、直达、迅速、适应性强、服务面广的特点,在整个交通运输业中占有较大比例,在社会主义现代化建设中发挥着巨大作用,并且具有良好的发展前景。

发展公路运输业,首先必须进行公路建设。公路建设就是为公路运输业提供或更新诸如路线、桥涵、隧道、交通工程等基础设施的。

公路建设的内容包括小修保养、养护大中修、公路基本建设等三个方面。主要形式包括公路养护、重建、改建、扩建和新建等。公路建设通过固定资产维修、固定资产更新与技术改造、基本建设三条途径来实现固定资产的简单再生产和扩大再生产。

二、公路建设的特点

公路建设的特点是由公路建筑产品的特点所决定的。公路工程是呈线状分布的一种人工构造物,它是通过勘察设计和施工,消耗大量资源而完成的公路建筑产品。与工业生产相同,公路建设也是一系列资源投入产出的过程。但由于公路建筑产品具有形体的庞大性、多样性、固定性等不同点,由此使得公路施工具有流动性、单体性等特点。这些特点对科学地组织与管理公路工程施工提出了更高的要求。

1. 公路建筑产品的特点

(1)固定性。公路工程的构造物固定于一定的地点不能移动,只能在建造的地方供长期使用。

(2)多样性。由于公路的具体使用目的、技术等级、技术标准、自然条件、结构形式、主体功能等的不同,从而使公路的组成部分、形体构造千差万别、复杂多样。

(3)形体庞大性。公路工程是线状构造物,其组成部分的形体庞大,占用土地和空间多。

(4)部分结构的易损性。公路工程构造物受行车作用、自然因素的影响,其暴露于大自然的部分以及直接受行车作用的部分容易损坏。

(5)消费过程的独特性。一般商品的生产与消费在时间和空间上是分开的,产品最终完成后,才能进行消费。而公路则不是这样,公路建成投入使用后,一边使用,一边尚需不断地进行养护、维修和改造。公路生产建设和使用消费同时进行,二者不可分割,在时间和空间上重合。而且,公路消费不是一次性而是多次性消费,是在生产部门的直接管理下提供的多次重复性消费。

2. 公路施工的技术经济特点

（1）劳动对象分散。公路建设线长点多，工程分布极为分散，工程数量分布不均匀，从而需要采取相适应的工程管理方法。

（2）施工流动性大。公路建筑施工产品的固定性必然带来生产的流动性。在施工生产过程中要组织各类工作人员和各种机械围绕这一固定产品，在同一工作面不同时间，或同一时间不同工作面上进行施工活动，因此需要科学地解决这种空间上的布置和时间上的安排之间的矛盾。此外，当某一公路工程竣工后，还要解决施工队伍向新的施工现场或基地转移的问题。

公路施工的流动性是公路建设的一大显著特点，给公路施工企业的生产管理和生活安排带来很多特殊要求，例如施工基地的建立、施工组织方法和形式、施工运输和预算费用计算等。

（3）需要个别设计、个别组织施工。由于产品的多样性，每项工程具有不同的功能、不同的施工条件，个体性非常突出，从而使每项工程不仅需要个别设计，而且需要采用不同的施工方法，分别组织施工。

（4）生产类型多，且以单件生产为主。公路建筑产品的多样性以及分散、固定、不可分割性，决定着公路施工生产除部分桥、涵、结构物能进行预制成批生产外，其绝大部分施工生产以单件生产为主。因此，增加了公路施工生产管理的难度。

（5）施工协作性高。由于产品的多样化，特别是公路生产施工环节多，生产程序复杂，每项工程都需要建设单位、设计单位、施工单位，以及材料、动力、运输等各个部门的通力协作。因此，施工过程中的综合平衡和调度、严密的计划和组织就显得特别重要。

（6）生产周期长。由于产品形体庞大以及产品的分散、固定、不可分割性，致使公路施工生产周期长。因此要求严格遵守施工程序，合理、周密地组织施工。

（7）受外界干扰及自然因素影响大。公路工程施工大部分是在露天进行，受地势、地质、气温、洪水、雨、雪、风等自然条件的影响较大。不利的自然条件和外界环境因素对工程进度、工程质量、工程成本等都会造成很大的不利影响。如何克服这些因素的影响，是公路施工生产中应认真研究并解决的问题。

（8）需要不断地养护和维修。由于公路的部分结构易受损，需要在公路部门的管理下，不断对其进行维修、养护，才能维持正常的使用性能，并确保公路运输正常进行及车辆行驶的安全、迅速、舒适、经济。

公路建设活动的这些特点，决定了公路施工活动的特有规律。研究和遵循这些规律，对科学地组织与管理公路工程施工，提高公路建设的经济效益具有重要意义。

三、公路建设的管理原则和管理体制

1. 公路建设的管理原则

我国公路系统实行统一领导、分级管理的原则。国道、省道由省、自治区、直辖市公路主管部门负责修建、养护和管理；国道中跨省、自治区、直辖市的高速公路，由交通运输部批准的专门机构负责修建、养护和管理；县道由县级公路主管部门负责修建、养护和管理；乡道由

乡级人民政府负责修建、养护和管理；专用公路由专用单位负责修建、养护和管理。

2. 公路建设的管理体制

根据《中华人民共和国公路法》(2017 年修订)规定，国务院交通主管部门主管全国公路(包括公路桥梁、公路隧道和公路渡口，下同)工作。县级以上地方人民政府交通主管部门主管本行政区域内的公路工作；但是，县级以上地方人民政府交通主管部门对国道、省道的管理、监督职责，由省、自治区、直辖市人民政府确定。

乡、民族乡、镇人民政府负责本行政区域内的乡道的建设和养护工作。

县级以上地方人民政府交通主管部门可以决定由公路管理机构依照本法规定行使公路行政管理职责。

科学、高效的公路建设管理体制是做好公路行业管理工作的重要保证和必要条件。

第三节　公路基本建设

一、公路基本建设的概念及内容

1. 公路基本建设的概念

公路基本建设，是指公路运输业中有关固定资产的建筑、购置、安装活动以及与其相关的如勘察设计、征用土地等工作。按项目性质分为新建、扩建、改建和重建，其中新建和改建是主要的形式；按经济内容可分为生产性建设和非生产性建设（如为政治、国防需要所修建的专用公路）；按项目建设总规模和总投资可分为大型、中型和小型项目，其划分标准国家有明文规定。

2. 公路基本建设的内容

公路基本建设工作内容按其投资额构成和工作性质主要分成下面三部分。

(1) 建筑安装工程

指兴工动料的施工活动，包括建筑工程和设备安装活动。

(2) 设备、工具、器具的购置

指为满足公路营运、服务、管理、养护需要，购置设备、工具、器具，以及为保证新建、改建公路初期正常生产、使用、管理所需，采购或自制办公和生活用家具。

(3) 其他基本建设

指不属于上述各项但不可或缺的基本建设工作，如勘察、设计及与之有关的调查和技术研究工作，公路筹建阶段和建设阶段的管理工作，征用土地、青苗补偿和安置补助工作，施工机构迁移工作等。

二、公路基本建设主体单位、项目组成

1. 公路基本建设主体单位

公路基本建设的主体单位原则上有四个，分别是建设单位（业主）、勘察设计单位（工程咨询）、施工单位（承包人）、政府监督和社会监理咨询机构。另外，国家财政部门、金融机构也参与公路基本建设。

(1) 建设单位(业主)

凡是负责执行国家公路基本建设的单位都称为建设单位。建设单位亦称为业主。它在行政上有独立的组织形式,在经济上进行独立核算。建设单位作为公路基本建设的组织者和监督者,原则上都实行项目业主责任制。其主要工作包括:负责筹集建设资金;提出项目建设规模和需要落实的建设条件;负责组织工程设计、监理、设备采购和施工招标工作,审定招标方案,自主确定设计、监理、设备供应和施工的中标单位等事项。

(2) 勘察设计单位(工程咨询)

交通勘察设计及技术咨询单位持有上级主管发证机关颁发的勘察设计认可证和相应的资质等级证书。设计单位的任务,既可由接受建设单位或主管部门的委托获取,也可以参与国内外设计任务的招投标,通过市场竞争获取。其主要工作包括:根据已批准的可行性研究或设计任务书(或委托合同)及业主提供的初步资料,制订设计方案,计算主要工程量,拟订施工方案,编制设计概算或施工预算。对技术复杂的项目还应该进行技术设计,通过试验研究解决技术难题,提出修正的施工方案,计算施工数量,编制修正概算,提供重要的文字说明和图表资料,为施工准备提供依据。

(3) 施工单位(承包人)

施工单位是承担公路工程或交通工程建筑安装的单位,一般又称承包单位或承包人等。它通过施工投标或其他方法取得某项目的施工权。施工单位根据性质不同可分为全民企业、中外合资企业、私营企业等。施工单位必须具备下列条件:能独立组织生产,具备必需的劳动力、施工机具和各种建筑材料(可采购);能独立经营,在行政上和经济上具有一定的独立性,对外有法人资格,具有"自主经营、自负盈亏、自我发展、自我约束"的商品生产能力;能独立核算,在财务上有自己支配的固定资金和流动资金,能独立核算工程成本,以自己的销售收入抵偿生产支出;还应具有相应的施工等级资格证书。

(4) 政府监督和社会监理咨询机构

凡列入基本建设计划的公路工程项目,都应实行"政府监督、社会监理、企业自检"的质量保证体系。政府监督是指我国政府主管建设的职能部门及工程质量监督站对项目实施阶段进行的监督和管理;社会监理则是咨询监理公司依据"菲迪克"条款规定或交通部门有关规定接受业主委托进行项目实施阶段的监理。

据此,交通运输部设"安全与质量监督管理司",负责组织拟订公路工程建设质量监督管理政策、应急预案并监督实施,负责有关公路重点工程建设项目质量的监督管理工作;各省、自治区、直辖市交通运输厅(局)设立"工程质量监督职能部门",代表政府行使职能,对辖区内建设工程质量实行强制性监督,并对监理单位及监理人员、承包人及施工人员和业主的项目管理人员实行管理和监督检查。

工程建设监理咨询机构是获得交通主管部门颁发的公路工程或交通工程施工监理资质证书,且具有独立法人资格的单位。他受业主委托,根据合同文件的要求,在公路工程或交通工程施工准备阶段、施工阶段及缺陷责任期阶段对工程的质量、进度、费用和合同等事宜承担监理业务。

2. 基本建设项目的组成

建设项目,又称为基本建设项目,一般指符合国家总体建设规划,能独立发挥生产功能或满足生活需要,其项目建议书经批准立项的建设项目。如交通基础设施中一条公路,一座独立大中型桥梁,一座隧道等。一个建设项目可以由一个或几个单项工程组成。

单项工程又称工程项目,是建设项目的组成部分,它具有独立的设计文件,是竣工后可以独立发挥生产能力或效益的工程。如某公路工程中独立合同段的路线、大桥等。一个单项工程可以由几个单位工程组成。

单位工程是单项工程的组成部分,指建成后不能独立发挥生产能力或效益,但可以独立组织施工,并可单独作为成本计算对象的工程。在公路建设项目中,常把一条公路中一段路线作为一个单项工程,该路段内的路基、路面、桥梁、隧道都可作为单位工程。一个单位工程可以包含若干分部工程。

分部工程是单位工程的组成部分,一般是指某些性质相近,工种、用料基本相同的施工对象,一般按单位工程的结构部位、路段长度及施工特点或施工任务划分。例如,路线工程中的路基工程、路面工程、材料采集、加工工程;桥梁工程中的上部结构工程、下部结构工程、基础工程等。一个分部工程可由若干个分项工程组成。

分项工程是分部工程的组成部分,一般在分部工程中按不同的施工方法、材料、工序及路段长度等划分为若干个分项工程。例如,砌筑工程可分为浆砌片石和浆砌块石;路面工程可分为沥青路面、水泥混凝土路面、级配砾石路面;桥梁基础工程可分为桩基础、扩大基础、沉井基础、组合式基础等。

表 1-1 是《公路工程质量检验评定标准 第一册 土建工程》(JTG F80/1—2017)中路基工程的划分,学习时可对照理解。

一般建设项目中的路基工程划分　　　　　　　　表 1-1

单位工程	分部工程	分项工程
路基工程(每10km 或每标段)	路基土石方工程(1~3km 路段)	土方路基,填石路基,软土地基处治,土工合成材料处治层等
	排水工程(1~3km 路段)	管节预制,混凝土排水管施工,检查(雨水)井砌筑,土沟,浆砌水沟,盲沟,跌水,急流槽,水簸箕,排水泵站沉井、沉淀池等
	小桥及符合小桥标准的通道、人行天桥、渡槽(每座)	钢筋加工及安装,砌体,混凝土扩大基础,钻孔灌注桩,混凝土墩、台,墩、台身安装,台背填土,就地浇筑梁、板,预制安装梁、板,就地浇筑拱圈,混凝土桥面板桥面防水层,支座垫石和挡块,支座安装,伸缩装置安装,栏杆安装,混凝土护栏,桥头搭板,砌体坡面护坡,混凝土构件表面防护,桥梁总体等
	涵洞、通道(1~3km 路段)	钢筋加工及安装,涵台,管节预制,管座及涵管安装,波形钢管安装,盖板预制,盖板安装,箱涵浇筑,拱涵浇(砌)筑,倒虹吸竖井,集水井砌筑,一字墙和八字墙、涵洞填土,顶进施工的涵洞,砌体坡面防护,涵洞总体等

续上表

单位工程	分部工程	分项工程
路基工程(每10km或每标段)	防护支挡工程(1~3km路段)①	砌体挡土墙,墙背填土,边坡锚固防护,土钉支护,砌体坡面防护,石笼防护,导流工程等
	大型挡土墙、组合挡土墙（每处）	钢筋加工及安装,砌体挡土墙,悬臂式挡土墙,扶壁式挡土墙,锚杆,锚定板和加筋土挡土墙,墙背填土等

三、公路工程基本建设程序

在基本建设项目整个建设过程中,各项工作的先后顺序称为基本建设程序。这个程序是由基本建设进程的客观规律(包括自然规律和经济规律)决定的。该程序是基本建设过程中的客观规律,必须遵守,不可以随意更改或忽略其中的任何一个程序,否则将会造成浪费,甚至造成不可估量的损失。

一条公路从计划建设到竣工交付使用,要经过项目建议、可行性研究、决策、勘测、设计、施工、竣工验收、项目后评价等许多阶段和环节。一般大、中型公路工程基本建设程序包括以下内容。

1. 编制项目建议书

项目建议书是项目筹建单位或项目法人根据国民经济发展的长远规划和公路网建设规划,提出的某一具体项目建议文件,是对拟建项目提出的框架性的总体设想。项目建议书是进行各项准备工作的依据,一般应包括以下内容：

(1)项目投资方名称,生产经营概况,法定地址,法人代表姓名、职务,主管单位名称。

(2)项目建设的必要性和可行性。

(3)项目产品的市场分析。

(4)项目建设内容。

(5)生产技术和主要设备。说明技术和设备的先进性、适用性和可靠性,以及重要技术经济指标。

(6)主要原材料及水、电、气、运输等需求量和解决方案。

(7)员工的数量、构成和来源。

(8)投资估算。说明需要投入的固定资产和流动资金。

(9)投资方式和主要来源。

(10)经济效益初步估算。

2. 编制可行性研究报告

根据批准的项目建议书,对建设项目进行可行性研究,编制可行性研究报告,以减少项目决策的盲目性,使建设项目具有科学性和经济合理性。可行性研究是对项目建议书批准的建设项目在技术上是否可行和经济上是否合理进行的一系列分析和论证工作。公路建设项目可行性研究按其工作深度,可分为预可行性研究和工程可行性研究。可行性研究报告一般包括以下内容：

(1)建设项目依据、历史背景。

(2)建设地区综合运输网的交通运输现状和建设项目在交通运输网中的地位及作用。

(3)原有公路的技术状况及适应程度。

(4)建设项目所在地区的经济特征,建设项目与经济发展的内在联系,预测交通量、运输量的发展水平。

(5)建设项目的地理位置、地形、地质、气候、水文等自然特征。

(6)筑路材料来源及运输条件。

(7)不同建设方案的路线起讫点和主要控制点、建设规模、标准及推荐意见。

(8)建设项目对环境的影响。

(9)主要工程数量、征地拆迁数量,估算投资金额,提出资金筹措方式。

(10)勘测、设计、施工计划安排。

(11)运输成本及有关经济参数,进行经济评价、敏感分析。

3.编制设计文件

根据批准的项目工程可行性研究报告,编制设计文件。设计文件是反映产品全貌的技术文件,一般由三部分组成:

(1)初步设计。初步设计应根据可行性研究的要求和初测资料,拟定修建原则,选定设计方案,计算主要工程数量,提出施工方案的意见,编制设计概算,提供文字说明及图表资料。初步设计文件经审查批准后,作为国家控制建设项目投资和编制施工图设计的依据,并为施工前材料、机具、征用土地等施工准备提供资料。

(2)技术设计。技术设计是根据批准的初步设计和补充初测(或定测)资料,对重大、复杂的技术问题通过科学实验、专题研究,加深勘探调查及分析比较,解决初步设计中未能解决的问题,落实技术方案,计算工程数量,提出修正的施工方案,编制修正设计概算。经批准后的技术设计文件将作为编制施工图设计的依据。技术设计文件的内容与初步设计类似,但此时的技术方案和技术细节都已基本确立。

(3)施工图设计。施工图设计一般分为三种类型,即一阶段设计、两阶段设计和三阶段设计。一阶段施工图设计应根据批准的可行性研究和定测资料,拟定修建原则,确定设计方案和工程数量,提出文字说明和图表资料以及施工组织计划,编制施工图预算,以满足审批的要求和施工的需要。

两阶段(或三阶段)施工图设计应根据批准的初步设计(或技术设计)文件和定测(或补充定测)资料,进一步对所审定的修建原则、设计方案、技术设计加以具体和深化,最终确定工程数量,提出文字说明和适应施工需要的图表资料以及施工组织计划,编制施工图预算。施工图设计类型如表1-2所示。

施工图设计类型　　　　表1-2

设计类型	适用项目	设计依据	应提交的成果
一阶段设计	技术方案明了、投资不大的道路工程项目(尤其是地方投资的项目)	批准的项目建议书或工程可行性研究及定测资料	施工图设计和施工图预算

续上表

设计类型	适用项目	设计依据	应提交的成果
两阶段设计	一般工程项目	①初步设计：依据批准的项目建议书或工程可行性研究和初测资料； ②施工图设计：依据批准的初步设计和定测资料	①初步设计和工程概算； ②施工图设计和施工图预算
三阶段设计	重大工程项目或其中有技术难题的工程项目	①初步设计：依据批准的项目建议书或工程可行性研究和初测资料； ②技术设计：批准的初步设计和补充定测资料； ③施工图设计：批准的技术设计和定测资料	①初步设计和工程概算； ②技术设计和修正概算； ③施工图设计和施工图预算

4. 把该建设项目列入年度基本建设计划

当建设项目的初步设计和概算经上报批准后，该建设项目才能被列入国家年度基本建设计划。建设单位根据国家发改委颁发的年度基本建设计划控制数字，按照批准的可行性研究报告和设计文件，编制本单位的年度基本建设计划，经批准后，再编制物资、劳动、财务计划。这些计划分别经过主管机关审批后，作为国家安排生产、物资分配、劳力调配和财政拨款（或贷款）的依据，并通过招投标或其他方式落实施工单位和工程监理单位。

5. 施工准备

为了保证施工的顺利进行，在施工准备阶段，建设单位、勘测设计单位、施工单位和工程监理单位要分别做好下述准备工作。

建设单位：组织基建管理机构；办理登记及拆迁；做好施工沿线有关单位和部门的协调工作；抓紧配套工程项目的落实；组织施工范围内的技术资料、材料、设备的供应。

勘测设计单位：按照技术资料供应协议，按时提供各种图纸资料；做好施工图纸的会审及移交、交底工作。

施工单位：组织机具、人员进场；进行施工测量；修筑便道及生产、生活等临时设施；组织材料、物资采购、加工、运输、供应、储备；做好施工图纸的接收工作；熟悉图纸的要求；编制施工组织设计和施工预算；提出开工申请报告并按投资隶属关系报请交通运输部或省、自治区、直辖市基建主管部门核准。

工程监理单位：组织监理机构、建立监理组织体系；组织监理人员、设备进入施工现场；熟悉施工设计文件和合同文件；根据工程监理制度规定的程序及合同条款审批、验收、检查施工单位（即承包人）各项施工准备工作，使其按合同规定要求如期开工。

6. 组织施工

施工单位要遵照施工程序合理组织施工，施工过程中应严格按照设计要求和施工规范，以及工程监理程序和要求进行施工组织与管理，确保工程质量和安全施工，积极推广应用新工艺、新技术，努力缩短工期，降低造价，同时应做好施工记录，建立技术资料档案。

7. 竣工验收、交付使用

公路建设项目的竣工验收是一项十分细致而又严肃的工作，必须从国家和人民的利益出发，按照交通运输部颁发的《公路工程竣（交）工验收办法》的要求，认真负责地根据设计文件和现行《公路工程质量检验评定标准　第一册　土建工程》(JTG F80/1—2017) 进行严格检查验收，对工程质量、数量、期限、生产能力、建设规模、使用条件进行审查评价并做出评价结论，对存在的问题要明确责任、确定处理措施及期限，对建设单位和施工单位编报的竣工图表、竣工决算、固定资产移交清单、隐蔽工程说明等进行细致检查。特别是竣工决算，它是反映整个基本建设工作所消耗的全部国家建设资金的综合性文件，也是通过货币指标对全部基本建设工作的总结。

当全部基本建设工程经过验收合格，完全符合设计要求后，应立即移交给生产部门正式使用，迅速办理固定资产交付使用的转账手续，加强固定资产的管理。

8. 公路建设项目后评价

公路建设项目后评价工作是指在公路通车后，经过几年的实际运营考核，将达到正常生产能力后的实际效果与原来可行性研究中的预期效果进行比较、分析，按系统工程的思想方法，对建设项目从立项决策、设计方案、工程施工直至通车运营的全过程各阶段工作的成功与失误，全面评价项目的作用与影响、投资与效益、目标实现程度及持续能力等，总结项目的经验与教训，根据需要也可针对项目的某一方面或问题进行专题评价。

我国公路建设项目后评价是从20世纪80年代末期开始实行的。1988年年底，国家计委以计外资〔1988〕933号文件下发，要求首先在外资贷款项目中进行后评价工作，并先期进行了十几个项目的试点。当时的交通部根据国家计委"今后重大项目都要做后评价工作"的精神，于1990年3月下发了《公路建设项目后评价报告编制办法（试行）》，该办法对后评价工作的内容进行了规范性阐述，并规定于1990年5月1日起开始实行。后随着我国经济社会的巨大变化，又多次修订了《公路建设项目后评价工作管理办法》和《公路建设项目后评价报告编制办法》。

公路建设项目后评价的内容一般包括：建设项目的过程评价，建设项目的投资与效益评价，建设项目的影响评价，建设项目目标持续性评价，经验与教训、措施与评价五个方面内容。每个方面内容在文件中又规定了更加具体的项目（详细见《公路建设项目后评价报告编制办法》）。

公路养护工程，即固定资产的更新与技术改造，原则上也可参照基本建设程序，按交通运输部有关规定执行。

公路工程基本建设程序如图1-2所示。一个建设项目，特别是大、中型工程项目从确定建设到建成运营，都要经历一个循序渐进的过程，不完成上一环节，就不能进入下一环节，如没有可行性研究报告就不能设计，没有设计就不能施工，工程不经竣工验收合格就不能交付使用等,否则就会造成不必要的经济损失,带来不良后果。几十年来,我国公路工程基本建设工作的经验教训表明,只有严格按基本建设程序办事,才能更好更快地完成建设工作。

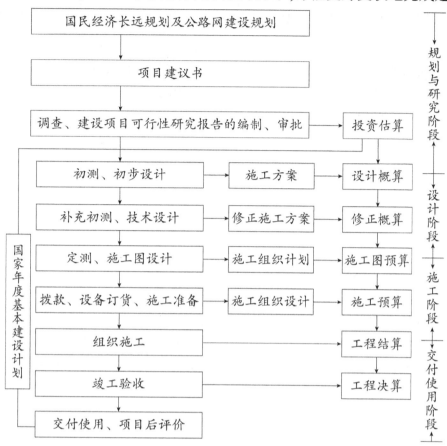

图 1-2　公路工程基本建设程序

复习思考题

一、填空题

1. 管理是组织中的管理者,通过_____、_____、_____和_____,来协调他人的活动,使他人同自己一起高效率地实现既定目标的活动和过程。

2. 现代交通运输业由_____、_____、_____、_____及_____运输等五种形式组成。

3. _____是单位工程组成部分中最基本的构成要素。

4. 施工图设计文件一般划分为三种类型,即_____、_____和_____。

二、选择题

1. 公路工程构筑物受行车和自然因素影响,暴露于大自然及直接承受行车作用的部分易损,反映了公路建筑产品(　　)特点。

　　A. 固定性　　　　　　　　　　B. 多样性
　　C. 形体庞大性　　　　　　　　D. 部分结构的易损性

2. 以下不属于公路建筑产品特点的是(　　)。
   A. 固定性　　　　B. 形体庞大性　　　C. 批量性　　　　D. 多样性
3. 公路建筑产品的特点决定了公路工程施工的技术经济特点,其中,施工流动性大是由于(　　)决定的。
   A. 产品的多样性　　　　　　　B. 产品的形体庞大性
   C. 产品的固定性　　　　　　　D. 产品的易损性
4. 下列不属于公路基本建设工作内容的是(　　)。
   A. 建筑安装工程　　　　　　　B. 设备及工、器具的购置
   C. 其他基本建设　　　　　　　D. 运营与养护管理

三、判断题

1. 公路运输具有机动、灵活、迅速、直达等优点,是重要的运输方式。　　　　(　　)
2. 编制可行性研究报告是公路建设项目的第一道程序。　　　　　　　　　　(　　)
3. 编制施工进度计划是公路施工组织的一项重要任务。　　　　　　　　　　(　　)
4. 建设单位又称业主,在招标阶段称为"招标单位"。　　　　　　　　　　　(　　)
5. 分项工程是指某些性质相近,工种、用料基本相同的施工项目。　　　　　(　　)
6. 基本建设的设计文件是根据计划任务书的要求,由建设单位负责编制的。　(　　)

四、简答题

1. 简述管理的定义。
2. 简述公路施工的技术经济特点。
3. 何为基本建设程序?
4. 简述三阶段设计的工程项目每阶段的设计依据和应提交的成果。

复习思考题及答案

第二章 施工过程组织

知识目标

1. 具有施工组织的一般知识;
2. 掌握流水作业的作图方法,并能确定合理的施工次序;
3. 掌握双代号网络图的编制方法。

能力目标

1. 能够利用各种方法编制简单的施工进度图;
2. 能够用网络图编制施工进度计划。

第一节 施工过程组织概述

施工过程组织是人们为了快速、高效地达到某一特定目的而人为地使其实施过程系统化、秩序化和科学化的一种管理行为。有效地开展施工过程组织,可以实现施工工期短、占用资金少、劳动生产效益高,以及产品质量好、产量高、成本低等目标。因此,施工过程组织是施工组织设计和施工管理的重要内容。同时,施工过程组织的原理也适用于工程的测设、试验、科研等生产活动。

一、施工生产类型及施工过程

1. 施工生产类型

施工生产类型不同,其生产组织和管理特点也不相同。正确划分生产类型,有利于对不同类型的施工过程,采取相应的、有效的施工组织和管理方法。施工生产类型划分如表 2-1 所示。

施工生产类型划分　　　　表 2-1

划分依据	类 型	特 点	实 例
按产品特点和工艺特点分	建筑施工性生产(固定性产品生产)	劳动对象在生产活动中在工作地固定不动; 劳动力(人、机械)按一定的次序相对于劳动对象进行移动性施工生产活动	路基、路面、桥梁墩台的施工

续上表

划分依据	类型	特点	实例
按产品特点和工艺特点分	加工装配性生产（移动性产品生产）	劳动对象在生产活动中在工作地之间移动加工；劳动力在固定工作地进行加工装配性生产活动	预制构件的预制、拌和厂生产拌和物
按产品生产的重复性分	大量生产	产品的品种少而又相对稳定，每种产品的产量大，工作的专业化程度较高，可连续地大量生产一种或少数几种产品	材料加工
	批量生产	产品的品种较多，产量较大，在工地可以连续地执行几道不同工序，周期性地重复批量生产	专门预制构件厂生产预制件
	单件生产	产品品种多，每一种产品一般只制造一次或偶然重复制造，工地施工生产需要较多工种或工序，专业化生产程度低	大中型桥梁施工

由于公路建筑产品具有多样性的特点，所以就公路工程主体而言，其生产类型基本上都属于单件、固定性产品生产，有时也可能同时出现加工装配性生产，如大型公路、桥梁工程中的构件预制厂、混凝土拌和站等。

2. 施工过程

1）施工过程的内容

施工过程就是生产建筑产品的过程，它由一系列相联系的施工活动所组成。为了更有效地组织施工生产，必须首先了解施工过程的内容。

施工过程的基本内容包括劳动过程和自然过程。公路工程是野外施工生产，是劳动过程和自然过程的结合。因此，施工过程组织不仅要考虑劳动生产过程，还要考虑自然因素对施工产生的影响。

2）施工过程的分类

根据施工过程所需劳动的性质及其对产品所起的作用不同，可将施工过程划分为以下四类：

（1）施工准备过程。是指产品在投入生产前所进行的全部生产技术准备工作，如编制项目建议书、可行性研究、勘测设计、招投标组织、施工准备等。

（2）基本施工过程。是指为完成产品而进行的直接生产活动，如砌筑基础、修筑路面等。

（3）辅助施工过程。是指为保证基本施工过程的正常进行所必需的各种辅助生产活动，如水、电、热的生产，机械设备维修，材料的采集及加工等。

（4）服务施工过程。是指为基本施工过程和辅助施工过程提供的必要的各项服务活动，如物资的供应、运输等。

在以上四类施工过程中,基本施工过程是形成产品的主要过程。

3)基本施工过程的层次划分

公路工程的基本施工过程,按生产工艺的特点和施工组织的要求,可依次分解为操作过程、工序、操作、动作等层次。

基本施工过程的层次划分如图 2-1 所示。

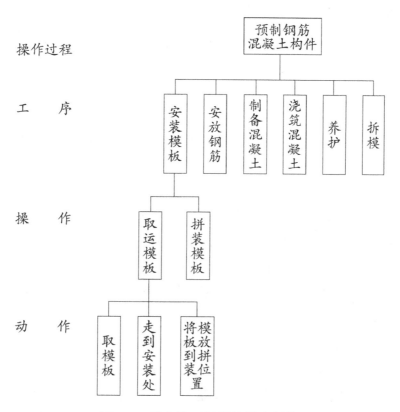

图 2-1　基本施工过程的层次划分

(1)操作过程。操作过程由若干个技术相互关联的工序所组成,各工序由不同的工种或使用不同的机具依次或平行地完成。

(2)工序。工序是指一个或多个工人,在工作地利用工具或机械对同一劳动对象连续进行的生产活动。工作地是工人进行生产活动的场所,也叫现场。

工序的主要特征是劳动者、劳动对象和使用的劳动工具均不发生变化,如果其中一个发生变化,就意味着从一个工序转入另一个工序。

从技术操作和施工组织的观点来看,工序是最基本的施工过程,常由若干个操作所组成。在编制定额时,通常也是以工序为基本组成单位。

(3)操作。操作是指工人为完成工序产品的组成部分所进行的生产活动,由若干个相互关联的动作所组成。

(4)动作。动作是指工人在劳动时一次能完成的最基本的活动。

由于产品或工程项目的复杂程度不同,并不一定所有的基本过程都能划分成上述各种层次,但至少能分解到工序,所以工序是施工组织的基本单元。

研究施工过程的目的在于正确划分工序,以便正确编制施工进度计划,科学地组织施工生产。

二、施工过程组织的原则

影响施工过程组织的因素较多,如施工性质、施工类型、建筑产品结构、材料及半成品性质、机械设备条件、自然条件等,使施工过程的组织变化多、困难大,因此,科学、合理地组织施工过程则更为重要。施工过程组织的原则可归纳为以下几个方面。

1. 施工过程的连续性

连续性是指施工过程的各阶段、各道工序在时间上是紧密衔接的,不发生任何不合理的时间中断。即在施工中,表现为劳动对象始终处于被加工状态,或处于自然过程中。施工过程的连续既包括施工工艺本身的连续,也包括施工组织的连续,采用先进的施工组织方法才能保证连续施工,从而加快进度、缩短工期、节约成本,避免不必要的等待和窝工,提高劳动生产率。施工过程的连续性要求凡是能平行进行的生产活动,必须组织平行作业,平行作业是连续性的必然要求。

2. 施工过程的协调性

施工过程的协调性也称比例性,它是指施工各阶段、各工序之间在施工能力上要保持一定的比例关系,各施工环节的劳动力、材料、机具设备用量等相互协调,不发生脱节和比例失调现象。具有协调性的施工组织,可使施工过程中人力和设备得到充分利用,避免在施工各阶段和各工序之间出现停顿和等待,从而缩短施工周期。施工过程的协调性在很大程度上取决于施工组织设计的合理性。

3. 施工过程的均衡性

施工过程的均衡性也称为节奏性,是指施工过程的各环节都按施工进度计划的要求,在一定时间内完成相等或相同递增数量的工作量,使劳动力、材料、机具设备等资源供应保持相对稳定,不发生时松时紧或前松后紧等现象。均衡的施工过程能充分利用设备和工时,避免突击赶工造成的各种损失,有利于保证施工质量、降低成本及合理调配资源。

4. 施工过程的经济性

施工过程的经济性是指施工过程除满足技术要求外,还应讲求经济效益,要以最小的工程成本消耗取得最大的施工生产效果。施工组织的根本目的是降低工程造价,但又不能影响工程进度和质量,所以经济性是施工组织的出发点和落脚点。同时,施工过程中的连续性、协调性和均衡性最终都要通过经济效果集中反映出来。

施工过程组织的四个原则是相互制约、互为条件的。在进行施工组织时,必须保证全面符合上述四个原则,不得有所偏废。

第二节　施工过程的空间组织和时间组织

一、施工过程的空间组织

公路施工过程的组织,主要是解决空间组织和时间组织两个方面的问题,而施工过程的空间组织主要是解决生产作业单位的设置问题和具体工程项目的各种生产、生活、运输、行政等临时设施的空间分布问题(即施工平面图设计)。本节主要介绍生产作业单位的设置问题,关于施工平面图设计的其他问题将在第三章第三节中论述。

一个建设项目的施工作业单位如施工队(项目经理部)、工段(工区)、班组等的设置,通常按以下原则进行。

1. 工艺原则

工艺原则也称为工艺专业化形式,它是按照生产工艺性质的不同来设置生产作业单位的。在工艺专业化的生产单位里,集中着同工种的工人和所需的工具、机械和设备,对工程项目的各组成部分或其他有关工程项目进行同类工艺的施工。如木工班、钢筋班、混凝土作业队、汽车队、开山爆破组等,都是按工艺原则(即工艺专业化形式)设置的生产作业单位。这种设置形式能充分发挥技术、机具、设备的潜力,设备投资较少,便于专业化的技术管理,在一定程度上能适应多品种多规格生产的要求。但是,由于在工艺专业化的生产作业单位里不能独立地生产"产品",所以增加了生产单位之间协作配合的难度,组织与管理也比较复杂。

2. 对象原则

对象原则也称为产品专业化形式,它是按照产品(如构件、分项工程、分部工程等)的不同来设置生产作业单位。在产品专业化的生产单位里,集中着为生产某种产品所需的各种工具、机械和设备,对相同产品进行不同工艺的生产,其工艺过程基本上是封闭的,能够独立地生产出"产品"或半成品。如桥梁施工中的基础工程、上部构造工程,又如构件预制厂中的主梁车间、涵管车间等,都是按对象原则(即产品专业化形式)设置的生产作业单位。这种设置形式有利于采用流水作业法等先进的施工组织方法来组织生产,简化生产作业单位之间的协作配合关系,也便于施工现场管理。但是,它需要较多的资产投资,同时,由于技术工人和机械设备分散使用,所以一般不能充分发挥工人和设备的生产潜力,对于产品品种变化适应能力差。

3. 混合原则

通常在一个建设项目中,上述两种形式的生产作业单位都有,根据工程特点,建立混合的生产作业单位。

在施工过程的空间组织中,究竟按哪一种原则来组建生产作业单位,要从实际需要出发,通过全面的分析比较,择优而定。

二、施工过程的时间组织

施工过程的时间组织主要是解决工程项目的生产作业方式,以及生产作业单位的施工次序排序和衔接问题。

进行施工过程时间组织的目的,是在时间上使各生产作业单位之间、各工序之间按设计和施工工艺顺序紧密衔接,在充分利用人力、工时和设备的条件下,达到缩短生产周期的目的。

1. 施工过程时间组织的任务

施工过程时间组织的主要任务是：

(1)对于建筑施工性生产，主要是解决具体工程项目施工过程的时间分配问题，包括各工程项目(各工段)之间施工次序的排序问题。

(2)对于加工装配性生产，一方面要解决劳动对象在工序之间的移动方式问题，另一方面要解决加工任务在关键设备上的排序问题。

对于公路工程施工过程，主要研究的是建筑施工性生产类型的时间组织问题。

2. 施工过程时间组织的类型

建筑施工性生产的施工过程时间组织类型主要有以下3种：

(1)单段多工序型。指工程项目只有一个施工段，而且在该施工段中包括若干项工序。这种类型的施工过程时间组织比较简单，一般只需解决各工序生产力的配置问题，按工艺顺序确定施工工期。

(2)多段多工序型。指工程项目包含或划分为若干个施工段，而每一个施工段又包含多项工序。这种类型的施工过程时间组织较复杂，可以采用多种方法进行组织。

(3)混合型。指在工程项目中已有多个施工段，其中既包含单段多工序型又包含多段多工序型。这种类型的施工过程时间组织实质上是立体交叉作业。

三、时间组织的基本作业法

公路工程施工过程时间组织的方法很多，其基本作业法可归纳为：顺序作业法、平行作业法和流水作业法3种。举例说明如下：

例如，有3个钻孔灌注桩单桩基础工程需进行施工，现将此3个桩基工程划分为A、B、C 3个施工段，每个施工段(桩基础)按工艺流程分类以下4道工序：a.准备工作，b.钻孔，c.清孔，d.水下灌注混凝土。根据这4道工序建立4个专业队，每道工序要求在2d内完成劳动力及机具的配备，劳动力需要量见表2-2。则完成此项工程的施工组织的方法可有多种，其中按图2-2～图2-4进行施工组织的方法分别是顺序作业法、平行作业法、流水作业法。

劳动力需要量表(单位：人)　　　　　表2-2

施工段	工序			
	准备工作	钻孔	清孔	水下灌注混凝土
桩基础A	5	6	5	13
桩基础B	5	6	5	13
桩基础C	5	6	5	13

1. 顺序作业法

顺序作业法，是指当有若干个施工任务(或施工段)时，完成一个任务(或施工段)后，再接着完成另一个任务(或施工段)，依次按顺序进行，直至完成全部任务的作业方法。如图2-2所示的顺序作业法，就是完成了施工段A，再接着完成施工段B，最后完成施工段C。

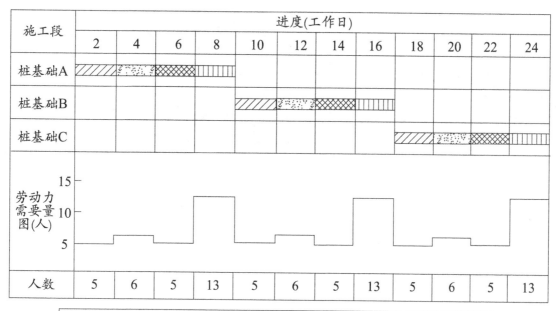

图 2-2 顺序作业法

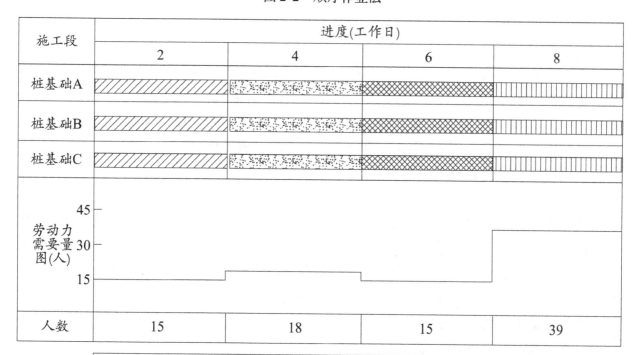

图 2-3 平行作业法

顺序作业法的施工工期(总施工时间)T等于完成全部施工段所需的总时间。当 m 个施工段施工的持续时间相等时,则总工期 T 可按以下公式计算:

$$T = mt \tag{2-1}$$

式中:T——工期;

m——施工段数;

t——一个施工段施工所持续的时间。

本例的工期 $T = mt = 3 \times 8 = 24(d)$。

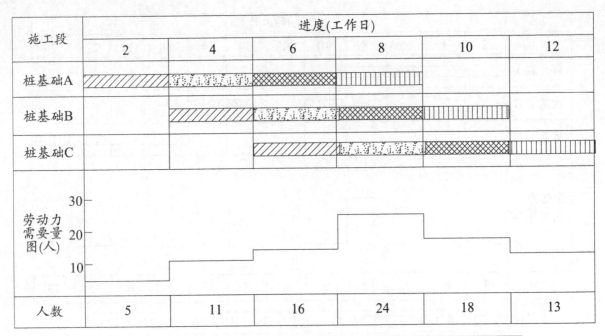

图 2-4 流水作业法

2. 平行作业法

平行作业法,是指当有若干个施工任务(或施工段)时,组织若干个作业班组,分别同时进行施工的作业方法。如图 2-3 所示的平行作业法,就是组织三个作业班组,A、B、C 三个施工段同时开工,齐头并进,同时完成。

平行作业法的施工工期为施工时间最长的施工段的施工期,即 $T = \max\{t\}$。

本例的施工工期 $T = 8d$。

3. 流水作业法

流水作业法,是指当有若干个施工任务(或施工段)时,各个施工任务(或施工段)间隔一定时间依次投入生产,相同的工序依次进行,不同的工序则平行进行的作业方法。如图 2-4 所示的流水作业法,就是按准备工作、钻孔、清孔、水下灌注混凝土 4 道工序分别组织 4 个专业队伍,依次在各个桩基础上完成各自的工序。

本例的施工工期 $T = 12d$。

4. 三种基本作业法的特点

三种基本作业法的工期及劳动力需要量比较见表 2-3。

三种基本作业法的工期及劳动力需要量比较　　　　表 2-3

施工组织方式	工期(d)	劳动力需要量最多时(人)	劳动力需要量最少时(人)
顺序作业法	24	13	5
平行作业法	8	39	15
流水作业法	12	24	5

通过上述例子可以看出,三种基本作业法分别具有以下特点。

1)顺序作业法的特点

(1)没有充分利用工作面进行施工,工期长。

(2)若按工艺专业化原则成立作业队,各专业队不能连续作业,有时间间歇,劳动力和材料的使用不均衡。

(3)施工队不能实现专业化生产,不利于提高劳动生产率和工程质量。

(4)每天投入施工的劳动力、材料和机具的种类比较少,有利于资源供应的组织工作。

(5)施工现场的组织、管理比较简单。

2)平行作业法的特点

(1)充分利用了工作面进行施工,工期短。

(2)若按工艺专业化原则成立作业队,则需组织多个同一工种的专业队,劳动力和材料的使用不均衡。

(3)施工队不能实现专业化生产,不利于提高劳动生产率和工程质量。

(4)每天投入施工的劳动力、材料和机具数量成倍增加,不利于资源供应的组织工作。

(5)施工现场的组织、管理比较复杂。

3)流水作业法的特点

(1)尽可能地利用了工作面进行施工,工期比较短。

(2)按工艺专业化原则成立作业队,实现了专业化生产,有利于提高技术水平和改进使用的机具,劳动力生产率高,工程质量好。

(3)专业队能够连续作业,相邻专业队的开工时间最大限度地搭接。

(4)每天投入施工的资源量较为均衡,有利于资源供应的组织工作。

综上所述,流水作业法是顺序作业法和平行作业法相结合的施工方法,即相同的工序顺序作业,不同的工序平行作业。它保留了平行作业法和顺序作业法的优点,消除了它们的缺点。在工序相同的多个施工段的施工安排中,其优越性是显而易见的。

5.其他施工组织方法

顺序作业法、平行作业法、流水作业法在施工过程中可以单独运用,也可以根据具体条件,将三种作业方法综合运用,从而形成平行流水作业法、平行顺序作业法以及立体交叉平行作业法等其他施工组织方法。

四、流水作业法

1.流水作业法的组织步骤

(1)划分施工段。依据已选择的施工方案和工程结构特点、空间位置及施工工艺流程,将工程施工对象按自然形成的因素或人为因素划分为劳动量大致相等的施工段。

(2)划分工序并建立专业班组。按施工对象的工艺流程及其施工的先后顺序,将施工段划分为若干道工序,每道工序按工艺原则建立专业班组。

(3)确定施工顺序。每个作业班组按照施工顺序沿着一定的方向,依次、连续地由一个施工段转入下一个施工段,不间断地完成同类作业。

(4)确定流水作业参数。要尽可能地相互协调,使流水作业具有节奏性、连续性。

(5)时间组织。本施工段相邻工序之间或本工序相邻施工段之间间隔的时间,在满足工艺要求的条件下,尽可能短。

2. 流水作业法的主要参数

用流水作业法组织施工,施工过程的协调性和节奏性取决于一系列参数的确定以及它们之间的相互关系。反映这些关系的参数称为流水参数。主要的流水参数见图2-5。

图2-5 主要的流水参数

1)空间参数

(1)施工段数 m

在组织流水作业时,通常把工程项目划分为所需劳动量大致相等的若干段,这些段就称作施工段。施工段的数目用 m 表示。

通常情况下,每一个施工段在某一段时间内只供一个施工过程的专业队伍进行施工。划分施工段的目的,一方面是要多创造工作面为下道工序的尽早开工创造条件;另一方面是为不同的专业队在不同工作面上同时工作创造条件。

划分施工段,应着重考虑以下几点:

①各施工段劳动量要基本相等,相差不要太大。

②每段要有足够的作业面,使人、机操作方便,既有利于提高工效,又可保证安全施工。

③应考虑结构的整体性。大型人工构造物的分段界线宜选在伸缩缝、沉降缝处,一般工程应选在对结构整体影响较小的位置上分段。

④施工段的数目,要满足合理流水施工组织的要求,施工段的数目过多会引起资源集中,过少会拖延工期,一般要求施工段数目大于或等于工序数,即 $m \geq n$。

(2)工作面面积 A

某作业队的工人和机械在施工操作时,所必须具备的活动空间称为工作面。工作面是施工的现场,它的大小决定了在施工对象上最多可能安置多少工人或布置多少施工机械,为流水节拍的确定提供依据。

工作面的布置以紧前工序结束后能为紧后工序提供工作面,最大限度发挥工人和机械的效力为目的,并应满足施工技术规范和安全操作规程的要求。

2)工艺参数

(1)工序数 n

工序数也称作施工过程数,一般等于需要建立的专业队数。

工序数的划分应与工程项目及施工组织分工相适应,对简单的施工过程,工序可划分得少些,对技术复杂的施工过程,工序可划分得多些。工序划分应使各道工序的持续时间相差不致太大,以利于专业队分工。

(2)流水强度 V

每一工序(专业队)在单位时间内所完成的工程量称为流水强度,也称流水能力、生产能力。

3)时间参数

(1)流水节拍 t_i

流水节拍 t_i 是指在一个施工段上完成某道工序操作的延续时间。它的长短,直接关系到投入劳动力、机械和材料的数量,决定着施工速度和施工节奏。流水节拍的确定通常有两种方法,一种是根据施工工期要求来确定,另一种是根据现有能够投入的资源来确定。

(2)流水步距 K

流水步距是指两相邻不同工序(专业队)相继进入同一施工段开始作业的时间间隔,通常用 K 表示。

流水步距和工序数的关系: $K = n - 1$。

确定流水步距的目的,是保证专业队进入流水线后,能连续不断地依次完成所有施工段的工程量,直到退出流水线为止,并使相邻专业队时间搭接紧凑,施工组织合理,工期缩短。

①确定流水步距时,应始终遵循下列基本要求:

a. 始终保持相邻两施工过程的先后顺序。

b. 保证各专业队能连续、均衡而有节奏地工作,允许工作面有一定空闲。

c. 在保证专业队连续作业的同时,又要使工程的工期最短,必须使前后两施工过程在施工时间上保持最大衔接,以此来确定出最小流水步距 $K_{\min}$。

②确定最小流水步距 $K_{\min}$ 的方法如下:

最小流水步距 $K_{\min}$ 可用最简便的计算方法确定,通常称为"累加数列错位相减取大差法",即潘特考夫斯基法。其计算步骤如下:

a. 根据专业队在各施工段上的流水节拍,求累加数列。

b. 根据施工顺序,对所求的两相邻累加数列错位相减。

c. 根据错位相减的结果,确定相邻专业队伍之间的最小流水步距,即相减结果中数值最大者。

【例2-1】 某项目划分为A、B、C、D 4个施工段,分别由3个专业队完成,每个专业队在各施工段上的流水节拍如表2-4所示,试确定相邻专业队之间的最小流水步距。

工 序 工 期 表　　　　表2-4

工 序	施 工 段			
	A	B	C	D
a	3	2	3	3
b	2	2	3	3
c	3	2	3	3

解:①求各专业队的累加数列

a 工序： 3 5 8 11
b 工序： 2 4 7 10
c 工序： 3 5 8 10

② 错位相减

$$
\begin{array}{r}
a \quad\quad 3 \quad 5 \quad 8 \quad 11 \\
a\text{ 与 }b: b\ -)\quad\quad 2 \quad 4 \quad 7 \quad 10 \\
\hline
K_{ab} \quad 3 \quad 3 \quad 4 \quad 4 \quad -10
\end{array}
$$

$$
\begin{array}{r}
b \quad\quad 2 \quad 4 \quad 7 \quad 10 \\
b\text{ 与 }c: c\ -)\quad\quad 3 \quad 5 \quad 8 \quad 10 \\
\hline
K_{bc} \quad 2 \quad 1 \quad 2 \quad 2 \quad -10
\end{array}
$$

③ 求流水步距

$$K_{ab} = \max\{3,3,4,4,-10\} = 4$$
$$K_{bc} = \max\{2,1,2,2,-10\} = 2$$

该项目施工进度图如图 2-6 所示。

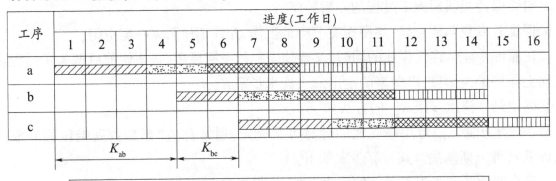

图 2-6 ［例 2-1］施工进度图

3. 流水作业的分类

由于工程构造的复杂程度不同、所处的具体位置不同，以及工程性质各异等因素的影响，流水作业的组织依据流水参数特性可分为有节拍流水和无节拍流水两大类。其中有节拍流水又分为全等节拍流水、分别流水和成倍节拍流水。

1) 有节拍流水

(1) 全等节拍流水

全等节拍流水也称稳定性流水，是指所有施工段上的所有工序的流水节拍 t_i 均相等，且流水节拍与流水步距也完全相等的流水作业，即 $t_i = K_{ij} =$ 常数。

如图 2-7 所示是一个全等节拍流水的例子，图中 $m=3, n=4, t_i = K = 2$。

(2) 分别流水

分别流水是指各工序之间的流水节拍不完全相等，而各工序本身的流水节拍在各施工段上相等的流水作业。即同类工序本身的流水节拍 t_i 为常数，但不同工序之间的流水节拍并不全部相等,同时 $K_{ij} \neq$ 常数。

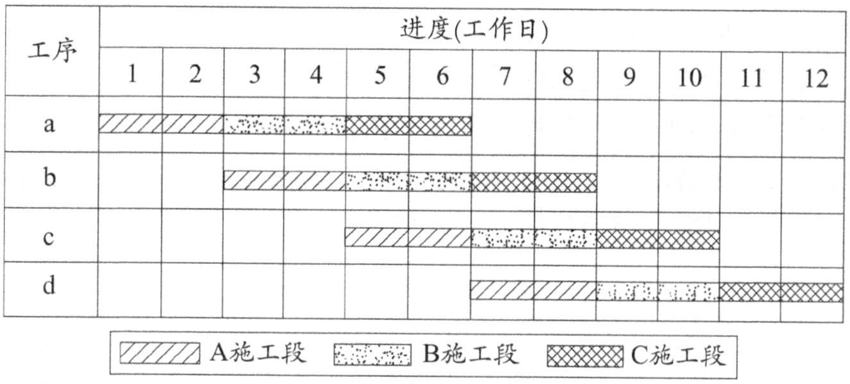

图 2-7　全等节拍流水作业图

组织分别流水作业时,首先要保证各工序的专业队伍能连续、均衡地施工,但又要避免各工序之间发生矛盾,尽量减少作业面上的空闲时间,使各专业队伍均无窝工现象,保持工序之间最大程度的紧凑,以达到缩短工期的目的。

图 2-8 所示为分别流水作业图。

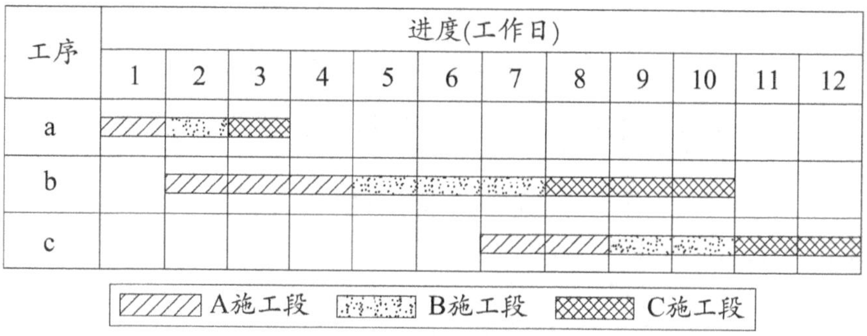

图 2-8　分别流水作业图

(3) 成倍节拍流水

成倍节拍流水也称节奏性流水,是指工序本身的流水节拍在各施工段上完全相等,且工序之间的流水节拍互成倍数,从而形成成倍节拍流水作业。显然,成倍节拍流水作业是分别流水作业的特例。图 2-9 所示为成倍节拍流水作业图。

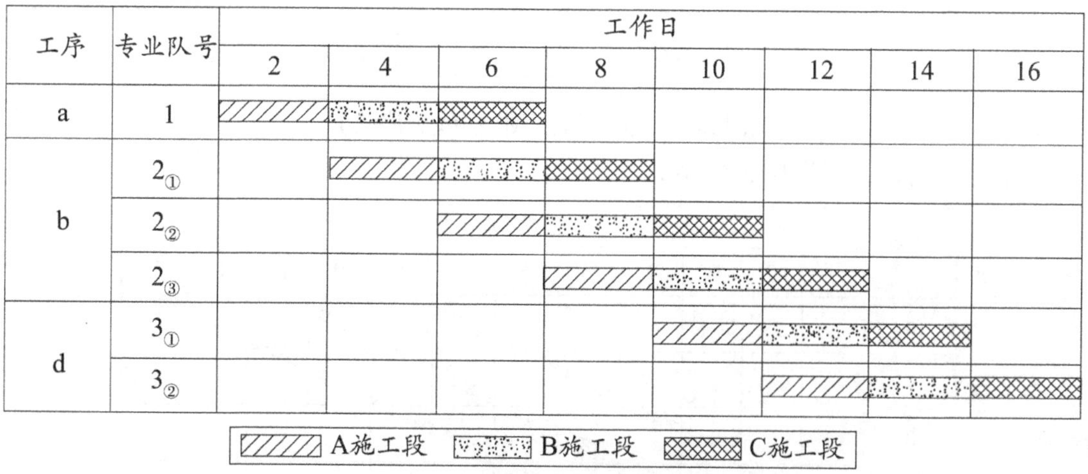

图 2-9　成倍节拍流水作业图

2) 无节拍流水

无节拍流水是指相同工序在各个施工段上的流水节拍不完全相等,各工序之间的流水节拍也不完全相等,也不成一定的比例关系的流水作业,即 $t_i \neq$ 常数,$K_{ij} \neq$ 常数,$t_i \neq K_{ij}$。例如,图2-6为无节拍流水施工进度图。

对于公路工程施工来说,沿线工程量的分布都是不均匀的,而大、中型桥梁或路基土石方的高填深挖又为集中型工程,因此各专业施工队在机具和劳动力固定的条件下,流水作业速度不可能保持一致,即各施工段上同一工序的流水节拍无法相等。也就是说,在大部分流水作业的施工过程中,只能按照无节拍流水组织施工。

4. 流水作业的作图

1) 流水作业图的形式

按流水作业图中的图形和线条形态及其所表达的内容可分为下列几种流水作业图。

(1) 横线工段式,如图2-10所示。

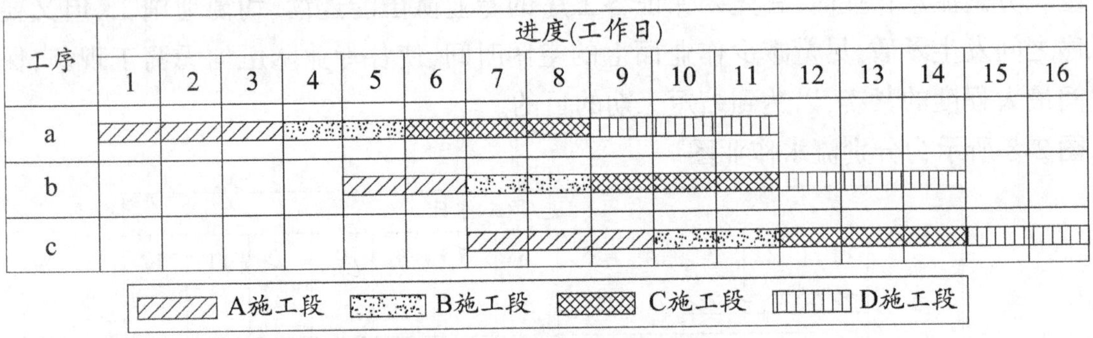

图2-10 施工进度图(横线工段式)

(2) 横线工序式,如图2-11所示。

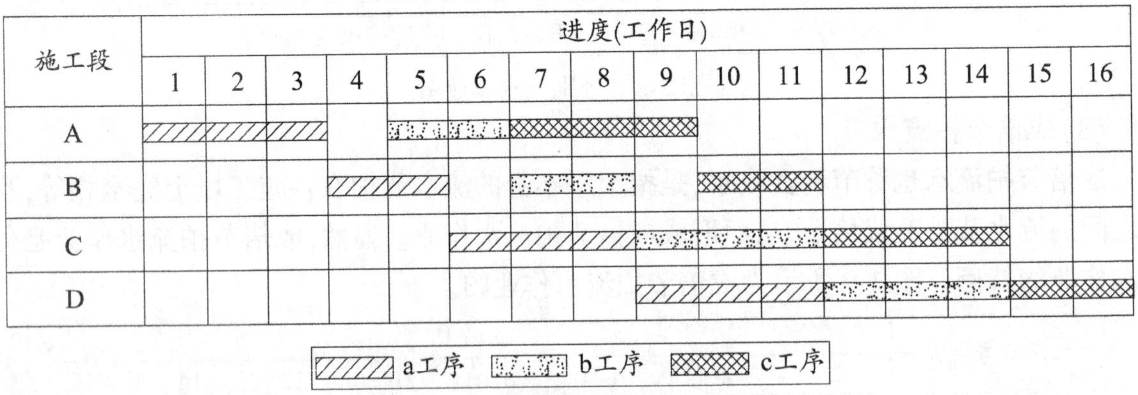

图2-11 施工进度图(横线工序式)

(3) 斜线工段式,如图2-12所示。

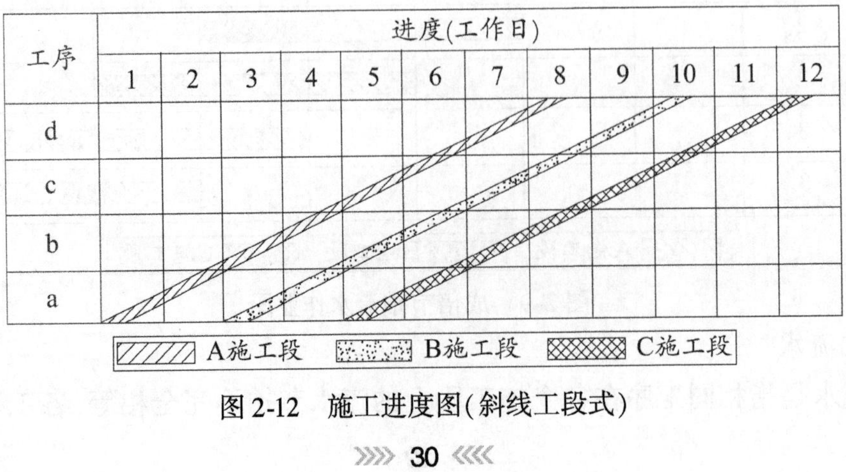

图2-12 施工进度图(斜线工段式)

(4)斜线工序式,如图2-13所示。

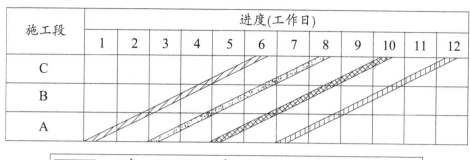

图2-13 施工进度图(斜线工序式)

(5)网络图式。

2)流水作业的作图要点

作流水作业图是施工组织设计的过程之一,需要综合考虑各种因素,才能作出比较好的流水作业图。作图要点如下:

(1)开工要素。任何一个工序开工时,必须具备工作面和生产力(工人、机械等)两个开工要素,缺一不可。如图2-11中,B施工段的b工序不能在第7天之前开工,因为在这之间虽有工作面,但不具备生产力。

(2)工序衔接原则。

①在满足工艺要求和自然过程需要的前提下,工序衔接以取得最短施工总工期为目的。

②尽量求得同工序在各施工段上能连续作业,相邻不同工序在同一施工段上也能连续作业。

③根据需要,有些工序的作业可采用连续式作业或间歇式作业。

(3)合理确定流水参数。

3)流水作业在各施工段间连续作业的组织

用流水法组织同一工序在各施工段上连续作业,可以取得较好的经济效益,防止"停工待面"和"干干停停"。需要说明的是,连续作业实现了,不等于总工期短;总工期短不等于不能实现连续作业。如果在资源条件相对稳定、总工期尽可能短的情况下,可用"累加数列错位相减取大差法"求出最小流水步距 K_{min} 来实现连续作业,可参见前文中[例2-1]。

5. 合理施工顺序的确定

对无节拍流水作业的施工总工期,不仅要求出作业队间的最小流水步距 K_{min},还要合理确定工程项目的施工次序,只有这样才能达到无节拍流水作业的最短总工期。下面研究 m 项任务 n 道工序的排序问题。

这里所指的 m 项任务,是指那些施工内容相同的单位工程、分部工程。n 道工序是指在 m 项任务中,受某种客观条件(如关键设备、自然条件等)制约的工序,或指经过人为合并的工序(如桥梁上部构造操作过程、下部构造操作过程等)。

1)m 项任务 2 道工序时的施工次序排序问题

此类排序问题,可用约翰逊-贝尔曼法则解决。这个法则的基本思想是:先行工序施工工期短的施工段要排在前面施工,而后续工序施工工期短的施工段要排在后面施工。即先

列出 m 项任务的工序工期表,后在表中依次选取最小数,且每列只选一次,若此数对应的是先行工序,则该施工段排在前面,若此数对应的是后续工序,则该施工段排在后面。

【例2-2】 根据表2-5工序工期表,排出4个任务的最优施工次序,并确定总工期。

工序工期表　　　　　　　　　　　　　　　　　　　　　表2-5

工序	施工段			
	A	B	C	D
a	3	2	4	3
b	2	4	3	3

解: ①绘制施工次序排列表,如表2-6所示。

②按约翰逊-贝尔曼法则填表2-6,从而可将各项任务的施工次序排列出来。

③用"累加数列错位相减取大差法"求出 $K_{ab}=2$(计算过程略)。

④绘制施工进度图如图2-14所示,得到总工期 $T=14$d。

施工次序排列表　　　　　　　　　　　　　　　　　　　表2-6

填表次序	1	2	3	4
①	B			
②				A
③		D		
④			C	
列中最小数	2	3	3	2
任务号	B	D	C	A

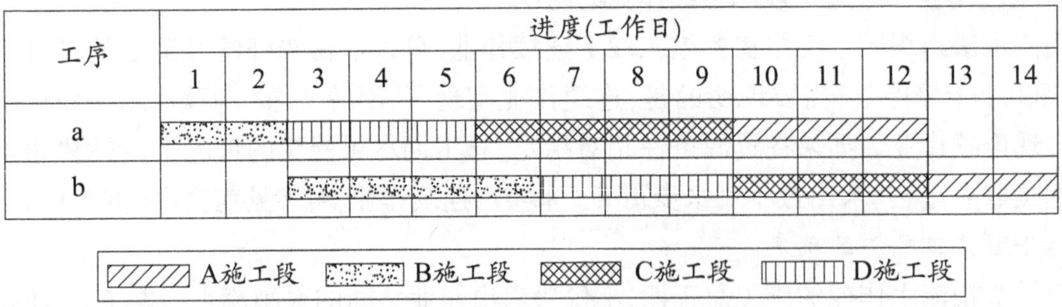

图2-14 [例2-2]施工进度图

若不按约翰逊-贝尔曼法则来确定施工顺序,一般不能取得最短施工总工期。如本例按表2-5中的A、B、C、D次序施工,其总工期为15d,比用约翰逊-贝尔曼法则所确定的工期多1d。

2) m 项任务3道工序时的施工次序排序问题

对于这类问题,如果符合下面两种情形之一的,则可按下述方法来求最优施工次序。

(1)第1道工序中最小施工工期 a_{min} 大于或等于第2道工序的最大施工工期 b_{max},即 $a_{min} \geq b_{max}$。

(2) 第 3 道工序中最小施工工期 c_{min} 大于或等于第 2 道工序的最大施工工期 b_{max},即 $c_{min} \geqslant b_{max}$。

第一步,将各项任务中第 1 道工序和第 2 道工序的施工工期依次加在一起;

第二步,将各项任务中第 2 道工序和第 3 道工序的施工工期依次加在一起;

第三步,将上两步中得到的工期序列,看作两道虚拟工序(a+b,b+c)的施工工期;

第四步,按约翰逊-贝尔曼法则,求出最优施工次序;

第五步,按确定的施工次序,以原 3 道工序绘制施工进度图,确定总工期。

【例 2-3】 根据表 2-7 工序工期表排出 4 个任务的最优施工次序,并确定总工期。

工序工期表 表 2-7

工序	施 工 段			
	A	B	C	D
a	3	2	3	3
b	2	2	3	3
c	3	4	3	5

解: ①符合两种情况中的(2),即 $c_{min} \geqslant b_{max}$,完成表 2-8。

合并工序工期表 表 2-8

工序	施 工 段			
	A	B	C	D
a	3	2	3	3
b	2	2	3	3
c	3	4	3	5
a+b	5	4	6	6
b+c	5	6	6	8

②绘制施工次序排列表,见表 2-9。

③按约翰逊-贝尔曼法则填表 2-9,从而可将各项任务的施工次序排列出来。

④用"累加数列错位相减取大差法"求出 $K_{ab}=3$,$K_{bc}=2$(计算过程略)。

⑤绘制施工进度图如图 2-15 所示,得到总工期 $T=20d$。

施工次序排列表 表 2-9

填表次序	1	2	3	4
①	B			
②				A
③		C		
④				D

续上表

填表次序	1	2	3	4
列中最小数	4	6	8	5
任务号	B	C	D	A

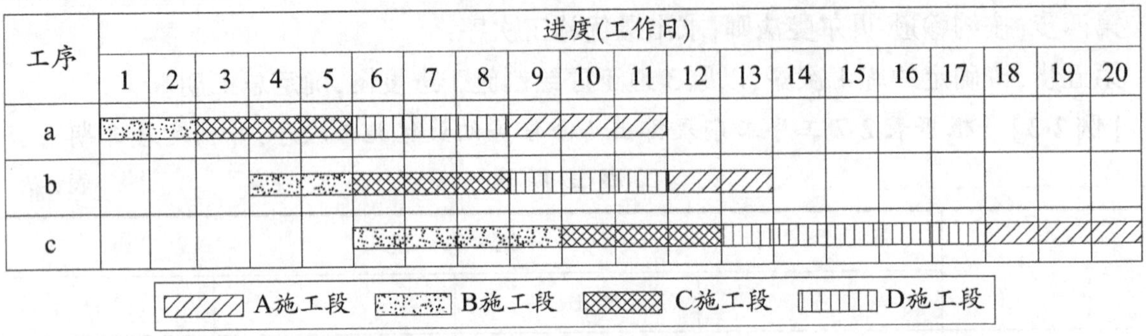

图 2-15 [例2-3]施工进度图

若按 A、B、C、D 顺序施工,则总工期为 21d。

3) m 项任务 3 道工序不符合上述两种条件,或工序多于 3 道时的施工次序排序问题

对于这类问题,确定最优次序比较复杂,但原则上仍可采用工序合并法变为 2 道工序,再用约翰逊-贝尔曼法则,求出相应的总工期,从中选取总工期的最小值,即可确定最优施工次序。求解最优次序的过程比较烦琐,工序较多时,通常要借助于计算机来计算确定。

第三节　网络计划技术

网络计划技术是一种现代计划管理方法,被广泛应用于工业、农业、建筑业、国防和科学研究各个领域。由于这些方法将计划的工作关系均建立在网络模型上,把计划的编制、协调、优化和控制有机地结合起来,所以称之为网络计划技术。其基本原理是:首先根据工作间的相互关系及其工作先后顺序流程,绘制工程项目施工进度计划网络图;其次通过计算找出计划中的关键工作及关键线路;最后通过不断调整、改善网络计划,选择最优的方案付诸实施。网络计划在实施过程中,可以进行有效监督与控制,确保工程项目按合同条件顺利完成。

网络计划技术在我国公路工程招投标、施工组织管理中被广泛应用,并取得显著效果,如保证或缩短工期、降低成本、提高效率、节约资源等。针对公路工程施工生产实际情况,本节主要介绍如何进行双代号网络图的绘制。

一、网络图的概念

网络图是表示一项工程(或任务)进行顺序的工作流程图,它精确地表达生产过程中各工序之间内在的逻辑关系,是一种网状图形。它不但是彼此间综合关系的反映,而且也是进行计划管理和计算的基础。

按箭线和节点表达的含义不同,网络图可分为双代号网络图(图 2-16)和单代号网络图(图 2-17)。前者每项工作均由一根箭线和两个节点表示,其中箭线代表工作,节点表示

工作间的逻辑关系;后者每项工作由一个节点组成,以节点代表工作,箭线表示工作间的逻辑关系。双代号表示法及单代号表示法见图2-18。

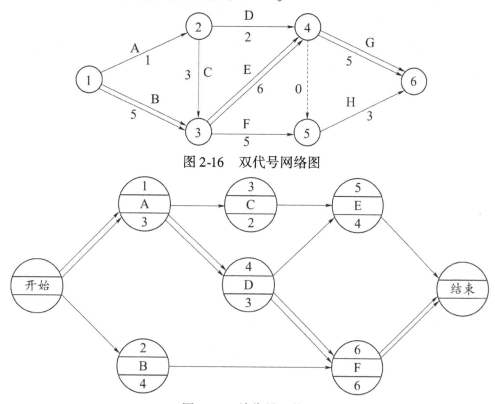

图2-16 双代号网络图

图2-17 单代号网络图

二、双代号网络图的绘制

1. 双代号网络图的构成

双代号网络图由工序、节点、线路三个基本要素组成。

1) 箭线

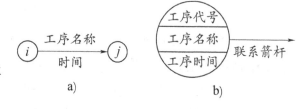

图2-18 双代号及单代号表示法
a) 双代号表示法; b) 单代号表示法

在双代号网络图中,一个箭线表示一项工作,可以是一道工序,也可以是分项和分部工程、单位工程等。在双代号网络图中,箭线用"→"表示。

箭线方向表示工作进行方向,箭尾表示工作开始,箭头代表工作结束,箭线表示工作的具体内容。

在网络图中,工序常分为实工序和虚工序两种。实工序是指需要消耗时间和资源的工序(如现浇混凝土工程)及只消耗时间而不消耗资源的工序(如混凝土的养护)。实工序是实际存在的工作。虚工序是指既不消耗时间,也不消耗资源的工序。虚工序是人为虚设的工作,只表达相邻前后工序之间的逻辑关系,以虚箭线表示,如图2-16中的④→⑤工序。

在无时标网络图中,箭线的形状、长短和粗细与工作持续时间无关,但为了网络图整齐醒目,箭线应用水平直线或折线绘制。

2) 节点

节点表示工作与工作之间的衔接关系,在双代号网络图中,节点仅表示从结束到开始的一种衔接关系,即节点前的所有工作均结束后,节点后的工作才能开始。在网络图中,节点一般以"○"表示。

节点具有瞬时性,即节点既不占用时间,也不消耗资源。

网络图中第一个节点称为起始节点,它意味着一项计划(或工程)的开始;最后一个节点称为结束节点,它意味着一项计划(或工程)的结束;其余的节点都称为中间节点。任意一个中间节点,既是前面工序的完工节点,又是后面工序的开工节点,如图2-19所示,A工序称为B工序的紧前工序,而B工序则称为A工序的紧后工序。

图2-19 表示逻辑关系的网络图

绘制双代号网络图时,应赋予每项工序两个代号。为便于识图和计算,一般采用规格化编码。

(1)对开始节点先编号,所编号码用最小号码。

(2)对结束节点最后编号,所编号码用最大号码。

(3)一条箭线(工序)的箭头节点编号应大于箭尾节点的编号。编号时号码由小到大,箭头节点编号必须在其前面的所有箭尾节点都已编号之后进行。

(4)在一个网络图中,所有节点的编号不能重复。

(5)为了满足修改、调整、补充扩展网络图时的需要,在进行节点编号时,可预留备用的节点号,即可采用不连续编号。

3)线路

线路是指网络图中从起始节点到结束节点之间可连通的路线。

在网络图中,线路有若干条,且每条线路都有自己确定的完成时间,它等于该线路上各项工作持续时间的总和。在网络图所有线路中总持续时间最长的线路称为关键线路。在网络图中常用粗箭线或双箭线表示(图2-16)。在网络图所有线路中总持续时间小于关键线路总持续时间的线路称为非关键线路。一张网络图中至少有一条关键线路。

位于关键线路上的工序称为关键工序,它没有机动时间(即无时差)。关键工序的完成快慢直接影响整个计划工期是否能实现。

关键线路不是一成不变的,在一定条件下,关键线路和非关键线路可以互相转化。当采用一定的技术措施,缩短了关键线路上各工作的持续时间时,就有可能使关键线路发生转移,使原来的关键线路变成非关键线路,而原来的非关键线路却变成关键线路。

位于非关键线路的工作除关键工序外,其余称为非关键工序。非关键工序有若干机动时间,称为时差,它意味着工序的开工时间或完成日期可适当挪动而不影响整个计划(或工程)的工期。

2. 双代号网络图的绘制要点

1)工序逻辑关系的表示方法

逻辑关系是指在施工过程中工序之间客观上存在的一种先后顺序关系。在表示施工进度计划的网络图中,根据施工工艺和施工组织要求,应正确反映出各道工序之间的相互依赖和相互制约的关系,这也是网络图与横线图的最大不同之处。在网络图中,工作之间的逻辑关系是由施工组织、施工技术、工艺流程、资源供应、施工场地等决定的。各工序间的逻辑关系表达正确与否,是网络图能否反映工程实际情况的关键。如果逻辑关系表达错了,则网络图中各种时间参数的计算就会发生错误,关键线路和工期也将随之发生错误。

要绘制一张正确反映工程逻辑关系的网络图,必须首先要弄清楚各道工序之间的逻辑关系。工序之间的基本逻辑关系有以下四种:

(1)本工序必须在哪些工序之前进行;

(2)本工序必须在哪些工序之后进行;

(3)本工序可以与哪些工序平行进行;

(4)本工序的进行与哪些工序无关。

在网络图中,各个工序之间的逻辑关系是复杂多变的,表2-10列出了网络图中最常见的一些逻辑关系及表示方法,表中的工序名称均以字母表示。

常见的工序逻辑关系及表示方法　　　　　表2-10

序号	逻辑关系	表示方法	备注
1	A完成后进行B	 ○→A→○→B→○	B工序依赖A工序,A工序约束B工序的开始
2	A、B、C同时开始	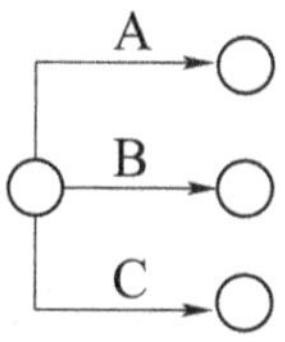 (图示)	A、B、C三道工序称为平行工序
3	A、B、C同时结束	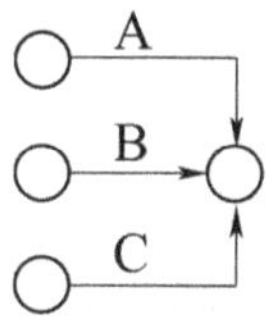 (图示)	A、B、C三道工序称为平行工序
4	A完成后进行B、C	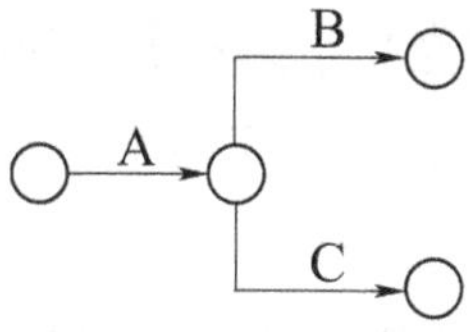 (图示)	A工序制约B、C工序的开始,B、C工序为平行工序
5	A、B均完成后同时进行C、D	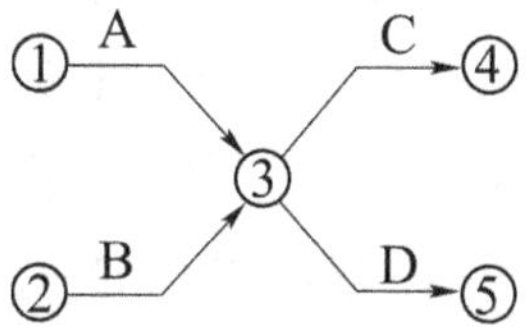 (图示)	通过中间节点③正确地表达了A、B工序之间的关系
6	A完成后进行C; A、B完成后进行D	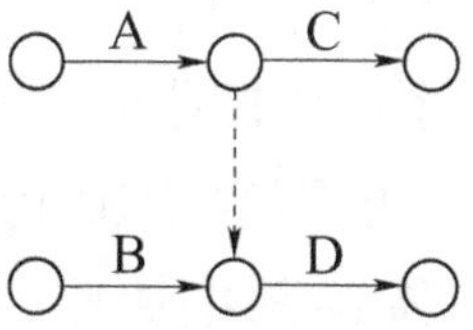 (图示)	通过引入虚工序,才能正确表达D工序与A工序之间的逻辑关系
7	A、B、C均完成后进行D; B、C均完成后进行E	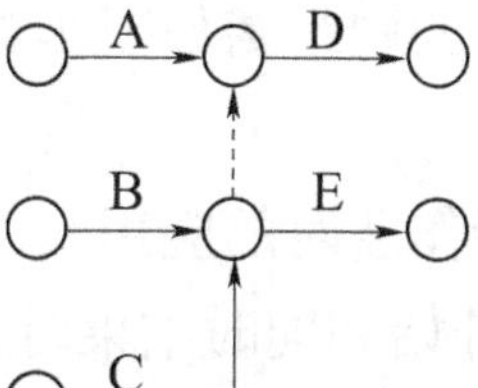 (图示)	虚工序表示D工序受到B、C工序制约

37

续上表

序号	逻辑关系	表示方法	备注
8	A 完成后进行 C； A、B 均完成后进行 D； B 完成后进行 E	①→A→③→C→⑥ ③⇢⑤→D→⑦ ②→B→④→E→⑧ ④⇢⑤	虚工序③→⑤反映出 C 工序只受 A 工序制约，虚工序④→⑤反映出 E 工序只受 B 工序制约。同时 D 工序受 A、B 工序制约
9	A、B 两道工序分成三个施工段，分别流水施工； A_1 完成后进行 A_2、B_1； A_2 完成后进行 A_3、B_2； B_1 完成后进行 B_2； B_2 完成后进行 B_3	○—A_1—○—A_2—○—A_3—○ ○—B_1—○—B_2—○—B_3—○	每道工序建立一个专业施工队伍，在每个施工段上进行流水作业，不同工序之间用逻辑搭接关系表示

2）虚工序在网络图中的应用

从上面介绍的各种工序逻辑关系的表示方法，可以清楚地看出，虚工序不是一道实际发生的工序，而是在绘制网络图时根据逻辑关系的需要增设的。引入虚工序是为了正确表达各工序之间的逻辑关系，也用来防止发生代号混乱的现象。

(1) 虚工序在逻辑关系连接方面的应用

绘制网络图时，经常遇到表 2-10 序号 6 中的情况，工序 A 的紧后工序为 C，工序 B 的紧后工序为 D，但工序 D 又是工序 A 的紧后工序，为了把 A、D 两道工序的紧前紧后关系连接起来，这时就需要引入虚工序。因虚工序的持续时间是零，虽然 A、D 之间有一道虚工序，又有两个节点，但两者的关系仍然是 A 工序完成后，D 工序才能开始。

(2) 虚工序在逻辑"断路"方面的应用

绘制双代号网络图时，最容易产生的错误是把本来不该发生逻辑关系的工序联系起来，使网络图发生与实际不相符的逻辑错误，这时就必须用虚工序隔断不应有的工序联系。用虚工序隔断网络图中无逻辑关系的各道工序的方法称为"断路法"。

例如绘制某基础工程的网络图，该基础有四道工序，分别为挖槽、垫层、基础、回填土，分两段施工，若绘制成图 2-20 的形式就是错的。因为第一施工段的基础（基础 1）与第二施工段的挖槽（挖槽 2）没有逻辑上的关系（图中用虚箭线表示），同样第一施工段的回填土（回填土 1）与第二施工段的垫层（垫层 2）也不存逻辑上的关系（图中用虚箭线表示），但是，在图 2-20 中却相互连接起来了，这是网络图中原则性的错误，它将导致一系列的计算错误。此时应用"断路法"加以分隔，正确的网络图如图 2-21 所示。此法在流水作业施工进度计划双代号网络图中广泛应用。

(3) 两道或两道以上工序平行作业时的应用

当两道或两道以上工序同时开始和同时结束时，必须引入虚工序，以免造成混乱。

图 2-22a) 中，A、B 两道工序的箭线共用①、②两个节点，①→②工序既表示 A 工序又可

表示 B 工序,混淆了工序内容的区别。如果引入虚工序,则符合双代号网络图每道工序均由一根箭线和两个节点代号组成的基本含义,如图 2-22b)所示。

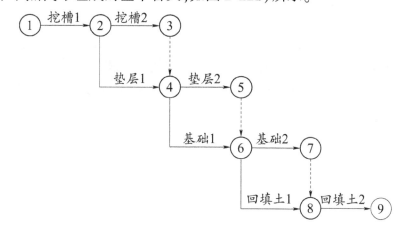

图 2-20　逻辑关系表示错误的网络图

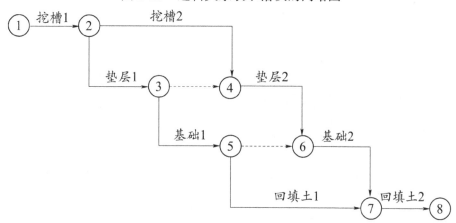

图 2-21　逻辑关系表示正确的网络图

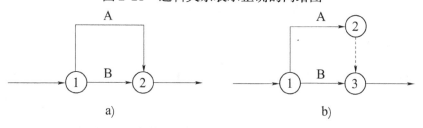

图 2-22　虚箭线的应用

综上所述,在绘制双代号网络图时,虚工序的应用是很重要的,但是在什么地方、什么情况下引入虚工序较难判断。一般是先增设虚工序,待网络图构成后,再删去不必要的虚工序。

3) 绘制双代号网络图的基本原则

绘制双代号网络图时,应正确地表示工序之间的逻辑关系和遵循有关绘图的基本规则,否则,绘制的网络图就不能正确反映工程的施工流程和进行时间参数的计算。下面是必须遵循的一些基本原则:

(1) 按工程(任务)本身的工艺顺序连接箭线。绘制网络图之前,要正确确定施工顺序及工序之间的衔接关系,根据施工的先后次序逐步把代表各道工序的箭线连接起来,绘制成网络图。例如,已知某工程各道工序的逻辑关系如表 2-11 所示,则其网络图见图 2-23。

工序逻辑关系表　　　　表2-11

工　序	A	B	C	D
紧前工序	—	—	A、B	B

（2）在一个完整的网络图中，只允许出现一个起始节点和一个结束节点。如图2-24a）中，有两个起始节点①、②，这是不允许的。解决此问题的最简单办法是用虚箭线把节点①与②连接起来，如图2-24b）所示。

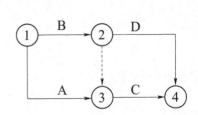

图2-23　某工程各道工序的网络图

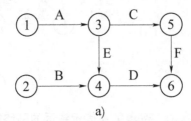

图2-24　错误的（有两个起始节点）与正确的网络图

如图2-25a）所示，出现了两个结束节点⑤、⑥，这也是不允许的。此时同样可增设虚箭线把节点⑤与⑥连接起来，如图2-25b）所示。

（3）网络图中不允许出现闭合回路。在网络图中，如果从一个节点出发，顺着某一线路又能回到原出发的节点，称此线路为闭合回路。如图2-26中的②→③→④→②就是一条闭合回路。它表示的逻辑关系是错误的，在工艺流程上也是相互矛盾的。

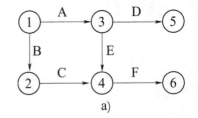

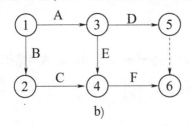

图2-25　错误的（有两个结束节点）与正确的网络图

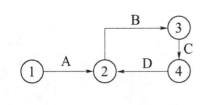

图2-26　错误的网络图（出现闭合回路）

（4）一对节点之间只允许一条箭线。在双代号网络图中，两个代号表示一道唯一的工序。如果一对节点之间有两条甚至多条箭线同时存在，则无法分清这两个代号究竟代表哪一道工序。这种情况下，正确的表达方法是引入虚工序，见图2-22b）。

（5）网络图中不允许出现线段、双向箭头，并应避免使用反向箭线。表示工程进度计划的网络图是一种施工进程方向的网状流程图，有向线段中箭头方向为施工前进方向，所以不允许出现无箭头的线段和双向箭头的箭线。箭线所表达的工作需要占用时间，而时间是不可逆的，应避免使用反向箭线，否则容易造成闭合回路。在时标网络计划图中，更不允许出现反向箭线。

（6）网络图的布局应合理，尽量避免箭线交叉。调整网络图布局的目的，除避免箭线交叉外，还应尽量使图面整齐美观。当箭线的交叉不可避免时，应采用"暗桥""断线"或"指向"等方法加以处理，如图2-27所示。

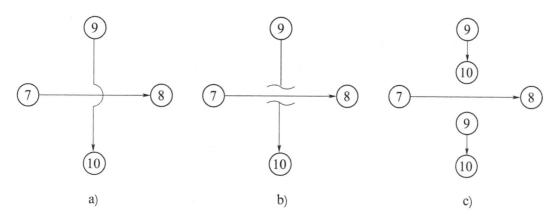

图 2-27 箭线交叉的处理方法
a) 暗桥法; b) 断线法; c) 指向法

4) 双代号网络图的绘制示例

(1) 简单网络图的绘制

在绘制双代号网络图时,对于那些工序数目少、工序之间关系不复杂的网络图的绘制,可以根据逻辑关系,直接绘出网络图。

【例 2-4】 已知某网络图中各工序之间的逻辑关系见表 2-12,试绘出网络图。

工序逻辑关系表　　　　　　　　　表 2-12

工　序	A	B	C	D	E	F
紧前工序	—	A	B	A	B、D	C、E

解:绘制的网络图见图 2-28。

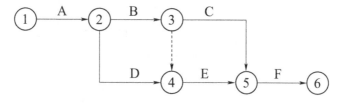

图 2-28 [例 2-4] 网络图

(2) 较复杂网络图的绘制

当工序数目很多,工序之间关系复杂时,可在绘制网络图之前,先确定各个节点的位置号,再按节点位置号绘制网络图。

① 节点位置号的确定,见图 2-29。

a. 无紧前工序的工序,其开工节点位置号为 0。如 A、B 工序的开工节点位置号为 0。

b. 有紧前工序的工序,其开工节点位置号等于其紧前工序的开工节点位置号的最大值加 1。如 E 工序的紧前工序 B、C 的开工节点位置号分别为 0 和 1,则 E 工序开工节点位置号为 1+1=2。

c. 有紧后工序的工序,其完工节点的位置号等于其紧后工序的开工节点位置号的最小值。如 B 工

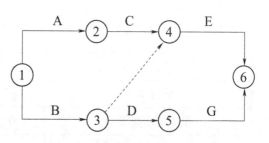

图 2-29 网络图与节点位置坐标

序的紧后工序 D、E 的开工节点位置号分别为 1、2,则 B 工序的完工节点的位置号为 1。

d. 无紧后工序的工序,其完工节点的位置号等于网络图中各个工序的完工节点位置号的最大值加 1。如 E、G 工序无紧后工序,在整个网络图中除 E、G 工序外的各工序的完工节点位置号的最大值为 2,则 E、G 工序的完工节点位置号为 2+1=3。

②双代号网络图的绘制步骤如下:

a. 根据已知的逻辑关系确定紧后工序(可以列表确定或用关系矩阵图确定)。

b. 确定出各工序的开工节点位置号和完工节点位置号。

c. 根据节点位置号和工序间的逻辑关系确定初始网络图。

d. 删去多余的虚工序和节点,对初始网络图进行简化和调整。

【例 2-5】 已知某网络图中各工序间的逻辑关系见表 2-13,试绘出网络图。

工序逻辑关系表　　　　　　　　　　　　　　　　表 2-13

工　序	A	B	C	D	E	F
紧前工序	—	—	—	B	B	C、D

解:(1)采用矩阵法确定紧后工序,如表 2-14 所示。

矩阵法确定紧后工序　　　　　　　　　　　　　　表 2-14

工　序	工　序					
	A	B	C	D	E	F
A						
B						
C						
D		1				
E		1				
F			1	1		

①首先在横向的表格用符号"1"标出各工序的紧前工序(如 D 工序的紧前工序为 B 工序,则在表中第一列找出"D",在表中第一行找出"B",在"D"行与"B"列的交叉处标出"1");

②然后查看某工序的竖向表格,在竖向表格标注符号"1"所对应的工序即为该工序的紧后工序(如在表中的"B"列有两个符号"1",分别对应了 D 工序及 E 工序,则 D 工序及 E 工序即为 B 工序的紧后工序)。

(2)列出逻辑关系表,确定各工序的节点位置号,如表 2-15 所示。

逻辑关系和计算表　　　　　　　　　　　　　　　表 2-15

工　序	A	B	C	D	E	F
紧前工序	—	—	—	B	B	C、D
紧后工序		D、E	F	F		
开工节点位置号	0	0	0	1	1	2
完工节点位置号	3	1	2	2	3	3

(3)根据逻辑关系和各工序节点位置号绘制网络图,如图 2-30 所示。

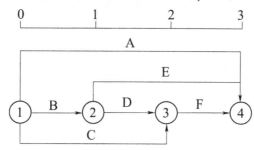

图 2-30 [例 2-5]网络图

复习思考题

一、填空题

1. 根据施工过程所需劳动的性质及其对产品所起的作用的不同,可将施工过程划分为以下四个部分:_____、_____、_____、_____。
2. 基本施工过程可划分为_____、_____、_____、_____。
3. 施工生产过程应遵循_____、_____、_____、_____等组织原则。
4. 网络图可分为_____和_____两类。
5. 双代号网络图的三要素是指_____、_____和路线。

二、选择题

1. 公路工程施工的生产类型基本上属( )。
   A. 批量生产　　　　　　　　B. 固定性单件或少量成批生产
   C. 固定性成批生产　　　　　D. 大量生产
2. 按产品专业化原则组建的单位是( )。
   A. 技术部　　B. 基础工段　　C. 机械处　　D. 木工班
3. 图 2-31 属于( )图。
   A. 横线工序式　　B. 横线工段式　　C. 斜线工序式　　D. 斜线工段式。

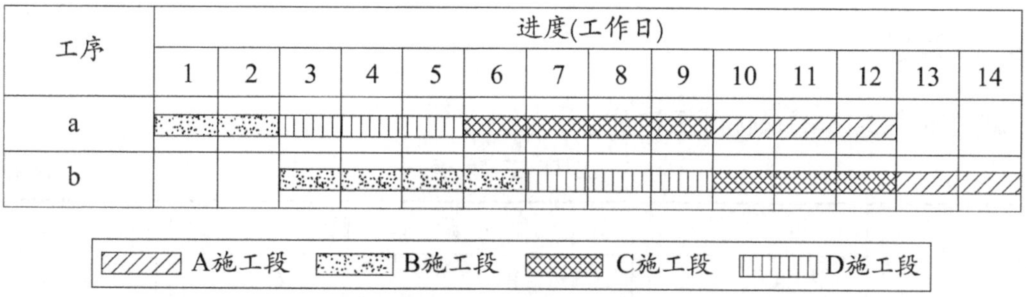

图 2-31 题图

4. 图 2-32 中 B 施工段的 a 工序的流水节拍为( )。
   A. 1 天　　　　B. 2 天　　　　C. 3 天　　　　D. 4 天

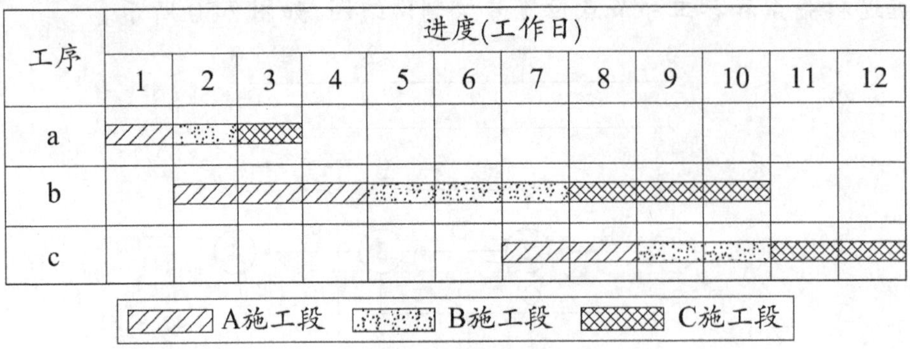

图 2-32 题图

5. 图 2-32 中流水步距 K_{bc} 为（　　）。
   A. 2 天　　　　B. 3 天　　　　C. 5 天　　　　D. 9 天
6. 图 2-33 中的 C 工序的紧前工序为（　　）。
   A. A 工序　　　　　　　　　B. B 工序
   C. E 工序　　　　　　　　　D. F 工序

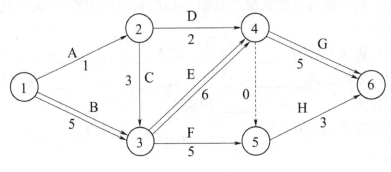

图 2-33 题图

三、判断题

1. 工艺专业化原则是按产品的不同而分别设置的生产作业单位。（　　）
2. 三种基本作业法中平行作业法的工期最长。（　　）
3. 任何一道工序的开工，都必须具备工作面和生产力两个开工要素。（　　）
4. 关键线路是指网络图中工期最短的线路。（　　）
5. 网络图中的虚工序是虚设的工作，既不需消耗时间，也不需消耗资源。（　　）

四、计算题

1. 试确定表 2-16 的最优施工次序。

工 序 工 期 表　　　　　　　　　　　　　　　　　　　　　　　表 2-16

工序	施 工 段			
	A	B	C	D
a	8	3	2	6
b	5	7	4	9

2. 根据表2-17,画出流水作业法的施工进度图并求出总工期。

工序工期表　　　　表2-17

工　序	施　工　段		
	A	B	C
a	4	4	4
b	4	4	4

3. 如表2-18所示,求各工序之间的最小流水步距和总工期。

工序工期表　　　　表2-18

工　序	施　工　段	
	A标	B标
a	2	4
b	3	2
c	5	7

4. 试根据表2-19绘制双代号网络图。

工作逻辑关系表　　　　表2-19

工作代号	A	B	C	D	E	F	G	H	I	J
紧前工作	—	—	—	B	B、C	A、D	D、A	E	F	G、H

复习思考题及答案

第三章

施工组织设计

知识目标

1. 掌握施工组织设计的阶段划分及文件组成；
2. 了解施工组织设计的调查资料内容；
3. 掌握施工组织设计编制的原则程序；
4. 了解施工方案确定的原则依据；
5. 掌握施工进度计划的编制方法。

能力目标

1. 能进行施工组织设计的资料调查；
2. 能够正确选择简单工程项目的施工方案和施工方法；
3. 具备编制施工进度计划的能力；
4. 具备编制简单工程项目施工组织设计文件的能力。

第一节 施工组织设计的任务和文件

施工组织设计是在施工前编制的，是用来指导拟建工程施工准备和组织施工的全面性的技术、经济文件。施工组织设计是公路设计文件、公路施工承包投标文件和施工单位对施工项目出具的管理文件的重要组成部分，也是项目管理规定的必要内容之一。

由于建筑产品的多样性及生产的单件性等特点，每项工程都必须单独编制施工组织设计，待施工组织设计被批准后才允许正式施工。

施工组织设计是在充分研究工程的实际情况和施工特点的基础上编制的，用以规划、部署施工活动的各个方面，按最适宜的施工方案和技术组织措施组织施工，使其实现最好的经济效益。

施工组织设计的基本任务是根据建设单位对建设项目的各项要求，选择经济、合理、有效的施工方案；确定合理、可行的施工进度；拟订有效的技术组织措施；采用最佳的劳动组织，确定施工中劳动力、材料、机械设备等的需要量；合理布置施工现场的空间，以确保全面高效地完成最终建筑产品的建设。

一、施工组织设计的内容

公路工程设计和施工的各个阶段，都必须编制相应的施工组织设计文件。一般来说，包括设计阶段的施工组织设计文件(由设计部门在初步设计阶段编制)和施工阶段的施工组织设计文件(根据批准的初步设计和施工组织规划设计,由施工单位编制),如果一项工程的建设工期很长,还可以编制年度施工组织设计。具体地讲,就是在初步设计阶段拟订施工方案,在技术设计阶段提出修正施工方案,在施工图设计阶段编制施工组织计划,在施工阶段编制实施性施工组织设计。

1. 施工方案

两阶段初步设计和三阶段初步设计中的施工组织文件称为施工方案,一般由下列内容组成。

(1)施工方案说明。就施工方案编制的主要问题进行说明,该说明列入初步设计的总说明书中,其主要内容包括:

①概况。

②贯彻国家有关方针政策的说明。

③施工力量、施工组织、施工方法和施工期限的安排。

④主要工程和控制工期,以及特殊工程的施工方案与措施。

⑤主要材料的供应,机具、设备的配备及临时工程的安排。

⑥下一阶段应解决的问题及注意事项。

(2)主要图表。

①工程概略进度图。根据劳动力、施工期限、施工条件以及施工方案按年和季进行概略安排,列出工程项目单位、数量,按年和季度表示出工程施工起止时间、机动时间、衔接时间等。

②人工、主要材料及机具、设备安排表。列出名称、单位、数量、需要量等(可分上半年、下半年编制)。

③临时工程一览表。列出工程名称(如便桥、便道、预制场、钢梁、电力及电信线等)、地点或桩号、工程项目及数量等。

④公路临时用地表。列出位置或桩号、工程名称、隶属(县、乡、个人)、长度、宽度、土地类别及数量等。

2. 修正施工方案

采用三阶段设计的工程,在技术设计阶段应提出修正施工方案。修正施工方案是根据初步设计的审批意见和需要进一步解决的问题而进行编制。它是技术设计的组成部分,并为编制修正概算提供依据。

3. 施工组织计划

不论采用几阶段设计,在施工图设计阶段都应编制施工组织计划,并列入施工图设计文件。施工组织计划的组成内容是:

(1)说明。施工组织计划在施工图设计中,是作为一篇单独编列,说明应在这一篇的开头。其主要内容包括:

①初步设计(或技术设计)批复意见执行情况。

②贯彻国家方针政策及采用先进技术情况。

③施工组织、施工期限、主要工程的施工方法、工期、进度及措施。

④劳动力计划及主要施工机具的使用安排。
⑤主要材料供应、运输方案及临时工程的安排。
⑥对缺水、风沙、高原、严寒等地区以及冬季、雨季施工所采取的措施。
⑦对高速公路和一级公路的交通工程及沿线设施施工协调和分期实施有关问题的说明。
⑧施工准备工作(如拆迁、用地、修便道、便桥、临时房屋、架设临时电力、电信设施等)的意见。
⑨有关文件、协议的抄件或复印件。

(2)施工组织计划图表。
①工程进度图(包括劳动力计划安排)。
②主要材料计划表(包括型号、规格、数量)。
③主要施工机具、设备计划表。
④临时工程数量表(包括便道、便桥、预制场、施工场地、电力及电信线等)。
⑤技术组织措施计划表。
⑥施工平面图设计。
⑦重点工程施工进度图。

4. 实施性施工组织设计

在施工阶段,由施工单位编制的施工组织设计称为实施性施工组织设计。这时,施工图设计已获批准,所有施工原则和方案已确定,施工条件明确。因此,这一阶段的施工组织设计十分具体,对各分项工程、各工序和各施工队都要进行施工进度的日程安排和具体操作的设计。

实施性施工组织设计文件可进一步分为施工组织总设计及分部(或分项)工程施工组织设计。实施性施工组织设计的组成内容如下。

(1)施工组织设计的文字说明,包括:
①设备、人员动员周期和设备、人员、材料运到施工现场的方法。
②主要工程项目的施工方案、施工方法。
③各分项工程的施工顺序。
④确保工程质量和工期的措施。
⑤重点(关键)和难点工程的施工方案、方法及其措施。
⑥冬季和雨季的施工安排。
⑦质量、安全保证体系。
⑧其他应说明的事项。

(2)分项工程进度率计划(斜率图)。
(3)工程管理曲线。
(4)施工总平面布置。
(5)主要分项工程施工工艺框图。需绘制施工工艺框图的分项工程包括:
①路基填筑施工(包括各类特殊路基处理)。
②路面底基层、基层施工。

③路面面层施工(图 3-1 为滑模摊铺水泥混凝土路面施工工艺框图)。

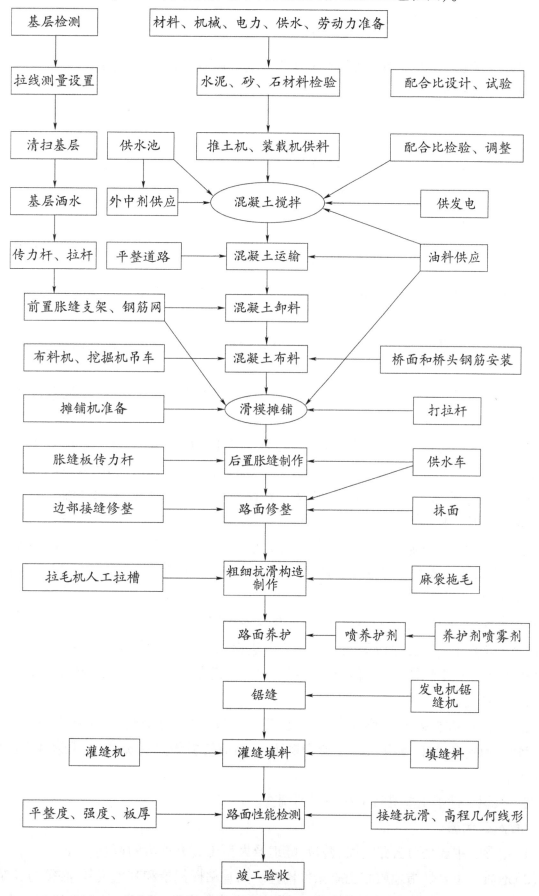

图 3-1 滑模摊铺水泥混凝土路面施工工艺框图

④桥梁钻孔桩施工。
⑤先张法预应力梁施工。
⑥后张法预应力梁施工。
⑦空心板梁施工(其他如连续箱梁或T形梁,视项目所含桥梁而定)。
⑧桥梁安装施工。
⑨隧道施工方案。
⑩安全设施施工方案。

上述各项内容,应根据实际工程分项情况填写。

(6)分项工程生产率和施工周期表。

(7)施工总体计划表。

二、施工组织设计所需的调查资料

施工组织设计调查是为了做好施工组织工作和编制施工组织设计文件而进行的勘察、收集和研究有关资料的活动。

在公路建设活动中,施工组织设计调查与概、预算资料调查一般都是同时进行的,且其调查资料可共用。

编制设计阶段的施工组织设计文件的调查活动,是在勘察设计阶段,由勘察设计单位组织"调查组"或"内业组"负责进行的;编制施工阶段的施工组织设计文件的调查工作,是在施工准备阶段和投标前,由施工承包单位或投标单位组成的调查组,结合招标文件及所签合同进行现场实地勘察或复核定线工作进行的。勘察设计阶段所进行的调查,具有勘察、调查的性质;而在施工阶段所进行的调查,则具有复查和补充的性质,且更加详细。两者的内容和方法基本上是一样的。

调查组一般由负责施工组织设计和编制工程概、预算的工程师1人,技术员1人以及测量工2~3人组成。调查组应备有各种调查记录表格、各种拟好的空白协议书以及皮尺、测杆等测量工具。

调查方法,主要采取现场勘测、询访、座谈、函调等方式进行。

调查的深度和广度,除应满足《公路工程建设项目概算预算编制办法》(JTG 3830—2018)的要求以及各不同设计阶段施工组织设计文件编制资料需要外,还应满足政府和有关部门的各项规定。

调查工作的基本要求是:座谈有纪要、协商有协议、调查有证明、询访有书面材料、政策规定应索取原件和复印、影印文本。特别要注意,所有资料均要真实可靠、手续健全、措辞严谨、依法生效。

施工组织设计中主要进行下面项目的调查。

1. 自然条件调查

(1)地形。主要是对公路沿线、桥位、隧道及大型土石方地段的调查。

(2)地质。主要是指地质与土质条件调查。如有钻探记录和其他资料,必须与其对照复核并细致进行分析,若没有,应补测取得。同时还应收集岩石的性质、纹理和岩层状态,有无断层、松软地层,土壤成分和土壤颗粒的组成,含水率及其他与施工有关的土壤特性数据。除现场对这些进行定性定量描述外,还应测绘平面图、地形图和剖面图。

地质调查的同时,还必须调查了解现场附近和路线沿线有关的建筑材料情况,并初步分析这些材料的质量、储量、采掘条件和运输条件等。了解现场地上障碍物、地下埋设物,以及可利用的地形地物情况。

(3)气象水文。主要调查内容为降雨量、降雨天数、降雨日的分布、降雪、冰冻深度、气温、湿度、风速风向、台风、地下水(水位、水量、水质)、河流流量(正常、枯水、洪水等流量)、河流水位(正常、枯水、洪水等水位),海潮的潮位以及其他灾害性气象水文情况等。

2. 施工条件调查

(1)运输状况调查。指到达施工现场的交通运输线路状况调查。内容包括到现场有无铁路、公路和水运线路,运输所需的时间、运费及其运杂费。

(2)动力、燃料、水资源及生活物资供应调查。主要是调查施工动力和照明用电供应情况;施工生活用水、煤、油料、气、热的供应情况;施工用生活物资供应及价格情况;同时还应调查现场附近机修厂及机械备件、消耗材料等供应情况。

(3)劳动力及建筑材料市场调查。主要是指现场当地可能招聘应用的工人及其他人员的人数以及当地工资标准和劳务费用;调查了解施工现场建筑材料供应(如质量、数量、规格、品种等)和价格情况。

(4)建筑设施及社会环境服务条件调查。主要调查工程沿线附近居民住宅,城镇的学校、医院、旅馆、消防队、公安、当地行政机关、市场、车站、港口码头等各种设施施工中可能充分利用的情况,以及当地社会环境和服务水准状况的调查。

(5)拆迁建筑物调查。凡需要拆迁的建筑物(如房屋、水井、坟墓等),均应对其名称、位置、数量、现状、所属权单位(或个人)、补偿金额等进行调查。

(6)征用占用土地调查。经实地测量,对修建公路征用占用的土地范围、位置、数量、所属单位(或个人)、状况、土地上种植作物以及产量、补偿金额等情况进行调查。

(7)拆迁电力、电信及管线调查。经实地测量,对必须拆迁的电力、电信及地上地下管线设施,对于其名称、位置、拆迁数量、类型、所属单位、补偿金额等进行调查。

(8)路线交叉调查。当所建公路与铁路、水利设施、现有公路(如专线公路等)交叉发生干扰时,对其名称、位置、工程量、交叉情况、处理方法及金额等进行调查。

最后,施工阶段调查时,还应了解当地民风民俗、村规民约等情况,以利于组织施工管理和职工教育,从而确保与地方关系和睦协调和文明施工。

三、施工组织设计编制的原则和程序

1. 编制原则

(1)严格履行合同签订(或上级下达)的施工期限,保质保量按期或提前完成施工任务。对工期较长的大型项目,可根据施工情况,分期进行安排。

(2)全面规划,保证重点,统筹安排,优先安排控制工期的关键工程。

(3)采用先进的施工方法和施工技术,不断提高施工机械化、预制装配化程度,减轻劳动强度,提高劳动生产率。

(4)应用科学的计划方法进行最合理的施工组织。根据工程特点和工期要求,因地制宜地采用流水作业法、平行作业法等。对于复杂的工程,应通过网络计划技术进行优化,选取最佳施工组织方案。

(5)落实季节性施工以及重点和关键工程施工的措施,确保全年连续施工。在保证重点和关键工程的情况下,应全面平衡人工、材料的需用量,力求实现均衡施工。

(6)精打细算、开源节流,充分利用已有设施、设备和当地资源,尽量减少临时工程、设备添购以及资源远运,从而降低工程成本,提高经济效益。

(7)科学妥善地安排施工现场,确保施工安全和保护环境,实现文明施工。

2. 编制程序

编制施工组织设计要遵守一定的程序,要根据工程的实际情况,按照公路工程施工生产的客观规律,协调和处理好各相关因素的关系,用科学的方法进行编制。施工组织设计的编制程序见图3-2。

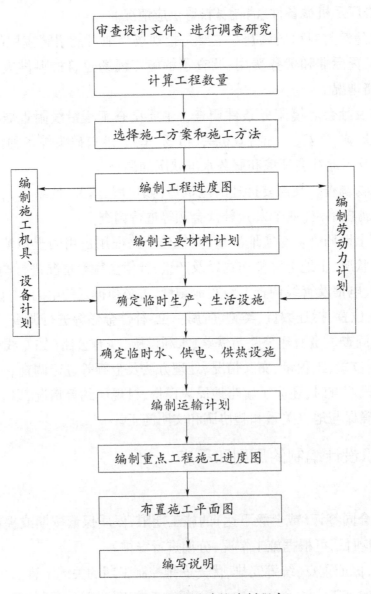

图3-2 施工组织设计的编制程序

第二节 施工方案与施工进度计划

一、施工方案的选择

施工方案是指对工程施工所做的总体设想和安排。选择施工方案是各类施工组织设计中首要的问题,是决定整个工程全局的关键。一般在初步设计阶段施工方案就确定下来了,但在施工图设计阶段还要在初步设计施工方案的基础上,根据批准机关的审查意见,重新提出一个更具有可行性的施工方案,作为编制施工组织设计的先决条件。

选择和制订施工方案,首先要考虑其是否可行,同时还要做到技术先进、经济合理、施工安全。所谓可行是指施工方案能从实际出发,符合当前实际情况,有实现的可能性;技术先进是指能有效地采用新技术、新方法、新工艺、新材料,从而提高工效,缩短工期,保证施工质量;经济合理是指尽可能地采用降低施工费用的一切正当和有效的措施,挖掘施工潜力,使施工费用降至最低限度;施工安全则是指施工方案符合安全规程,有保证安全施工的技术措施。以上几点在选择和制订施工方案时应全面考虑,互相权衡。

施工方案所包括的内容很多,概括起来主要有以下4个方面:

(1)施工方法的确定。

(2)施工机械的选配。

(3)施工作业顺序的安排。

(4)施工作业的组织方法。

前两项属于施工方案的技术内容,后两项属于施工方案的组织内容。施工作业的组织方法在单元二中已讲述,现仅将其余3个方面的内容介绍如下。

1. 施工方法的确定

施工方法是施工方案的核心内容,它对工程的实施具有决定性的作用。由于在施工过程中,可采用的施工方法多种多样,而每种方法都有其优点和缺点,因此,选择适合本工程的最先进、最合理、最经济的施工方法,达到降低工程成本、提高作业效率的目标,就成为首要任务。

选择施工方法的依据主要是:

(1)工程特点。主要指工程项目的规模、构造、工艺、技术要求等方面的特点。

(2)工期要求。就是要明确本工程的总工期或分部工程的工期是属于紧迫、正常、充裕三种情况中的哪一种。

(3)施工组织条件。主要指气候等自然条件,施工单位的技术水平和管理水平,所需设备、材料、资金等的供应情况。

2. 施工机械的选配

在确定施工方法的同时,必然要考虑施工机械的选配。随着施工现代化程度的提高,机械化施工已逐步代替繁重的体力劳动。因此,从众多的机械设备中选择适合于本工程的施工机械种类、型号、数量,是制订施工方案时需要解决的又一个重要问题。

施工机械选择的原则：

(1) 只能在现有的或可能获得的机械中进行选择。尽管某种机械在各方面都是适合的，对工期的缩短、人力的节省都很有利，但如不能得到，就不能作为一个可供选择的方案。

(2) 从施工条件考虑，选择的机械类型应与之相符合。施工条件指施工场地的地质、地形、工程量大小和施工进度等，特别是工程量和施工进度，是合理选择机械的重要依据。

(3) 固定资产损耗费与运行费应经济。固定资产损耗费与施工机械的投资应成正比，而机械的运行费可视为与完成的施工量成正比的费用，它是选择施工机械时必须考虑的一项原则。通常，大型工程选用大型机械是经济的。施工机械的经济选择基础是施工单价，故必须权衡机械费与工程量的关系。通常施工机械的容量越大，其施工单价越低。如果只使用大型施工机械的部分容量，还不如最大限度地发挥中小型机械的容量，这在许多情况下都是经济的。

(4) 施工机械的组合应合理。施工机械的合理组合一方面是指主机与辅助机械在台数和生产能力上的互相适应；另一方面是指作业线上的各种机械的组合互相配套。

(5) 从全局出发统筹考虑选择施工机械。全局出发就是在选择施工机械时，不仅考虑本项工程，而且要考虑同一现场上的其他工程对施工机械的使用。

3. 施工作业顺序的安排

根据施工规律来确定施工顺序，应遵循和考虑以下几点要求：

(1) 必须符合工艺要求。公路工程项目各施工过程之间存在一定的工艺顺序关系，例如，钻孔后必须尽快地灌注水下混凝土，两道工序必须紧密衔接，否则就会产生塌孔现象。

(2) 必须使施工顺序与施工方法、施工机具协调一致。例如，现浇钢筋混凝土上部构造的施工顺序与采用架桥机进行施工的顺序显然不相同，因此，施工方法不同，所采用的机具设备也不同，其施工顺序就不会相同。

(3) 必须考虑施工质量的要求。在安排施工顺序时，要以确保施工质量为前提条件，如影响工程质量时，则要重新确定施工顺序或采取必要的技术措施。

(4) 必须考虑水文、地质、气候的影响。在确定施工顺序的同时，应充分考虑到洪水、雨季、冬季、不良地质区域等因素的影响。有的因素对施工顺序的安排起着决定作用，如桥梁下部工程一般应安排在汛前或汛后完成。

(5) 必须考虑影响全局的关键工程的合理施工顺序。如路线工程中某大桥、某隧道、某深路堑，若不在前期完工，将导致其他工程不能如期施工（如无法运输材料、机具，工期太长等），此时应集中力量攻克关键工程。

(6) 必须遵循合理组织施工过程的基本原则，即符合施工过程的连续性、协调性、均衡性和经济性。尽量安排流水或部分流水作业，以便充分发挥劳动力和机具的效果；尽量减少工人和机械的停歇时间，以便加快进度；尽量减少或避免各作业之间的相互干扰，以保证施工作业的顺利进行。

(7)必须考虑安全生产的要求。

二、施工进度计划的编制

1. 施工进度图的分类

1)按施工进度图的形式分

(1)横线式施工进度图(或称横道图、甘特图)。横线式施工进度图(图3-3)是以时间为横坐标,以各分项工程或施工工序为纵坐标,按一定的先后施工顺序和工艺流程,用带时间比例的水平横道线表示对应项目或工序持续时间的施工进度计划图。

(2)斜线式施工进度图(或称垂直坐标图)。斜线式施工进度图以纵坐标表示施工日期,横坐标表示里程或工程位置,而各分项工程或施工工序的施工进度则相应地以不同形式的斜线表示。

(3)网络式施工进度图。网络式施工进度图简称网络图,是以加注工作持续时间的箭线和节点组成的网状流程图来表示施工进度计划。

2)按设计阶段划分

(1)工程概略施工进度图。用于初步设计,作为施工方案的组成文件。

(2)施工进度(计划)图。用于施工图设计,是施工组织设计的组成文件。

(3)实施性施工进度图。这种图是由施工单位在施工阶段编制的,是指导施工生产活动的依据,它比施工图设计中的施工进度图更加具体、现实、可行。

2. 施工进度图编制的依据

(1)工程设计图纸。

(2)各种有关水文、地质、气象和技术经济资料。

(3)上级规定或合同规定的开工、竣工日期。

(4)主导工程的施工方案(施工顺序、施工方法、作业方式)。

(5)各类定额。

(6)劳动力、材料、机械供应情况。

3. 作图参数的确定

编制施工进度图时,首先要对作图的有关参数加以计算或予以确定。

1)列项

在编制施工进度图时,要划分施工生产过程的细目,即划分工序,并填入施工进度图相应的栏目中。列项时应注意符合如下要求:

(1)所列项目要依据选用的施工方法而定。

(2)划分项目的粗细程度一般要按所采用定额的子目来填列。

(3)在施工进度图上填列施工项目时,应按施工顺序填列。

(4)列项时不可漏列、重列和错列。

2)工程量计算

将施工过程细目列出后,根据设计图纸计算工程量。工程数量的计量单位应与相应定额的计量单位一致。

序号	工程项目	单位	数量	定额	劳动量(工日)	工期 开始	工期 结束	每班平均人数	工作日(工日)	1986年 月份 4-11
1	施工准备				178	4.10	4.10	23	8	23
2	采砂石料	m³	3963	2.56	10133	5.10	8.31	106	96	106
3	运输材料	t	5950	0.42	2490	5.20	9.30	24	104	24
4	洞外石方	m³	1638	0.49	803	4.11	4.30	50	16	50
5	下部导坑	m³	2640	1.61	4259	5.10	9.15	40	108	40
6	上部导坑	m³	1553	1.59	2474	5.10	9.22	24	106	24
7	扩大	m³	3530	1.62	5729	5.20	10.2	54	106	54
8	挖底	m³	3840	1.61	6138	5.30	10.12	58	106	58
9	浇边墙	m³	947	3.17	2861	6.50	10.17	25	106	25
10	浇拱圈	m³	1168	3.17	3704	6.15	10.31	35	106	35
11	拱背填片石	m³	338	1.31	442	7.10	10.31	5	96	5
12	压浆	m³	439	2.77	1214	7.10	11.10	13	24	13
13	浇筑盖板	m³	294	6.94	204	10.10	11.31	9	16	9
14	整修路拱	m²	1486	0.26	393	10.27	11.15	25	16	25
15	浇路面	m²	1486	0.28	414	11.10	11.20	25	26	25
16	砌水沟	m³	185	0.21	388	10.10	10.31	15		15
	总计				41644	4.10	11.20			

说明

劳动力安排示意图
工人数：100 200 300 400
23, 50, 146, 170, 243, 306, 331, 366, 371, 384, 278, 238, 214, 160, 102, 77, 65, 50, 25

××公路××段 ××隧道 工程进度图		设计		复核		负责人	
图号		比例		日期			

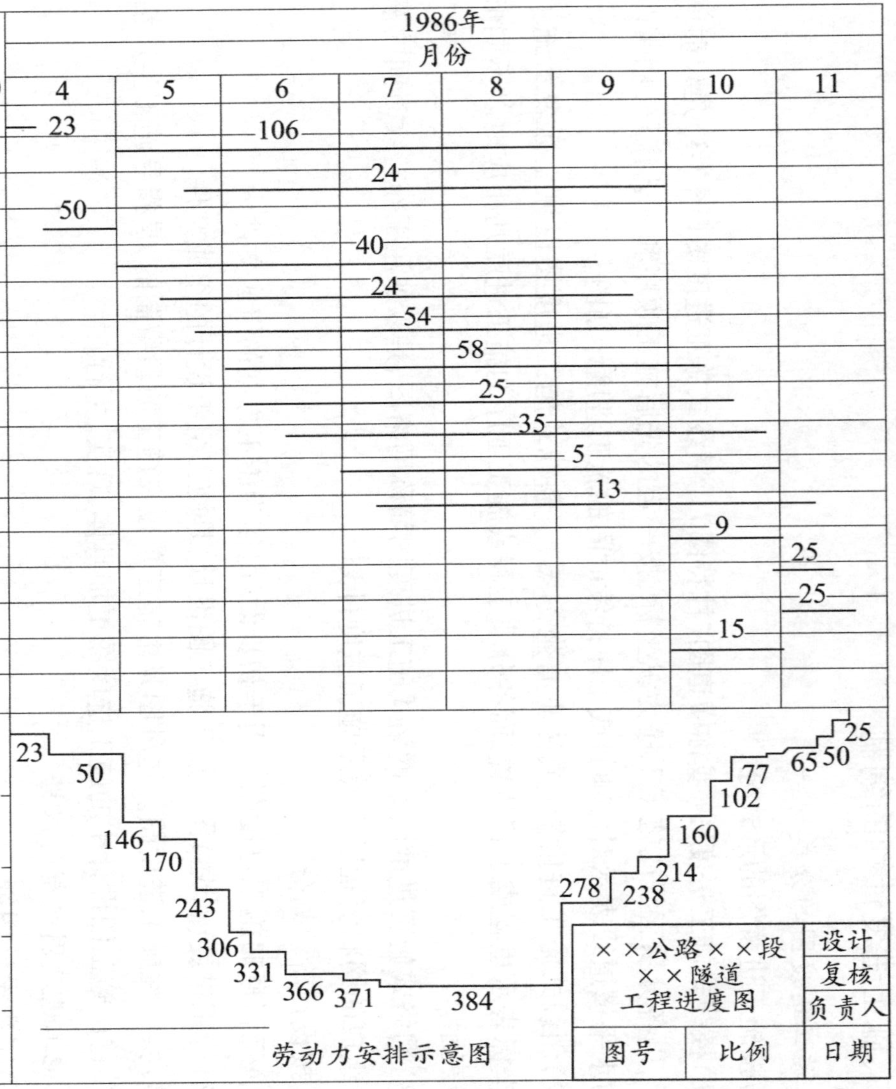

图3-3 横线式施工进度图

3) 劳动量计算

劳动量等于工程项目的工程数量与相应的时间定额的乘积,或等于劳动力人数与作业时间的乘积,或等于机械台数与作业时间的乘积。

人工操作时称为劳动量,机械作业时称为作业量。

劳动量或作业量可按下式计算:

$$D = \frac{Q}{C} \tag{3-1}$$

$$D = QS \tag{3-2}$$

式中:D——劳动量或作业量(工日或台班);

Q——工程数量;

S、C——时间定额、产量定额。

4) 主导工期

某生产过程的人工及各种机械的劳动量确定后,可根据所投入的人工、机械数量分别算得人工以及各种机械作业的工期,其中工期最长的作业称为主导作业,主导作业的工期称为主导工期。生产过程的工期主要取决于主导工期。

生产过程中各种作业的人工、机械数量是可以调节的,因此主导作业的主导工期也是可变的。在编制施工进度图时,应尽量调节各种作业所需的人工、机械投入数量,使各种作业的工期一致。

在编制施工进度图时应以主导工期为控制工期。

5) 作业工期和所需人工、机械数量计算

(1) 以施工单位现有人力、机械的实际生产能力以及工作面的大小,来确定完成该劳动量所需的持续时间(作业工期)。其计算公式为:

$$t = \frac{D}{Rn} \tag{3-3}$$

式中:t——生产工期,即作业持续时间(日);

D——劳动量(工日或台班);

R——人数或机械台数;

n——生产作业班制数。

(2) 根据规定的工期确定投入施工的人数和机械台数。

公式(3-3)经变换后可得下式:

$$R = \frac{D}{Tn} \tag{3-4}$$

4. 施工进度图的编制

编制施工进度图时,一般要制订几个方案,绘制几个施工进度草图,经反复平衡、比较、评价,最后才能确定所采用的方案。其比较和评价要点是:

(1) 工期能否满足建设单位或合同规定的需要。

(2) 施工顺序是否合理。

(3)劳动力、机械、材料等资源的供应能否保证,消耗是否均衡。

(4)是否符合施工过程组织的原则。

(5)对主、客观因素是否进行了充分的估计,其影响程度如何。

(6)各项工作安排是否先进合理,有无调整余地。

下面重点介绍横线图(图3-3)的编制步骤。

(1)作图的准备工作。

①透彻理解本工程的施工方案,掌握工程的施工方法。

②充分研究各种作图的依据和资料,对拟编的施工进度图在总体上有个初步的设想。

(2)编制作业工期计算表。

①准备好作业工期计算表,如表3-1所示。

②根据设计图纸和拟好的施工方案、施工方法,确定作业方法并进行作业项目排序。

③列项。根据设计图纸、施工方法、作业方法,参照所用定额的子目,按前面介绍的列项要求,按施工顺序将作业项目列入表3-1中。

④在表3-1中逐项计算工程数量、劳动量,有些工程数量可从图纸或概算中直接获得。

⑤在表3-1中逐项确定施工作业班制、实用人数和机械台数、作业工期;或确定主导工期,反求人工和机械数量及作业班制。

⑥在表3-1中逐项确定主导工期。

作业工期计算表 表3-1

序号	项目名称	施工单位	工程数量		定额编号	主导工期(日)	人工劳动量(工日)		实用人数		人工作业工期
			单位	数量			定额	数量	作业班制	每班人数	
1	2	3	4	5	6	7	8	9	10	11	12

序号	机械作业量(台班)						实用机械台数与作业工期								
	机		机		机		机			机			机		
	定额	数量	定额	数量	定额	数量	班制	台数	工期	班制	台数	工期	班制	台数	工期

(3)绘制施工进度线。

①参照图3-1绘制进度图的图框和表格。

②将"作业工期计算表"中的有关数据抄录于图3-3中。

③按施工方案确定的开竣工日期,在图3-3中填列日历。

④按"作业工期计算表"计算的主导工期,根据项目之间的逻辑关系,并考虑各方面的因素,在进度图上合理设计各作业项目的施工起止日期,即用直线或不同符号、不同颜色的线条在施工

进度图上绘制作业进度。进度图的习惯表示方法是:以线的位置表示项目,以线的长短表示工期,线上的注字说明人工、机械数量和作业班制,线的形状及符号表征不同工种、机种、作业、班组等。

⑤在作业项目进度安排上,进行反复比较、修改,同时修改作业工期计算表,直至合理为止。

⑥绘制劳动力、材料等资源的数量—时间曲线(图3-3)。

⑦编写施工进度图的说明,并抄录于进度图的适当位置。

⑧在进度图的适当位置,列出图例。

(4)多方案反复平衡、比较,择优定案。

第三节 施工平面图设计

根据施工过程空间组织的原则,对施工过程所需工艺流程、施工设备、原材料堆放、动力供应、场内运输、半成品生产、仓库料场、生活设施等项,进行空间的特别是平面的规划与设计,并以平面图的形式加以表达,这项工作就称作施工平面图设计。它是施工组织设计最主要的内容之一。

一、施工平面图类型

1. 按施工平面图的作用分

(1)施工总平面图

施工总平面图是以整个工程为对象的空间组织的平面设计方案。如图3-4所示为某道路施工总平面图。

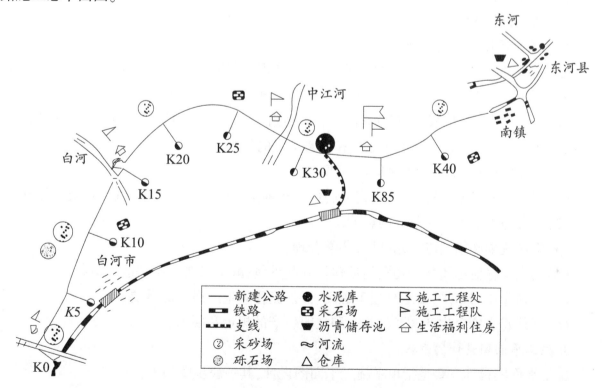

图3-4 道路施工总平面图

(2)单位工程、分部工程、分项工程施工平面图

它是以单位工程或分部、分项工程为对象的空间组织的平面设计方案。如某工程项目中的大桥施工平面图、集中性大型工程施工平面图、附属加工厂施工平面图、基础工程施工平面图、主梁吊装施工平面图等。

2. 按主体工程形态分

(1)线形工程施工平面图

线形工程施工平面图是沿路线全长绘制的一个狭长的带状式平面图。线形工程施工平面图一方面要反映地形、地物,如河流、道路、房屋、田地、悬崖、湿地等;另一方面要反映施工组织设计成果,如料场、加工厂、仓库、施工管理机构、临时工程、便道、便桥等。

(2)集中型工程施工平面图

集中型工程施工平面图既可以是施工总平面图,又可以是单项工程或分部、分项工程施工平面图。其总的特点是工程范围比较集中(包括局部线形工程),反映的内容比较深入和具体,如砂石料场施工平面图、加工厂或预制厂平面布置图、桥隧工程施工平面图等。

二、施工平面图设计的依据、原则和步骤

1. 施工平面图设计的依据

(1)工程平面地形图。

(2)主要施工方案和施工进度计划。

(3)各种材料、半成品的供应计划和运输方式。

(4)各类临时设施的性质、形式、面积和尺寸。

(5)水源、电源资料。

(6)其他有关的设计资料。

2. 施工平面图设计的原则

施工平面图设计是一项综合性的规划设计,在很大程度上取决于施工现场的具体条件。施工平面图设计一般根据其工程量的大小、工程规模、施工方案和施工工艺等资料,先绘出工程施工平面总图,然后根据施工的需要再分别编制出分部、分项施工平面图。一般先进行平面规划分区,然后确定生产主体工程和附属工程的位置。

一般地说,施工平面图设计的具体原则是:

(1)在保证施工顺利的情况下,充分利用原有地形、地物,少占农田,以利降低工程成本。

(2)充分考虑各种自然条件的影响。

(3)场区规划必须适应工艺顺序,科学合理。

(4)场内运输应尽量减少物资的运输量和起重量,减少二次搬运和运送距离。

(5)一切设施与布局,要适合施工进度、工艺流程等生产组织的需要。

(6)必须符合安全生产、保安、防火和文明生产的规定和要求。

3. 施工平面图设计的步骤

施工平面图设计主要是指单项施工平面图设计,其一般步骤如下:

(1)熟悉和分析有关调查资料。

(2)确定起重、运输机械的位置。起重、运输机械的位置直接影响仓库、材料、混凝土制备等的位置,以及场内运输道路和水电线路的布置等,因此要首先予以考虑。布置固定式垂直运输设备,如井架、门架、桅杆等,主要根据机械性能、建筑物的平面形状和大小、施工段的划分情况、材料来向和已有运输道路情况而定。其要求是充分发挥起重机械的能力并使地面与作业面上的水平运距最小。

(3)确定搅拌站、仓库和材料、构件堆场的位置。搅拌站、仓库和材料、构件堆场的位置应尽量靠近使用地点或在固定式起重机械的范围内,并考虑运输和装卸料的方便。

(4)确定运输线路。现场主要道路应尽可能利用永久道路,或先建好永久性道路的路基,在土建工程结束之前再铺路面。现场道路布置时注意保证行驶畅通,使运输工具有回转的可能性,因此,运输路线最好是围绕施工现场或是一条环形道路。对于线形工程,靠近施工现场布设线状临时路线。

(5)布置水电线路。工地使用的临时给水管、供电线应力求布设长度最短。管径的大小和阀门龙头设置数量需视工程规模大小通过计算确定。给水管道可埋置于地下,也可铺设在地面上。

(6)考虑各种材料、半成品的合理堆放。关于施工材料、结构构件等的放置场地,由于各专业工程的特点不同,其位置的选择、面积的确定、运输线路的设置也各有所异。材料堆放场地的选择与面积确定应与经济效果联系起来考虑,场地布置过大会增加征地费用,场地过小又会给施工带来困难,影响工程进度或造成二次搬运,也会相应增加工程费用。处于施工现场中心位置或主体建筑周围的场地往往是施工中较好的放置场地,为了充分发挥这些地段的利用率,宜采取按计划、按步骤、按工艺流程、分期限周转使用进行平衡与布置。结构构件在场外的放置场地,应设在结构安装方向相反的一端,使运输方向与安装方向相反。各放置场地应与装卸作业的起重设备性能相配合,使之设在工作半径之内,以满足操作需要。

根据存放物资的种类、性质、使用条件和技术要求的不同,放置场地及仓库采取以下三种形式:露天放置场地,主要用于砖、瓦、砂、石等大宗材料及混凝土、钢结构等构件的存放;遮棚式放置场地,主要用于存放避免雨淋日晒的物质,如瓷砖、细木加工件、油毛毡、沥青等;封闭式仓库,主要用于存放防止在空气中锈蚀、受潮、变质的各种建筑材料和设备,如水泥、电器材料、焊条、工具等。

(7)布置行政管理及生活用临时设施。确定其位置时,主要应考虑其使用方便,不妨碍施工,并符合防火和安保的要求。

第四节　施工组织设计示例

为了进一步系统地掌握流水作业法施工组织设计的原理及其在公路工程中的运用,现以施工图设计阶段编制施工组织设计为例,说明道路施工组织设计编制过程中一般应考虑的问题。本例讨论的重点是在编制工程进度图时如何确定总体安排、工期以及资源需要量的平衡等问题。

一、工程概况和工程特点

本工程是某国道公路的一段改建工程,采用山岭重丘区三级公路标准,按两阶段设计。根据施工图设计文件,该路段的工程概况如下:

(1)改建路段全长 7.90km。

(2)路基宽度 10.0m。路基土石方 282800m³,其中石方 147420m³,土方 135380m³。浆砌块石挡土墙 955.2m³。

(3)路面宽度 8.5m,两侧各设宽度为 0.75m 的土路肩。路面面层为 3cm 的三层式沥青表面处治,基层为厚 18cm 的泥灰结碎石。

(4)全线有中桥 1 座,为 2 孔净跨 30m 的石拱桥,桥长 80.2m;小桥 3 座,均为钢筋混凝土板桥,总长 60.51m;涵洞 8 座,长 140.4m,为钢筋混凝土盖板涵。

(5)其他工程,如路基防护加固工程、附属工程、临时工程等,本例不考虑。

本工程桥涵等人工构造物多,路基土石方分布不均匀,在施工组织设计中应注意各施工点的相互干扰。沿线砂、石等建筑材料丰富;居民点较多,行政、生活用房屋可利用;新路施工基本上不影响原有公路通车;交通方便。这些都是施工的有利条件。

二、施工组织设计的基础资料

本例假定:施工图设计与计算正确;通过现场施工调查,掌握了沿线具体情况;经复核,各分项工程的工程量(表3-2)无误;其他技术文件、有关规范和新技术资料齐全。本工程的工期:2019 年第三季度开工,2020 年底建成通车,施工工期最长只有一年半。

施工方法、工程量及定额工日数量表　　　　表 3-2

编号	工程名称	土石类别或结构物类型	施工方法	工程数量 单位	工程数量 数量	时间定额 单位	时间定额 定额值	需用工日数	备注
1	集中土方	普通土	机械	m³	96920	工日/1000m³	2.6	252	80~100 马力(1 马力=735W)推土机
2	集中石方	坚石	机械	m³	137490	工日/100m³	80.9	11123	机械打眼,推土机推运
3	沿线土方	普通土	机械	m³	38460	工日/1000m³	2.6	100	推土机
4	沿线石方	次坚石	人工	m³	9930	工日/100m³	206.5	2051	人工打眼,推土机推运
5	挡土墙	浆砌块石	人工	m³	2223.4	工日/10m³	6.4	1423	

续上表

编号	工程名称	土石类别或结构物类型	施工方法	工程数量 单位	工程数量 数量	时间定额 单位	时间定额 定额值	需用工日数	备注
6	涵洞	钢筋混凝土盖板涵	人工	延米/座	140.4/8			3950	
7	小桥	钢筋混凝土板桥	人工为主	延米/座	60.51/3			8085	小型机具吊装
8	中桥	石拱桥	人工为主半机械化	延米/座	80.2/1			18190	以人工施工为主,辅以简易吊运机具
9	路面基层	泥灰结碎石	机械	m²	71100	工日/1000m²	22.3	1586	厚度18cm
10	路面面层	沥青表面处理	机械	m²	67150	工日/1000m²	10.9	732	厚度3cm
合计								47492	

三、选择施工方案和施工方法

1. 施工方案

(1)整个工程的施工采用平行流水作业法。

(2)建立以下8个专业施工队：

①土石方一队。

②土石方二队。

(以上两个队负责集中土石方工程的施工,采用平行顺序作业法)

③路基队：用顺序作业法施工沿线路基土石方,包括路基成型、压实、边坡清理等。

④小型构造物队：负责8座涵洞和4座挡土墙的施工,采用流水作业法。

⑤小桥队：负责3座小桥的施工,采用流水作业法。

⑥中桥队：负责1座中桥的施工,用网络分析法组织施工。

⑦路面基层队；采用流水作业法。

⑧路面面层队；采用流水作业法。

(3)施工作业方向从路线终点到起点。这是因为本例大部分工程都集中在路线的中部和后面,又无行车干扰。同时,采用这个施工作业方向可使需要利用的旧路最后施工,对旧路通车的影响最小。

2. 施工方法

本工程规模小,地方劳动力多,为了尽可能减少临时工程和调动地方的积极性,因此,各项工程首先考虑人工施工。但对于劳动强度大、作业面小的工程,如集中土石方、桥梁工程等仍用机械施工或利用机械进行吊装的半机械化施工。各项工程的施工方法参见表3-2。

四、编制工程进度图

为简化起见,只安排表3-2所列10个施工项目的具体施工进度,但在确定总工期时考虑施工准备工作和收尾工作的时间。

1. 划分施工项目

根据工程性质和施工方法的不同,划分为表3-2所示10个主要施工项目。

2. 计算劳动量

由工程量和相应的时间定额,计算得到各个施工项目的劳动量,即所需用的工日数(表3-2)。本工程上述10个施工项目的劳动量合计为47492工日,假定与施工图预算一致。

3. 组织专业施工队,计算施工持续时间

将10个施工项目加以适当合并,由8个专业施工队施工(在施工方案中已提出)。各施工队的工人人数,根据机具配备和劳动优化组合的原则确定。各队人数见表3-3,表中人数为实际出工的工人数,确定各队的编制人数时,还应除以计划的出工率。

各施工队的作业持续时间,采用进入正常流水后的进度平均计算(工程实践中要考虑流水展开期,见本例中桥的进度安排),即用各队人数除该队应完成的劳动量。如小桥队由30人组成,应完成的劳动量为8085工日,则该队的作业持续时间为8085÷30=270工作日。各施工队的作业持续时间见表3-3。

各施工队作业时间表　　　　　表3-3

编号	施工队名称	人数	投入劳动量(工日)		作业持续时间(d)		起止时间		备注
			计算值	计划安排	计算值	计划安排	开工	结束	
1	土石方一队	35	8225	8225	235	235	11月下旬	8月底	跨年度
2	土石方二队	30	3150	3150	105	105	4月下旬	8月底	2020年
3	路基队	30	2151	2160	72	72	6月下旬	9月下旬	2020年
4	小型构造物队	20	5373	5400	269	270	9月初	7月下旬	跨年度

续上表

编号	施工队名称	人数	投入劳动量（工日）		作业持续时间(d)		起止时间		备注
			计算值	计划安排	计算值	计划安排	开工	结束	
5	小桥队	30	8085	8100	270	270	9月初	7月下旬	跨年度
6	中桥队	80	18190	19200	227	240	9月初	6月下旬	跨年度
7	路面基层队	65	1586	1625	24	25	9月初	10月初	2020年
8	路面面层队	30	732	750	24	25	9月中旬	10月中旬	2020年

4. 确定施工总期限

(1) 有效作业天数

根据当地气象站的多年观测资料,该地区平均年降雨天数为48d,最高年份达到59d,冬季多雾,5~8月的降雨天数占全年降雨天数的55%左右。因此,每月的有效作业天数平均为$(365-48)\div 12 = 26.4(d)$;最不利年份每月的有效作业天数平均为$(365-59)\div 12 = 25.5(d)$。

综合考虑以上情况,每月有效作业天数取为25d。由于在施工的一年半期间只有一个雨季,因此,每月按25d安排是完全能确保施工任务完成的。

(2) 施工准备与结束工作时间

假设本工程的施工准备工作与收尾结束工作的时间各需2个月,因此,正式施工时间为14个月,其有效作业天数为$14 \times 25 = 350(d)$。

(3) 施工实际需用的期限预计

根据各施工项目之间的合理搭接和逻辑关系,本工程有以下两条主要流水作业线:集中土石方—路基—路面基层—路面面层,桥涵—路基—路面基层—路面面层。从表3-3可知,施工持续时间最长的是小桥队,为270d,因此,小桥—路基—路面基层—路面面层可能是控制工期的关键线路。设各施工项目之间的间隔时间为15d,这条平行流水线路的作业持续时间最长为$270+15+15+15=315(d)$(因为后一施工项目的作业持续时间都小于或等于前一施工项目)。

另一方面,中桥两端有引道,为集中土石方,因此,中桥—引道填方—路面也有可能是控制工期的关键线路,该线路的作业持续时间之和为340d(图3-5)。

综上所述,本工程的正式施工作业天数可控制在350d以内,可在规定的施工工期内完成任务。

5. 安排各项工程的施工进度

(1) 正式开工时间

因本工程的准备工作为2个月,因此,正式开工时间为2019年9月1日。

(2) 重点工程的施工时间安排

根据前面的分析,影响本工程工期的重点工程是中桥和集中土石方。由于组织两个土石方施工队平行作业,因此,中桥工程就成为关键工程。为保证工程施工进度,首先安排中桥工程于2019年9月初开工。

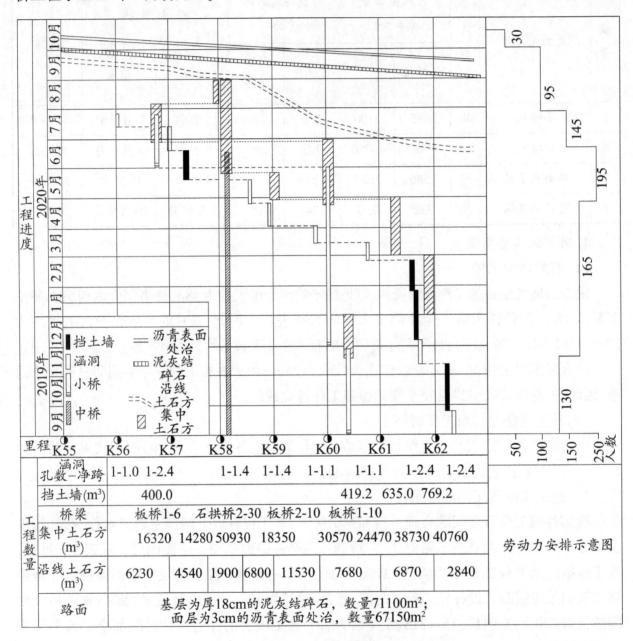

图3-5　工程进度图

由于本工程规模小,为尽可能减少临时生活设施,避免短时间内的人工过于集中,因此对小桥和小型构造物都只组织了一个施工队,这就使得这两个施工队的作业持续时间相对延长。为争取时间,不影响路基和路面工程的开工,决定小桥队和小型构造物队也在2019年9月初开工。

(3)各项工程的施工时间安排

在具体确定施工时间时,主要考虑了以下几点:

①遵守客观的施工顺序。如在任一地点都应按照桥涵构造物、土石方、路基、路面这样的顺序施工,桥台完工后才能进行引道填筑和锥坡施工等。

②同一地点需进行多项工程施工时应紧凑安排,以缩短工期。如中桥施工及引道填方、

路面铺筑等在中桥施工段内都以满足各项工程之间的最小时间间隔进行安排,路面基层与面层之间的时间间隔由泥灰结碎石基层的养护期确定等。

③注意人力和各种资源需用量的均衡。本例只考虑了劳动力需用量的均衡,如中桥完工后才安排路基队开工,土石方队完工后路面基层队才开工等,避免了劳动力需用量出现峰值。

④在规定的施工期限内完成全部施工作业。本例的竣工时间为2020年10月中旬,全部施工时间14个月,有效工作日340d,符合要求。

⑤安排进度留有余地,便于执行时调整。本例共安排了48610工日,比计算的定额工日数47492工日多2.35%(详见表3-3)。因此,本例的施工进度安排有足够的调整余地。

本工程主要施工项目的工程进度图见图3-5。

五、重点工程施工进度图

在公路工程中的某些重点工程,其工期常影响到整个工程施工期的长短,因此在施工组织中要单独编制施工进度图。现以本例的中桥工程为例说明重点工程施工进度图的编制。

1. 施工方案

本中桥为2孔跨径30m的石拱桥,全长80.2m。经现场调查和现有施工条件,制定如下施工方案:下部构造分挖基坑、砌基础、砌墩台三道主要工序进行流水作业,每一墩台作业面即为一个施工段;桥台完工后依次砌锥坡;墩台全部完工后搭设拱架;两孔主拱圈和拱上建筑同时施工,使墩台受力平衡,保证质量;主拱圈合龙后30d拆除拱架;最后设置栏杆和铺设桥面。按上述方案绘制的施工网络计划如图3-6所示。

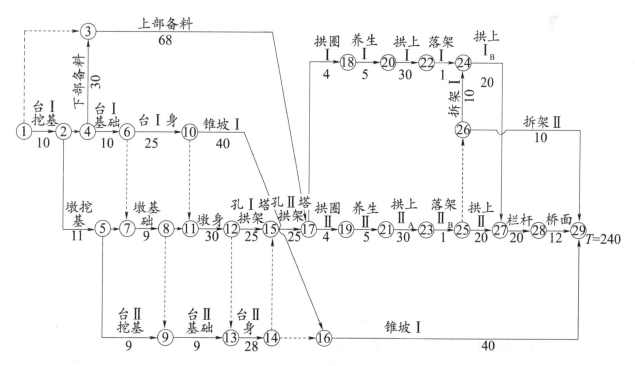

图3-6 中桥施工网络图

2. 施工方法

以人工施工为主,辅以简易吊运机具。各工序的施工方法见图3-7。

3. 施工进度安排

(1) 由计算网络图(图3-6)中各工序的时间参数,得到总工期为240d。

(2) 确定各工序的施工日期。

经过优化后的施工进度安排如图3-7所示。中桥于2019年9月初开工,至2020年6月下旬完工,历时九个半月,这就是工程总进度图中确定中桥施工进度的依据。

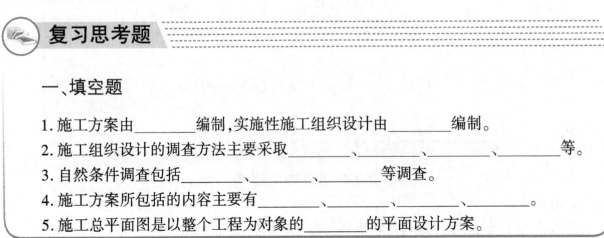

图3-7 中桥施工进度图

各工序的作业持续时间,是根据现场作业面、合理的劳动组合确定的。因此,在安排施工进度时,除锥坡施工、拱架拆除这两项作业面较宽的工序外,不考虑改变人工数目而变动作业持续时间的调整方法。

本例主要是通过安排工程进度来说明施工组织设计的基本步骤,不是一套完整的施工组织设计文件,因而还不能作为完整的设计示范,只能作为总体方案性的讨论和提示,具体设计时请参阅有关参考文件。

复习思考题

一、填空题

1. 施工方案由_____编制,实施性施工组织设计由_____编制。
2. 施工组织设计的调查方法主要采取_____、_____、_____、_____等。
3. 自然条件调查包括_____、_____、_____等调查。
4. 施工方案所包括的内容主要有_____、_____、_____、_____。
5. 施工总平面图是以整个工程为对象的_____的平面设计方案。

二、选择题

1. 单位工程施工方案主要确定( )的施工顺序、施工方法和选择适用的施工机械。
   A. 单项工程   B. 单位工程   C. 分部分项工程   D. 施工过程
2. ( )施工条件调查范围。
   A. 地质   B. 气象水文   C. 运输状况   D. 村规民约
3. 在编制施工总进度计划时,其工期应控制在( )之内。
   A. 合同工期   B. 定额工期   C. 计算工期   D. 规定工期
4. 某施工段中的工程量为200,安排施工队人数为25人,每人每天完成0.8,则该队在该施工段中的作业工期(流水节拍)是( )。
   A. 12天   B. 10天   C. 8天   D. 6天
5. 机组数量配置主要是根据( )、每个机组能够独立完成的工作量和总工作量对比计算进行配置。
   A. 工期要求   B. 监理   C. 设计   D. 相关部门

三、判断题

1. 施工组织设计被批准后才允许正式施工。 ( )
2. 施工组织设计是指导工程投标、签订承包合同、施工准备和施工全过程的全局性的技术经济文件。 ( )
3. 在选择施工机械时,各种辅助机械或运输工具的选择,应与主导机械的生产能力协调配套。 ( )
4. 在编制工程进度计划时,工期越短越好。 ( )
5. 单位工程施工平面图是对一个建筑物的施工场地的平面规划和空间布置。( )

四、简答题

1. 简述施工组织设计编制的原则。
2. 简述施工机械选择的原则。
3. 简述施工进度图编制的依据。
4. 简述施工平面图设计的依据。

复习思考题及答案

第四章 公路工程定额

知识目标

1. 掌握定额的概念；
2. 熟悉定额的分类；
3. 掌握劳动定额、材料消耗定额、机械设备定额的概念；
4. 掌握查用公路工程定额的方法；
5. 掌握机械台班单价的计算。

能力目标

具备正确运用公路工程定额的能力。

第一节 定额的基本知识

一、定额的概念

在建筑工程施工过程中，生产任何一件产品，都需要消耗一定数量的人工、材料和机械，而这些资源的消耗量是随着生产中各种因素的不同而变化的，其消耗标准一般是国家或主管部门经过科学地测定、分析、计算而加以合理确定的。定额就是在正常生产条件、合理地组织施工、合理地使用材料和机械的情况下，完成单位合格产品所必需的人工、材料、机械及资金的数量标准。同时，在定额中还规定了相应的工作内容和要达到的质量标准以及安全要求。

定额属于计价依据主要内容之一。所谓计价依据是指用以计算工程造价的基础资料的总称，除包括定额、指标、费率、基础单价外，还包括工程量数据以及政府主管部门颁布的各种相关的经济法规、政策、计价办法等。

二、定额的分类

定额是计算工程造价的基础资料之一，按作用不同，一般分为两部分：工程定额和费用定额。公路工程定额指《公路工程概算定额》（JTG/T 3831—2018）[以下简称《概算定额》（2018年版）]、《公路工程预算定额》（JTG/T 3832—2018）[以下简称《预算定额》（2018年版）]等规定的实物量消耗定额；公路费用定额是指《公路工程机械台班费用定额》（JTG/T

3833—2018)[以下简称《机械台班费用定额》(2018年版)]、《公路工程建设项目概算预算编制办法》(JTG 3830—2018)[以下简称《编制办法》(2018年版)]等规定的各项费用定额或费率。这些是我国现行的公路行业统一定额。它们适用于公路基本建设新建、改扩建工程。

公路工程定额一般分为两类,分别是按生产因素分类和按用途分类。其中按生产因素分类的定额是基本的;按用途分类的定额,实际上已包括了按生产因素分类的基本因素。现行公路工程定额的分类如图4-1所示。

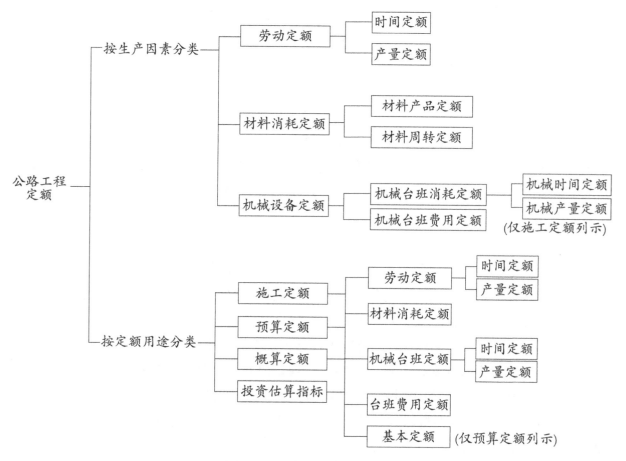

图4-1 公路工程定额的分类

1.按生产因素分类

(1)劳动定额:也称作人工定额。它是在一定的生产技术和组织条件下,为完成单位数量合格产品或工作所规定的劳动量消耗标准。

劳动定额有两种表现形式:时间定额和产量定额。

①时间定额:是指生产单位数量合格产品所消耗的劳动时间。

其计量单位为工日/产品实物量单位,如工日/m³、工日/km²、工日/座等。每一工日除潜水工作按6h、隧道工作按7h外,其余均按8h计算。计算方法如下:

$$时间定额\ S = \frac{耗用劳动量数量\ D}{完成合格产品的数量\ Q} \tag{4-1}$$

例如,人工挖运(人工运输20m)普通土,查《预算定额》(2018年版)第一章"表1-1-6 人工挖运土、石方",产品单位1000m³,时间定额是145.5工日,它的工作内容包括挖松、装土、运送、卸除、空回全部操作过程。

②产量定额:是指劳动者在单位劳动量内完成合格产品的数量。

其计量单位为产品实物量单位/工日,如 m^3/工日、km^2/工日、座/工日等。

$$产量定额 C = \frac{完成合格产品的数量 Q}{耗用劳动量数量 D} \quad (4-2)$$

由式(4-1)和式(4-2)可知,时间定额与产量定额互为倒数的关系。如上例完成 $1000m^3$ 普通土方的时间定额为 145.5 工日,则每工日产量定额为 $1000/145.5 = 6.87(m^3/工日)$。

(2)材料消耗定额:简称材料定额。它是指在节约和合理使用材料的条件下,生产单位数量合格产品所规定的消耗一定规格的建筑材料、半成品、配件、构件等的数量标准。

其计量单位是以材料的实物计量单位表示,如 m、m^3、kg、t 等。它包括材料的净消耗和必要的工艺性损耗及废料数量。其计算公式为:

$$材料消耗定额 J = (1 + 材料损耗率) \times 完成单位产品的材料净用量 J' \quad (4-3)$$

例如,现浇混凝土构件,所需混凝土混合料在搅拌、运输、浇筑过程中必然存在损耗,材料定额中应加入损耗量,这一损耗在《预算定额》(2018 年版)附录四中规定为 2%。如《预算定额》(2018 年版)第四章表 4-6-2 中规定,现浇 C20 混凝土墩台,每完成 $10m^3$ 实体需要消耗混凝土拌合料为:

$(1 + 2\%) \times 10 = 10.2(m^3)$

材料消耗定额还有下述两种表现形式,即材料产品定额和材料周转定额。

①材料产品定额。材料产品定额是指用一定规格的原材料,在合理的操作条件下,规定完成合格产品的数量。这种定额形式在公路工程定额中应用较少。

②材料周转定额。产品所消耗的材料中包括工程本身使用的材料和为工程服务的辅助材料(如模板、支撑等所需的木材),辅助材料应按规定进行周转使用。这种周转性材料在施工中的合理周转使用的次数和用量称为材料周转定额[见《预算定额》(2018 年版)附录三]。在现行预算定额中,周转性材料均按正常周转次数摊入定额之中,其规定详见《预算定额》(2018 年版)总说明及附录。

(3)机械设备定额:它包括机械台班消耗定额和机械台班费用定额。

①机械台班消耗定额。机械台班消耗定额简称机械定额,是指在正常施工条件下,完成单位数量合格产品所规定的机械台班消耗的数量标准。机械台班消耗定额也和劳动定额一样,具有两种表现形式,即机械时间定额和机械产量定额。

机械时间定额是指在一定的工作内容以及质量和安全要求的条件下,规定完成单位数量产品或任务所需要的作业时间,如台时、台班等。

机械产量定额是指在一定的操作内容以及质量和安全要求的条件下,规定每单位作业时间(如台时、台班等)完成的产品或任务的数量标准。机械时间定额与机械产量定额互为倒数关系。

例如人工摊铺特粗式沥青混凝土,按《预算定额》(2018 年版)第二章"表 2-2-14 沥青混合料路面铺筑"中的规定,其 6~8t 光轮压路机的机械时间定额为 19.64 台班/$1000m^3$,则机械产量定额为 $1000/19.64 = 50.92(m^3/台班)$。

按照机械台班消耗定额并根据工程数量可计算出工程所需各种机械台班数量。为了满足工程概预算计算机械使用费的需要,还需要"机械台班费用定额"。

②机械台班费用定额。它是以机械的一个台班为单位,规定其所消耗的工时、燃料及费用等数量标准并可折算为货币形式表现的定额。工程概预算中所需反映的施工机械使用费、机上驾驶人员数、燃料数等,均可按照机械台班费用定额并根据工程数量计算。

如上例,在《机械台班费用定额》(2018年版)(代号8001057)中规定:平地机(90kN以内)每台班不变费用为258.92元,工时、燃料、动力消耗为:人工2工日,柴油60.13kg。

2.按用途分类

按定额的用途分类,公路工程定额可分为施工定额、预算定额、概算定额、投资估算指标四种。

(1)施工定额

从性质上看,施工定额属于施工企业内部使用的定额,体现一个企业在激烈的市场竞争中,对于完成同样产品的工程量,所表现出来的竞争力。施工定额是在施工阶段及施工准备阶段使用的定额,一般只有施工企业内部人员使用。各个施工企业的施工定额不一定相同,为使企业具有较强的竞争力,企业之间的施工定额在某种意义上说应该是保密的。所以,施工企业内部要不断挖潜改造,提高自身定额水平,不断增强投标报价的竞争力。

施工定额是规定建筑安装工人或小组在正常施工条件下,完成单位合格产品的劳动力、材料和机械消耗的数量标准。它是施工企业组织生产、编制施工阶段施工组织设计和施工作业计划、签发工程任务单和限额领料单、考核工效、评奖、计算劳动报酬、加强企业成本管理和经济核算、编制施工预算的依据,而且是编制预算定额和补充定额的基础。它包括时间定额和产量定额。施工定额水平应是先进的。采用的产品单位一般比较细,其中时间以工时计,产品以最小单位(m、m^2、m^3等)计,定额子目多、细目划分复杂。

(2)预算定额

预算定额属于计价定额,它体现一个工程项目在正常条件下,用货币形式描述的一定时期的工程造价。那么,预算定额的水平通过国家的政策、法规等方面表现出一个国家一段时期生产力的发展水平,它具有广泛的社会性。工程造价的确定,是施工单位、建设单位、银行以及监理单位都十分关心的。

预算定额采用的产品单位比施工定额大,如时间以工日、台班计,产品单位以$10m$、$10m^2$等计,它是按分项工程和结构构件的要求,以一定产品单位(如$10m$、$10m^2$等)来规定劳动力、材料和机械的消耗数量,主要是为了满足编制施工图预算的要求。它是编制施工图预算的基本依据;是确定和控制基本建设投资额,对结构的设计方案进行技术经济比较,对新结构、新材料进行技术经济分析的依据;是编制施工组织计划,确定劳动力、材料和机械需要量的依据;是工程结算、施工企业贯彻经济核算和进行经济活动分析的依据;是编制概算定额和概算扩大定额的基础。预算定额水平应先进合理,且比施工定额水平略低。

(3)概算定额

概算定额在性质上与预算定额是相同的。在基本建设程序中,概算文件是国家对工程项目造价进行宏观控制,国民经济部门对资金流向进行控制的主要依据,经批准后的概算应是建设项目投资的最高限额。所以概算定额与预算定额同样重要,只是侧重面及编制的阶段不同。

概算定额是在预算定额的基础上加以综合而成的,因而产品常使用更大的单位来表示,如小桥涵以座(道)、桥梁上部构造以 10m 标准跨径、1000m² 黑色碎石路面、公路公里等。概算定额水平比预算定额低,它是编制设计概算、修正概算的主要依据;是进行设计方案和施工方案经济比较和选择的重要依据;是主要材料申请计划的计算基础,而且是编制估算指标的基础。

(4)投资估算指标

投资估算指标既不同于施工定额,又不同于概、预算定额。它是研究阶段编制估算文件的依据,而估算的总费用仅仅作为社会效益或内部收益率、回收期计算的参考,所以它的作用和重要性是不同的。随着市场经济的发展,工程项目的研究及可行性越来越受到重视,投资估算指标更加表现出它的重要性。

估算定额是根据国家发改委统一安排,由交通运输部公路工程定额站主编,各省、自治区、直辖市交通运输厅(局)和部属公路设计单位共同编制的。投资估算指标是在有关单位总结近几年全国公路建设项目的设计资料和竣工文件的基础上,选用合理的工程量以及各种标准施工图纸,以现行的公路工程类技术标准、技术规范、《概算定额》(2018 年版)和各项费用定额为依据制定的。

三、定额的作用及特点

1. 定额的作用

在公路建设中,定额作为生产过程中的某一工作所需要的人工、材料、机械的消耗标准,可以用来指导组织施工,进行人员、机械的配置。同时还可以结合当地的人工、材料和机械的价格,推算出此工作所需要的资金数量。其作用具体表现如下:

(1)定额是确定工程造价、进行技术经济评价的依据。

(2)定额是施工管理的依据。

(3)定额是按劳分配及经济核算的依据。

(4)定额有利于推广先进的施工技术和工艺。

2. 定额的特点

(1)定额的法令性

由国家主管机关或被授权机关编制和颁发的定额,是一种法令性的指标,只要是属于定额规定范围内的,任何单位都必须严格执行,不得任意改变定额的结构形式和内容,不得任意降低定额水平,只有这样才能保证国家对企业和工程项目有一个统一的核算尺度,国家才能够实行统一标准下的比较和考核,实行有效的监督和管理。定额的法令性还表现在定额的修改、补充必须经授权编制部门批准,并报上级主管部门备案。定额具有经济法规的性质。

(2)定额的科学性和群众性

科学性表现在定额数据的确定必须有可靠的科学依据,定额的制定工作是在认真研究和总结广大工人生产实践经验基础上,实事求是地广泛搜集资料、经过科学地分析研究而确定的,它能正确反映生产单位产品所需要的资源量。定额的群众性反映在定额的制定和执行过程中,都是在工人群众直接参与下进行的,定额的产生来源于群众,定额的执行要依靠群众,定额水平既要反映国家和集体的整体利益,也要反映群众的要求和愿望,这样群众才能乐于接受,定额才能顺利地得以贯彻执行。

(3)定额的相对稳定性

定额水平的高低,是根据一定时期社会平均生产力水平而确定的,它反映一定时期内施工技术和生产工艺的水平。当生产条件发生变化,技术水平有了提高,原有定额不适应时,被授权部门应根据生产力水平制定、修订或补充定额。但定额应有一个相对稳定时期,不能朝定夕改,或一有突破就提高定额水平,否则将损害群众的积极性。

(4)定额的针对性

定额的针对性很强,做什么工程,用什么定额,不得乱套,必须严格按照定额的项目、工作内容、质量标准、安全要求执行定额;不得随意增减工时消耗、材料消耗或其他资源消耗;不得随意减少工作内容,降低质量标准等。

第二节 概、预算定额的组成

现行公路工程概、预算定额的内容组成主要包括颁发定额的文件、目录、总说明、各类工程的章说明、节说明、定额表和附录。

1. 颁发定额的文件

是指刊印在《概算定额》(2018年版)和《预算定额》(2018年版)上的政府主管部门(交通运输部)关于发布定额、实施日期的说明。

2. 目录

《概算定额》(2018年版)目录包括路基工程、路面工程、隧道工程、桥涵工程、交通工程及沿线设施、绿化及环境保护工程、临时工程。

《预算定额》(2018年版)目录包括路基工程、路面工程、隧道工程、桥涵工程、交通工程及沿线设施、绿化及环境保护工程、临时工程、材料采集及加工、材料运输及附录。其中附录包括:路面材料计算基础数据、基本定额、材料的周转及摊销以及定额人工、材料、设备单价表四个内容。

3. 总说明及各类工程的章、节说明

在《预算定额》(2018年版)和《概算定额》(2018年版)中编有"总说明""章说明""节说明",它们对于正确运用定额具有重要作用。

定额的总说明是涉及定额使用的全面性的规定和解释。《预算定额》(2018年版)的总说明有20条,《概算定额》(2018年版)的总说明有20条。《预算定额》(2018年版)共9章,有9个章说明;《概算定额》(2018年版)共7章,有7个章说明。除此之外,每章所含若干节,每节前面都有节说明。为了正确运用定额,要求概、预算专业人员和技术人员必须耐心地、反复地、全面地理解和牢记各章说明和节说明。当然,这需要一个较长的时间过程,可通过做习题的方式和工作实践来帮助掌握。由于各章、节说明内容繁多,无法全部介绍,后面我们以示例或重点说明的方式进行扼要的介绍,以说明其重要性。

4.定额表

定额表是各种定额的最主要的组成部分,是定额指标数量的具体表示。概算定额和预算定额的定额表格式基本相同。现将定额表的构成和主要栏目说明如下:

(1)表号及定额表名称,如《预算定额》(2018年版)(下册)1144页中"8-1-4 采砂砾、碎(砾)石土、砾石、卵石",见表4-1。

8-1-4 采砂砾、碎(砾)石土、砾石、卵石 表4-1

工程内容:1)挖松;2)过筛;3)洗石;4)成品堆码方。 单位:100m³ 堆方及码方

顺序号	项目	单位	代号	采堆			采码卵石	采、筛、堆砾石			采、筛、洗、堆砾石		
				砂砾、天然级配料	碎石土、砾石土	粒径8cm以上		成品率(%)					
								50以内	70以内	70以上	50以内	70以内	70以上
				1	2	3		4	5	6	7	8	9
1	人工	工日	1001001	16.4	17.2	32.8		49.2	34.6	26.9	65.7	51.0	43.4
2	基价	元	9999001	1743	1828	3486		5229	3677	2859	6983	5420	4613

注:如需备水洗石时,每1m³石料用水量按0.3m³计算,运水工另行计算。

(2)工程内容。主要说明本定额表所包括的操作内容。查定额时,必须将实际发生的项目操作内容与表中的工程内容进行比较,若不一致时,应进行抽换或采取其他措施。

(3)工程项目计量单位。如10m³、1000m²、1km、1道涵长及每增减1m等。

(4)顺序号。表征人、料、机及费用的顺序号,起简化说明的作用。

(5)项目。即本定额表的工程所需人工、材料、机具、费用的名称、规格。

(6)代号。当采用电算方法来编制公路工程概、预算时,可引用表中代号作为对工、料、机名称的识别符号。

(7)工程细目。表征本定额表所包括的工程细目,如表4-1中的"采堆""采、筛、堆砾石"等。

(8)栏号。指工程细目编号,如表4-1中"采堆砂砾、天然级配料"栏号为1,"采码卵石"栏号为3。

(9)定额值。即定额表中各种资源的消耗量数值。其中括号内的数值,一般是指所需半成品的数量(定额值),在编制文件时不可列入。

请注意,此定额值在编制概、预算文件时不可直接列入。

(10)基价。基价亦称定额基价,它是指该工程细目的工程价格。即定额人工费、材料费、机械使用费的合计价值,其中人工费、材料费是按《预算定额》(2018年版)(附录四)中取定的人工、材料预算价格计算的,机械使用费是按《机械台班费用定额》(2018年版)中的机械台班单价计算的。

(11)注。有些定额表列有"注",使用定额时,必须仔细阅读,以免发生错误。

5.附录

附录是配合定额使用的不可缺少的重要部分。定额附录的作用包括:

(1)了解定额编制时采用的各种统一规定,如路面材料计算基础数据;预支构件混凝土与模板的接触面积,每$10m^2$接触面积的模板所需的人工、机械及材料的周转使用量。

(2)供抽换定额中混凝土强度等级、砂浆强度等级时使用的混凝土、砂浆配合比表。

(3)编制补充预算定额所需的统一规定,如材料的周转次数、规格、单位重、代号、基价等。

(4)便于定额使用单位通过施工时间核定定额水平,并对定额水平提出意见,作为修订定额的重要资料。

第三节 定额的运用

在公路建设生产活动中,正确使用定额是非常重要的。为了正确使用定额,必须全面了解定额,深刻理解定额,熟练地掌握定额。最好通过编制概(预)算文件的实践,来熟练掌握定额的运用,也可以通过做练习题的方法来帮助掌握。因公路工程定额项目繁多,现以公路工程常用的《预算定额》(2018年版)和《概算定额》(2018年版)为主,举例介绍其运用方法。

一、定额运用的基本知识

1.关于引用定额的编号

在编制概预算时,在计算表格中均要列出所用定额的编号。一般采用[页号-表号-栏号]的编号方法。例如《概算定额》(2018年版)中[27-1-1-15-2]就是指引用第27页的表1-1-15(即第一章第一节之15表)中的第2栏,即机械打眼开炸石方之次坚石的概算定额。又如《预算定额》(2018年版)中[420-4-1-1-7],是指第420页表4-1-1中的第7栏,即人工挖基坑土、石方之石方的预算定额。这种编号方法容易查找,检查方便,不易出错。但书写字码较多,在概预算表中占格较宽。

另一种编号方法是省去页号,按[章-节-表-栏]四符号法。例如《概算定额》(2018年版)中,路拌法水泥稳定土基层,拖拉机带铧犁拌和的水泥土(剂量为10%)压实厚度为20cm的定额编号为[2-1-2-1],而《预算定额》(2018年版)中先张法预应力钢筋、钢丝及钢绞线(直径16mm的预应力钢筋)的定额编号为[4-7-20-1],即第四章第七节第20表第1栏。

定额编号在概预算文件中十分重要。一方面是帮助复核、审查人员利用编号快速查找,核对所用定额的准确性。另一方面,对如此繁多的工程细目的工作内容以编号形式建立一一对应的模式,便于计算机处理及定额修编人员进行统计工作。第三,在概算文件的08-2表中,"定额代号"一栏必须填上对应的定额细目代号。不论手工计算,还是计算机处理,都必须保证该栏目的准确性。

2. 定额单位与工程数量

工程量的正确与否直接影响概预算造价的准确性,怎样正确使用工程数量是造价人员必须注意的一个重要环节。由于设计图纸上的工程量或工程量清单上的工程量,它们的单位和内容与所用定额并不完全一致,往往需要造价人员根据定额的需要进行换算或调整,达到计算造价与实际造价相符的目的。计算者一般对概预算或定额并不了解,仅从设计、计算、列表等方面出发统计数量,与定额的计算单位有一定的出入。怎样统一单位?怎样正确计算?现就此类问题介绍几个典型处理方法。

(1)体积与面积单位调整

计算中应该特别留神面积与体积的不一致,这一点很容易被忽视。在预算定额中有很多这样的情况。

如填前夯(压)实及填前挖松,定额代号为预[1-1-5],定额单位$1000m^2$,而设计图纸或施工图工程量一般都以m^3为单位列出,因此要换算为统一的面积单位。先将设计图纸上的开挖深度、宽度分析、统计出来,计算平均开挖深度(或加权平均深度),然后用设计体积除以平均深度,从而求得平均面积。与此类似的还有清除场地的砍树挖根、回填等,也都存在换算问题。

(2)体积与个数的调整

在编制概预算文件时,如果遇到个数与体积的不一致,其换算不是简单的数学计算,必须准备大量计算方面的基础资料。而这些基础资料的获得必须与政府管理部门、厂商取得联系,从教科书或参考书上是难以获得的。

如支座与伸缩缝。设计者一般提供型号及对应的个数(包括固定支座、滑动支座),而定额单位却是t或m^3,必须找到有关生产厂家及型号,如标准图纸和基本数据等,才能换算出定额单位所需的t或m^3。

(3)工程数量的自定方法

一个工程项目所牵涉的定额不是都能在设计图上反映的,换句话说,一个完整项目的概预算造价除包括施工图纸上的工程数量外,还应考虑与施工方案及施工组织措施相关的其他工程内容涉及的定额。

①临时工程范围。临时电力、电信线路、临时便道的里程,按实际需要确定(现场调查)。

②很容易遗忘但牵涉工程量较大的一部分内容通常在土石方工程上。清除场地后回填土石方体积,填前夯实后增加的土石方体积,自然沉降引起增加的土石方体积,都是与地基有关但必须增补计算的工程量。而这部分工程量既无图纸,又无规范可查,只有造价人员根据地基及施工组织的详细资料,具体问题具体分析,按现场实际情况做具体计算。

(4)工程量与定额单位相同但存在一定的换算关系

定额单位与工程量一致,但有时不能直接使用,必须提供一定的换算关系后才能正确使用。这种情况发生在如路基土石方体积单位的天然密实方与压实方之间的差值,及混凝土、砂浆考虑损耗的体积。

①土石方工程数量与定额单位。定额在挖方及运输两种条件下,均是按天然密实方施工考虑,填方按压实方碾压考虑。根据《概算定额》(2018年版)第一章第一节说明1,《预算

定额》(2018年版)第一章第一节说明8,换算系数均已存在(如说明表列数据),但使用定额时,该系数能否正确运用将极大影响造价。

②混凝土及砂浆在体积的意义方面,要特别注意成品混凝土体积与搅拌混凝土体积含义不同,砌体中的砂浆与搅拌中的砂浆含义不同。因为搅拌中的混凝土、砂浆要包括正常的损耗数量,但配合比调整时,应按搅拌时的混凝土、砂浆计算,而成品混凝土、砂浆则不能直接参与调整计算,这在抽换计算中应区分清楚。

限于篇幅,这些十分容易被忽视但又能体现概预算编制水平的"小问题",本节只能略做介绍,望读者多加练习,细致考虑,不断提高定额的运用水平。

二、定额运用的步骤

所谓运用定额,就是平时所说的"查定额",是根据编制造价文件的具体条件和目的,正确确定定额值的过程。为了正确地运用定额,首先,必须反复学习定额,熟练地掌握定额;其次,必须收集并熟悉中央及地方交通主管部门有关定额运用方面的文件和规定。在此前提下,运用定额的基本步骤如下:

(1)根据运用定额的目的,确定所用定额的种类。

(2)根据项目表,依次按目、节、细目确定预查定额的项目名称,在定额目录中找到其所在页,并找到所需定额表。

(3)查到定额表后进行以下工作:

①检查表中"工程内容"与设计要求、施工组织要求有没有出入,若无出入,则可在表中找到相应的细目,并进一步确定子目。

②检查定额表的计量单位与工程项目的计量单位是否一致,是否符合规定的工程量计算规则。

③看定额的总说明、章说明、节说明以及表下的小注是否与所查子目的定额有关,若有关则采取相应措施。

④根据设计图纸和施工组织设计检查子目中有无需要抽换的定额,是否允许抽换,若应抽换,则进行具体抽换计算。

⑤依子目各序号确定各项定额值,可直接应用的就直接抄录,需计算的则在计算后抄录。

⑥重新按上述步骤复核。

⑦一个项目定额查完后再依次查另一项目。

三、定额运用注意事项

(1)计量单位要表与项目之间一致,在抽换、增量计算时更应特别注意。

(2)当项目中任何项(工、料、机)定额值变化时,不要忘记其基价也要做相应的调整。

(3)查定额时,首先要鉴别工程项目属于哪类工程,切勿盲目随意确定,以免在表中找不到栏目、无法计算或错误应用定额。

(4)定额表中对某些物品规定按成品价格编制预算,而对某些物品规定按半成品价格编制预算,查定额时要注意此类问题。

四、定额运用示例

1.定额的直接套用

如果设计的要求、工作内容及确定的工程项目与相应定额的工程项目完全符合,则可直接套用定额。这一部分定额在编制概预算文件时占总定额量的50%以上,因此准确使用这些简单定额,可以节约大量的编制时间,应该确保正确使用这一部分定额。但要特别注意各定额的总说明、章说明、节说明及定额表中小注的要求,应细心阅读,以免出错。

【例4-1】 试确定挖掘机挖装普通土(斗容量$1.0m^3$以内)的概算定额。

解: 由《概算定额》(2018年版)目录可知该定额在第12页,定额编号为[1-1-8-5]。

查定额表可知每$1000m^3$天然密实方普通土的概算定额如下:

人工:3.1 工日。

$1.0m^3$以内履带式液压单斗挖掘机:2 台班。

基价:2719 元。

【例4-2】 试确定采、筛、洗、堆砾石的预算定额(成品率按60%计)。

解: 由《预算定额》(2018年版)目录可知该定额在第1144页,定额编号为[8-1-4-8]。

查定额表可知每$100m^3$堆方的预算定额如下:

人工:51 工日。

基价:5420 元。

【例4-3】 6t自卸汽车配合$1.0m^3$以内挖掘机挖装普通土,运距3km,试确定其预算定额。

解: 由《预算定额》(2018年版)目录可知该定额分别在第13页和16页,定额编号为[1-1-9-5]和[1-1-11-1+2×4]。

查定额表可知每$1000m^3$天然密实土的预算定额如下:

人工:3.1 工日。

$1.0m^3$以内履带式液压单斗挖掘机:1.98 台班。

6t以内自卸汽车:$11.19+1.44×4=16.95$(台班)。

基价:$2696+6443+829×4=12455$(元)。

【例4-4】 某冬五区沥青贯入式面层工程,路面宽度8.5m,铺装长度10km,设计厚度6cm,采用石油沥青,层铺法施工,试求其人工劳动量和总用油量。

解: 查《预算定额》(2018年版),定额编号[2-2-8-3],定额单位$1000m^2$,根据节说明第九条,冬五区沥青路面采用层铺法施工时,其用油量乘以1.028的系数,则:

人工:$5.6×8.5×10000/1000=476$(工日)。

石油沥青:$6.283×8.5×10000/1000×1.028=549.01$(t)。

【例4-5】 试计算石灰、粉煤灰、稳定土基层(筛拌法)的预算定额中石灰、粉煤灰和土的材料用量。已知基层设计压实厚21cm,设计配合比为熟石灰∶粉煤灰∶土=14∶36∶50。

解: 查《预算定额》(2018年版)第二章,定额编号[2-1-4-3+4],定额单位$1000m^2$。

因定额中熟石灰∶粉煤灰∶土=12∶35∶53,设计要求与定额不一致,故需换算:

$C_i = [C_d + B_d \times (H_i - H_0)] \times L_i/L_d$ [见《预算定额》(2018 年版)第二章第一节说明 2]。

本题中 $H_i - H_0 = 21 - 20 = 1 (\text{cm})$，则：

$C_{\pm} = (135.13 + 6.76) \times 50/53 = 133.86 (\text{m}^3)$。

$C_{\text{粉煤灰}} = (109.592 + 5.48) \times 36/35 = 118.360 (\text{t})$。

$C_{\text{熟石灰}} = (40.128 + 2.006) \times 14/12 = 49.156 (\text{t})$。

【例 4-6】 施工图设计阶段,某石拱桥计算跨径 25m,M7.5 水泥砂浆砌粗料石拱圈,工程数量为 222.24m³,试确定拱圈的工、料、机数量。

解:查《预算定额》(2018 年版)第 632 页,定额编号 [4-5-4-4],见表 4-2。

4-5-4　浆砌料石　　　　　　　　　　　　　　　　　　　　　　　　　　　　　　表 4-2

工程内容:1)选、修、洗石料;2)搭、拆脚手架、踏步或井字架;3)配、拌、运砂浆;4)砌筑;5)勾缝;6)养护。

单位:10m³

顺序号	项目	单位	代号	墩、台、墙粗料石镶面	轻型墩台、拱上横墙、墩上横墙	粗料石拱圈 跨径(m) 20 以内	粗料石拱圈 跨径(m) 50 以内	粗料石帽石、缘石	粗料石栏杆	细料石栏杆	细料石索塔立柱
				1	2	3	4	5	6	7	8
1	人工	工日	1001001	9	9.7	10.9	12.3	11.6	12.8	15.7	16.2
2	M7.5 水泥砂浆	m³	1501002	(2.00)	(2.00)	(2.00)	(2.00)	(2.00)	(2.00)	(1.30)	—
3	M10 水泥砂浆	m³	1501003	(0.09)	(0.07)	(0.07)	(0.05)	(0.13)	(0.12)	(0.12)	—
4	M12.5 水泥砂浆	m³	1501004	—	—	—	—	—	—	—	(1.30)
5	M15 水泥砂浆	m³	1501005	—	—	—	—	—	—	—	(0.13)
6	8～12 号铁丝	kg	2001021	1.8	2.2	1.5	2.4	—	—	—	24.9
7	钢管	t	2003008	0.011	0.006	—	—	—	—	—	—
8	铁钉	kg	2009030	0.3	0.2	0.1	0.1	—	—	—	0.5
9	水	m³	3005004	11	10	15	15	15	15	15	11
10	原木	m³	4003001	0.01	0.02	0.01	0.03	—	—	—	0.3
11	锯材	m³	4003002	0.05	0.04	0.02	0.02	—	—	—	0.09
12	中(粗)砂	m³	5503005	2.28	2.25	2.26	2.23	2.32	2.31	1.55	1.53
13	粗料石	m³	5505029	9	9	9	9	9	9	—	—
14	细料石	m³	5505030	—	—	—	—	—	—	9.2	9.2
15	32.5 级水泥	t	5509001	0.56	0.554	0.554	0.548	0.572	0.569	0.383	0.5

续上表

顺序号	项目	单位	代号	墩、台、墙粗料石镶面	轻型墩台、拱上横墙、墩上横墙	粗料石拱圈 跨径(m)		粗料石帽石、缘石	粗料石栏杆	细料石栏杆	细料石索塔立柱
						20以内	50以内				
				1	2	3	4	5	6	7	8
16	其他材料费	元	7801001	5.4	4.1	4.4	4.4	10.9	10.9	10.9	1.9
17	1.0m³以内轮胎式装载机	台班	8001045	0.1	0.1	0.1	0.1	0.1	0.1	0.1	0.1
18	400L以内灰浆搅拌机	台班	8005010	0.09	0.09	0.09	0.09	0.09	0.09	0.06	0.06
19	基价	元	9999001	3293	3337	3408	3582	3449	3575	4005	4704

定额计量单位为 $10m^3$,则:工程数量为 222.24/10 个定额单位,即 22.224 个定额单位。

M7.5 砂浆浆砌粗料石拱圈的工、料、机消耗量为:

人工:$12.3 \times 22.224 = 273.36$(工日)。

8～12号铁丝:$2.4 \times 22.224 = 53.34$(kg)。

铁钉:$0.1 \times 22.224 = 2.22$(kg)。

水:$15 \times 22.224 = 333.36(m^3)$。

原木:$0.03 \times 22.224 = 0.67(m^3)$。

锯材:$0.02 \times 22.224 = 0.44(m^3)$。

中(粗)砂:$2.23 \times 22.224 = 50.23(m^3)$。

粗料石:$9.0 \times 22.224 = 200.02(m^3)$。

32.5级水泥:$0.548 \times 22.224 = 12.18$(t)。

其他材料费:$4.4 \times 22.224 = 97.79$(元)。

$1.0m^3$ 以内轮胎式装载机:$0.1 \times 22.224 = 2.22$(台班)。

400L 以内灰浆搅拌机:$0.09 \times 22.224 = 2.00$(台班)。

基价:$3582 \times 22.224 = 79606.37$(元)。

2. 定额的抽算与调整

由于定额是按一般正常合理的施工组织和施工条件编制的,定额中所采用的施工方法和工程质量标准,主要是根据国家现行公路工程施工技术及验收规范、质量评定标准及安全操作规程取定的。因此,使用时不得因具体工程的施工组织、操作方法和材料消耗与定额的规定不同而变更定额。只有在以下几种情况时,才允许对定额中某些项目进行抽换,使定额的使用更符合实际情况。

(1)就地浇筑钢筋混凝土梁用的支架及拱圈用的拱盔、支架,如确因施工安排达不到规定的周转次数时,可根据具体情况进行换算并按规定计算回收。

在《预算定额》(2018年版)附录三中编有"材料的周转及摊销"。它的用途主要是:

①规定各种周转性材料的周转、摊销次数。

②对达不到规定周转次数的材料定额进行抽换。

《预算定额》(2018年版)的总说明第八条指出:定额中周转性的材料、模板、支撑、脚手杆、脚手板和挡土板等的数量,已考虑了正常周转次数并计入定额内。其中,就地浇筑钢筋混凝土梁用的支架及拱圈用的拱盔、支架,如确因施工安排达不到规定的周转次数时,可根据具体情况进行换算,并按规定计算回收,其余工程一般不予抽换。

按此规定,对于达不到周转次数的周转性材料定额,可按下式进行换算:

$$E' = E \times K \tag{4-4}$$

式中:E'——实际周转次数的周转性材料定额;

E——定额规定的周转性材料定额;

K——换算系数,$K = n/n'$;

n——定额规定的材料周转次数;

n'——实际的材料周转次数。

材料的周转及摊销均按下式计算:

$$定额用量 = 图纸一次使用量 \times \frac{1 + 场内运输及操作损耗}{周转次数(或摊销次数)} \tag{4-5}$$

(2)如设计中采用的混凝土、砂浆或水泥强度等级与定额所列强度等级不同时,可按配合比表进行换算。

在《预算定额》(2018年版)附录二中编有"基本定额",它是公路工程预算定额的组成部分。基本定额,是指在合理的条件下,为生产单位数量半成品、中间产品所规定的各种资源(工、料、机、费用等)消耗量标准,如混凝土工作定额、模板工作定额等。"基本定额"的主要用途是:

①进行定额抽换。所谓定额抽换,就是当设计中所规定的工作内容、子目与表中某序号所列的规格(如混凝土强度)不符时,则应查用相应定额或基本定额予以替换。

②分析分项工程(工作)或半成品所需人工、材料、机械等消耗量。当设计中出现定额表中查不到的个别分项工程或工作时,应根据其具体工程数量,通过基本定额分析计算所需工、料、机等数量。例如,新型结构桥梁中的某混凝土构件在定额中查不到,此时即可通过基本定额来计算其所需人工、材料、机械数量;若需模板,应按"桥涵模板工作"来分析工、料。

【例4-7】 续例4-6资料,如设计采用M10砂浆砌筑,试确定其工、料、机用量。

解:查《预算定额》(2018年版)第四章第五节砌筑工程说明第一条规定:"定额中M7.5水泥砂浆为砌筑用砂浆,M10水泥砂浆为勾缝用砂浆。"再从《预算定额》(2018年版)定额编号[4-5-4-4]中查得,该子目砌筑用砂浆为M7.5水泥砂浆,根据总说明第九条规定应予换算。

查《预算定额》(2018年版)附录二中砂浆配合比表,见表4-3。

砂浆配合比表 表4-3

1m³ 砂浆及水泥浆

序号	项目	单位	水泥砂浆 砂浆强度等级									
			M5	M7.5	M10	M12.5	M15	M20	M25	M30	M35	M40
			1	2	3	4	5	6	7	8	9	10
1	32.5级水泥	kg	218	266	311	345	393	448	527	612	693	760
2	熟石灰	kg	—	—	—	—	—	—	—	—	—	—
3	中(粗)砂	m³	1.12	1.09	1.07	1.07	1.07	1.06	1.02	0.99	0.98	0.95

可知,1m³ M7.5 水泥砂浆用32.5级水泥266kg,中(粗)砂1.09m³;1m³ M10 水泥砂浆用32.5级水泥311kg,中(粗)砂1.07m³。

从《预算定额》(2018年版)定额编号[4-5-4-4]中得知,每砌筑10m³ 砌体需用M7.5水泥砂浆2m³,则:

每10m³ 砌体调整水泥用量 = (311 - 266) × 2 = 0.09(t)。

每10m³ 砌体调整中(粗)砂用量 = (1.07 - 1.09) × 2 = -0.04(m³)。

由于改变砂浆的强度等级只对砌筑砂浆所用的水泥、中(粗)砂用量有所影响,其他消耗指标不变,因此该例的工料机用量计算如下。

人工:273.36 工日,同前例。

8~12号铁丝:53.34kg,同前例。

铁钉:2.22kg,同前例。

水:333.36m³,同前例。

原木:0.67m³,同前例。

锯材:0.44m³,同前例。

粗料石:200.02m³,同前例。

中(粗)砂:(2.23 - 0.04) × 22.224 = 48.67(m³)。

32.5级水泥:(0.548 + 0.09) × 22.224 = 14.18(t)。

其他材料费:97.79 元;1.0m³ 以内轮胎式装载机:2.22 台班;400L 以内灰浆搅拌机:2.00 台班,同前例。

基价调整:(3582 + 0.09 × 307.69 - 0.04 × 87.38) × 22.224 = 3585.50(元)。

【例4-8】 某2孔跨径20m石拱桥,制备1孔木拱盔(满堂式),试确定其实际周转次数为2次时的周转性材料预算定额。

解:由《预算定额》(2018年版)定额编号[4-9-2-2]可知,每10m² 立面积周转性材料定额 E 值:

铁件41.8kg、铁钉1.1kg、原木0.47m³、锯材1.63m³。

由《预算定额》(2018年版)附录三"材料的周转及摊销"查得拱盔的周转次数 n:

木料 5、铁件 5、铁钉 4。

按 $E' = E \times n/n'$ 计算周转性材料实际周转次数的定额 E' 值：

铁件：$41.8 \times 5/2 = 104.5(kg)$。

铁钉：$1.1 \times 4/2 = 2.2(kg)$。

原木：$0.471 \times 5/2 = 1.178(m^3)$。

锯材：$1.63 \times 5/2 = 4.08(m^3)$。

【例 4-9】 试确定预制钢架拱桥 C35 钢筋混凝土钢拱片工作的预算定额。已知条件：碎石最大粒径 20mm，32.5 级水泥，蒸汽养护。（注：不计混凝土的拌和费用和蒸汽养护室建筑费用）。

解：(1) 混凝土工作

① 由《预算定额》(2018 年版) 目录可知，该定额属于第四章第七节，查得定额编号应为 [4-7-22-1]。

② 确定人工定额。由第四章说明一可知：

a. 蒸汽养护应从各有关定额中每 10m³ 扣减人工 1.0 个工日及其他材料费 4 元。

b. 蒸汽养护按定额 [4-11-8-2] 计算。

人工定额计算如下（每 10m³ 实体）：

人工：$21.6 - 1.0 + 4.7 = 25.3$（工日）。

③ 确定材料定额。

a. 由 [4-7-22-1] 序号 2 可知，定额所列混凝土强度等级为 C30，与设计混凝土强度等级 C35 不同，应按总说明第九条要求进行抽换。

b. 由《预算定额》(2018 年版) 附录二"混凝土配合比表"查得，每 1m³ C35 混凝土需 32.5 级水泥 450kg，中（粗）砂 0.45m³，粒径不大于 20mm 碎（砾）石 0.78m³。

c. 材料定额计算（每 10m³ 实体）：型钢 0.021t；钢板 0.014t；组合钢模板 0.033t；电焊条 4.7kg；铁件 15.6kg；水 16m³；原木 0.02m³；锯材 0.1m³；

中（粗）砂：$10.10 \times 0.45 = 4.55(m^3)$；

20mm 碎（砾）石：$10.10 \times 0.78 = 8.88(m^3)$；

32.5 级水泥：$10.10 \times 0.45 = 4.545(t)$；

其他材料费：$40.7 - 4.0 + 18.3 = 55$（元）。

④ 确定机械定额。

32kV·A 以内交流电弧焊机 0.4 台班；30kN 以内单筒慢速卷扬机 0.64 台班；1.0t/h 以内工业锅炉 1.7 台班；小型机具使用费 4.8 元。

⑤ 基价调整（略）。

(2) 预制钢拱片钢筋工作

① 查定额编号应为 [4-7-22-2]。

② 每 1t 钢筋工、料、机用量计算如下：

人工：4.4 工日。

材料：HPB300 钢筋 0.183t；HRB400 钢筋 0.842t；20~22 号铁丝 3.1kg；电焊条 3.3kg。

机械:32kV·A以内交流电弧焊机0.41台班;小型机具使用费15.2元。

定额基价(略)。

【例4-10】 试确定某河中桥墩挖基工程,施工地面水位深1m,人工挖基,卷扬机调运亚黏土的预算定额。

解:(1)由《预算定额》(2018年版)目录可知,该定额属第四章第一节,定额编号为[4-1-2-2]。

(2)第四章第一节说明第8条规定:"定额中未包括水泵台班,挖基及基础、墩台修筑需要排水时按基坑排水定额计算。"因此,应增加抽水定额。

(3)每挖1000 m^3 土方定额为:人工593.8工日;30kN以内单筒慢速卷扬机13.28台班。

根据《预算定额》(2018年版)第四章第一节说明第11条可知:挖基每10 m^3 抽水定额为150mm水泵0.1台班,则挖基1000 m^3 抽水定额为150mm水泵10台班。

3. 定额的补充

随着科学技术的发展,新结构、新工艺、新材料、新设备在公路工程中不断出现,但是定额的制定需要有一定的周期,在新定额未颁布之前,为了合理正确地反映工程造价和经济效益,除现行使用的概、预算定额外,还有部颁补充定额、地区补充定额和部分工程项目的一次性补充定额等。所以在查用现行定额时,应注意该定额表左上方"工程内容"所包含的项目与实际工程项目是否完全一致,结构形式、施工工艺是否相同,以便正确选用补充定额,防止重漏。

4. 公路工程机械台班费用定额

2018年12月17日颁布的《机械台班费用定额》(2018年版)是目前编制公路基本建设工程概、预算,确定机械台班预算价格,进行经济核算的依据。本定额内容包括:土、石方工程机械,路面工程机械,混凝土及灰浆机械,水平运输机械,起重及垂直运输机械,打桩、钻孔机械,泵类机械,金属、木、石料加工机械,动力机械,工程船舶,工程检测仪器仪表,通风机,其他机械等,共计13类972个子目。

(1)定额的主要用途

①分析计算台班单价:即按《预算定额》(2018年版)总说明第十四条规定,编制预算需分析计算机械台班单价时,可按该定额分析计算确定。

②计算台班消耗人工、物资等实物量:为了编制施工组织设计,需要统计人工、材料、机械的实物量以确保劳动力和材料等的供应。有关机械所消耗的各种物资的实物量,要根据本定额分析计算确定。

③该定额中的基价作为台班单价:某些省、区、市,可按当地交通运输厅的规定,直接引用定额中的基价作为台班单价来编制工程预算。

(2)定额的组成

台班费用定额由以下7项费用组成:

①折旧费:指施工机械在规定的耐用总台班内,陆续收回其原值(含智能信息化管理设备费)的费用。

②检修费:指施工机械在规定的耐用总台班内,按规定的检修间隔进行必要的检修,以

恢复其正常功能所需的费用。

③维护费:指施工机械在规定的耐用总台班内,按规定的维护间隔进行各级维护和临时故障排除所需的费用。包括为保障机械正常运转所需替换设备与随机配备工具附具的摊销费用、机械运转及日常维护所需润滑与擦拭的材料费用及机械停滞期间的维护费用等。

④安拆辅助费:指施工机械在现场进行安装与拆卸所需的人工、材料、机械和试运转费用以及机械辅助设施的折旧、搭设、拆除等费用。

⑤人工费:指随机操作人员的工作日工资(包括工资、各类津贴、补贴、辅助工资、劳动保护费等)。

⑥动力燃料费:指机械在运转施工作业中所耗用的电力、固体燃料(煤、木柴)、液体燃料(汽油、柴油、重油)和水等的费用。

⑦车船税:指施工机械按照国家、省(自治区、直辖市)规定应缴纳的车船税。

《机械台班费用定额》(2018年版)中第1~4项费用(折旧费、检修费、维护费、安拆辅助费)为不变费用。编制机械台班单价时,除青海、新疆、西藏等边远地区外,均应直接采用。至于边远地区因机械使用年限差异及维修工资、配件材料等价差较大而需调整不变费用时,可根据具体情况,由各省级交通运输主管部门制定系数并执行。第5~7项费用(人工费、动力燃料费、车船税)为可变费用。编制机械台班单价时,人工及动力燃料消耗量应以本定额中的数值为准。人工单价、动力燃料单价按《编制办法》(2018年版)的规定计算。工程船舶和潜水设备的工日单价,按地方有关部门规定计算。其他费用,如需缴纳时,应根据各省(自治区、直辖市)及国务院有关部门规定的标准,按机械的年工作台班(表4-4)计入台班费中。

机械的年工作台班 表4-4

机械项目	沥青洒布车、汽车式划线车	平板拖车组	液态沥青运输车、散装水泥运输车、混凝土搅拌运输车、混凝土输送泵车、自卸汽车、运油汽车、加油汽车、洒水汽车、拖拉机、汽车式起重机、轮胎式起重机、汽车式钻孔机、内燃拖轮、起重船	载货汽车、机动翻斗车	工程驳船、抛锚船、机动艇、泥浆船
年工作台班	150	160	200	220	230

定额中的基价是不变费用和可变费用的合计值,仅供参考比较之用,不作为编制公路工程概预算的依据。

【例4-11】 重庆境内某公路路基土石方工程中,用推土机集土,根据工程量和预算定额计算,需105kW以内履带式推土机78.17台班。已知该地区人工单价为97元/工日,柴油6.9元/kg。试确定推土机的台班单价及完成该工程的机械使用费。

解:(1)机械台班单价应根据《机械台班费用定额》(2018年版)确定:

机械的台班单价 = 不变费用 + 可变费用

查得土石方工程机械105kW以内履带式推土机(代号8001004)得:

不变费用 = 折旧费 + 检修费 + 维护费 + 安拆辅助费 = 126.72 + 74.48 + 196.84 + 0 = 398.04(元)。

因该工程地处重庆境内,故不变费用直接采用,不予调整。

可变费用 = 人工费 + 燃料动力费 = 2×97 + 76.52×6.9 = 721.99(元)。

故105 kW以内履带式推土机的台班单价 = 398.04 + 721.99 = 1111.03(元/台班)。

(2)故完成该工程的机械使用费为:

台班消耗量×台班单价 = 78.17×1111.03 = 86849.22(元)。

5. 定额运用要点

(1)正确选择子目,不多不漏。

(2)子目名称简练直观。

(3)核对工作内容,防止漏列、重列。

(4)看清计量单位。

(5)详细阅读说明和小注。

(6)图纸要求与定额子目或序号项目要一致,否则可能要抽换。

(7)施工方法要依施工组织设计而定。

(8)多实践,多练习,熟能生巧。

复习思考题

一、填空题

1. 公路工程定额按生产因素分为三类：_____、_____、_____。

2. 公路工程定额按用途分为四类：_____、_____、_____、_____。

3. 定额具有以下特点：_____、_____、_____、_____。

4. 人工挖运普通土(人工运输20 m),查《预算定额》(2018年版)时间定额是145.5工日/1000 m³,则产量定额为_____ m³/工日。

5. 材料消耗定额,是指在节约和合理使用材料的条件下,生产单位数量合格产品所规定的消耗一定规格的_____、_____、_____、_____等的数量标准。

二、选择题

1. 《机械台班费用定额》(2018年版)中潜水设备每台班按( )h计算。
　　A. 6　　　　B. 8　　　　C. 7　　　　D. 10

2. 施工定额的水平是( )。
　　A. 先进的　　B. 平均的　　C. 平均先进的　　D. 社会平均

3. 在编制概(预)算时,要列出定额编号,一般采用( )的形式表达。
　　A. 序号-表号-栏号　　　　B. 页号-表号-栏号
　　C. 页号-表号-序号　　　　D. 序号-栏号

4. 只有在( )情况时才允许对定额中的某些项目进行抽换,使定额的使用情况更接近实际情况。(多选)
　　A. 设计采用的混凝土强度等级与定额采用的强度等级不同

B. 设计采用的砂浆强度等级与定额中的强度等级不同

C. 设计采用的水泥等级与定额中的等级不同

D. 就地浇筑钢筋混凝土梁用的支架因施工安排达不到规定的周转次数

E. 时间定额和产量定额互化

5.《机械台班费用定额》(2018年版)中,下列(　　)属于不变费用。(多选)

A. 经常修理费　　B. 折旧费　　　C. 安装拆卸及辅助设施费

D. 人工费　　　　E. 大修理费

三、判断题

1. 预算定额反映社会平均水平。　　　　　　　　　　　　　　　　（　）
2. 在进行定额计算时,一定要注意章说明、节说明和定额表下的小注。（　）
3. 定额是计划经济的产物,是与市场经济相悖的体制改革的对象。　　（　）
4. 定额水平不是一成不变的,而应随着生产力水平的变化而变化。　　（　）
5. 劳动定额有两种表现形式:时间定额和产量定额,他们无相关关系。（　）

四、简答、计算题

1. 简述公路工程定额的含义及其作用。

2. 简述运用定额的基本步骤。

3. 某工程,165kW以内推土机推硬土,运距50m,上坡坡度15%,试确定其预算定额。

4. 试确定跨径 $L=2m$ 的拱涵拱盔及支架周转使用3次时的实际定额用量。

5. 某30cm厚设计配合比为4∶11∶85的石灰粉煤灰稳定碎石基层,施工采用路拌法,稳定土拌和机分层拌和施工。试确定其预算定额。

复习思考题及答案

第五章

公路工程概算预算

知识目标

1. 了解公路工程概算预算费用及文件组成;
2. 掌握概算预算各项费用的计算程序及计算方法;
3. 掌握编制概算预算文件的程序及步骤。

能力目标

1. 能够进行概算预算各项费用的计算;
2. 具备编制简单的公路工程预算文件的能力;
3. 具备应用概算预算软件的能力。

第一节 公路工程概算预算概述

一、概算预算概念、分类、作用

1. 概算预算概念

公路工程概算预算,是根据公路工程各个阶段的设计内容、现行《公路工程建设项目概算预算编制办法》(JTG 3830)(以下简称《编制办法》)及各省关于执行该《编制办法》的补充规定等法令性的文件,具体计算其全部建设费用的文件。它是国家对公路建设项目实行科学管理和监督的一种重要手段。

《公路工程建设项目概算预算编制办法》(JTG 3830—2018)[以下简称《编制办法》(2018年版)]由交通运输部公布,并于2019年5月1日起施行。《编制办法》(2018年版)基本上纳入了国家已出台的各项政策和有关规定,它体现了投资打足、不留缺口,深化公路建设管理体制改革,严格遵循公路工程标准规范,考虑动态因素,对施工企业经营管理的某些费用适当加以控制,对材料价格予以开放,费用内容明确、方便使用等指导思想。

2. 概算预算分类

根据不同建设项目、不同建设内容、不同建设阶段,可对概算预算进行具体分类。

(1)按工程项目内容划分

①单位工程概算、预算是单位工程的建设费用文件。

②单项工程概算、预算是由该单项工程中各单位工程概算、预算综合而成的。

③建设项目总概算、预算是整个项目全部建设费用的文件。

(2)按建设内容划分

①公路基本建设工程概算、预算。

②养护大、中修工程概算、预算。

③公路小修保养工程预算。

(3)按建设阶段划分

①设计概算。它是公路工程初步设计阶段设计文件的组成部分,是根据工程项目初步设计,按国家颁布的现行《公路工程概算定额》《编制办法》,控制在投资估算允许幅度范围之内,计算工程建设项目投资的文件。设计概算由设计单位负责编制。

②修正概算。它是技术设计文件的组成部分,是根据工程项目技术设计,按国家颁布的现行《公路工程概算定额》《编制办法》,控制在概算金额允许幅度之内,计算工程项目修正控制投资的文件。修正概算由设计单位负责编制。

③施工图预算。它是施工图设计文件的组成部分,是根据已批准的施工图设计文件、施工组织设计文件,按照国家颁布的现行《公路工程预算定额》《编制办法》控制在概算(或修正概算)范围之内的,计算工程项目全部建设费用的文件。施工图预算由设计单位负责编制。

④施工预算。它是施工单位在施工前,根据工程项目的准确工程量、单位工程施工组织设计,按照《施工定额》(或修正预算定额)和《编制办法》,并结合施工现场的实际情况,在施工图预算的控制下而编制的实施性的计算工程造价的文件。

3.概算预算的作用

(1)设计概算的作用

①设计概算经批准后是公路基本建设项目投资的最高限额。

②设计概算是编制建设项目计划、签订建设项目总包合同、实行建设项目包干、控制预算的依据。

③设计概算是考核设计经济合理性和建设成本的依据。

④以批准的初步设计进行施工招标的工程,设计概算是控制工程标底的依据和最高限额。

(2)施工图预算的作用

①对于按预算承发包的工程,经审定的预算是确定工程造价、签订建筑安装合同、实行建设单位和施工单位投资包干及办理工程结算、实行经济核算和考核工程成本的依据。

②施工图预算中由施工单位组织施工、统计完成的工程量,是建设单位和施工单位进行工程拨款的依据。

③施工图预算是考核施工图设计经济合理性的依据。

④以施工图设计进行施工招标的工程,施工图预算经审定后,是控制工程标底的依据。

二、概算预算费用组成与项目表

1.概算预算费用组成

公路工程项目全部建设费用以其基本造价表示。而公路(或桥梁)基本造价则由概算预算总金额和回收金额所构成。其中,概算预算总金额是由各种概算预算费用所组成。根据《编制办法》(2018年版)的规定,公路工程概算预算费用组成如图5-1所示。

```
                                    ┌ 人工费
                              直接费 ┤ 材料费
                              │      └ 施工机械使用费
                              设备购置费
                              │      ┌ 冬季施工增加费
                              │      │ 雨季施工增加费
                              │      │ 夜间施工增加费                ┌ 高原地区施工增加费
                              措施费 ┤ 特殊地区施工增加费 ────────── ┤ 风沙地区施工增加费
                              │      │                                └ 沿海地区施工增加费
                              │      │ 行车干扰施工增加费
                              │      │ 施工辅助费
                              │      └ 工地转移费
              建筑安装工程费 ─┤      ┌ 基本费用
                              │      │ 主副食运费补贴
                              │ 企业 │ 职工探亲路费
                              │ 管理费┤ 职工取暖补贴
                              │      └ 财务费用
                              │      ┌ 养老保险费
                              │      │ 失业保险费
                              │ 规费 ┤ 医疗保险费
                              │      │ 工伤保险费
                              │      └ 住房公积金
                              利润
                              税金
                              专项费用 ┌ 施工场地建设费
                                       └ 安全生产费
              土地使用及拆迁补偿费
                                       ┌ 建设单位(业主)管理费
                                       │ 建设项目信息化费
概(预)算总金额 ─┤  建设项目管理费 ──── ┤ 工程监理费
                                       │ 设计文件审查费
                                       └ 竣(交)工验收试验检测费
                研究试验费
                建设项目前期工作费
                专业评价(估)费
                工程建设其他费 ┤       ┌ 工器具购置费
                             联合试运转费│ 办公和生活用家具购置费
                             生产准备费 ┤ 生产人员培训费
                                        └ 应急保通设备购置费
                工程保通管理费
                工程保险费
                其他相关费用
              预备费 ┌ 基本预备费
                    └ 价差预备费
              建设期贷款利息
```

图 5-1 公路工程概算预算费用组成

2.概算预算项目及编码规则

为了使全国工程概算预算编制工作规范化,在《编制办法》(2018年版)中对工程项目和费用项目的名称、层次和排列顺序做了统一的规定,从而可以防止列项时出现混乱、漏列、错列的现象,实现对公路基本建设工程项目进行科学地分析与分解,使之有利于公路工程概算预算的编制。

公路工程概算预算项目的主要内容如图5-2所示。

```
第一部分　建筑安装工程费
    第一项　临时工程
    第二项　路基工程
    第三项　路面工程
    第四项　桥梁涵洞工程
    第五项　隧道工程
    第六项　交叉工程
    第七项　交通工程及沿线设施
    第八项　绿化及环境保护工程
    第九项　其他工程
    第十项　专项费用
        1.施工场地建设费
        2.安全生产费
第二部分　土地使用及拆迁补偿费
第三部分　工程建设其他费用
第四部分　预备费
第五部分　建设期贷款利息
```

图5-2　概算预算项目主要内容

概算预算项目表的形式和详细内容见《编制办法》(2018年版)附录B。

熟悉项目表,对于概算预算初学者来讲是十分重要的。编制概算预算时,原则上应该按项目表规定的项目主序列编制;但当实际出现的工程和费用项目与项目表的内容不完全相符时,应按下列要求办理:

(1)"一、二、三、四、五部分"和"项"的序号、内容应保留不变。例如,第二部分的"土地使用及拆迁补偿费"在该项工程中不发生时,第三部分的"工程建设其他费"仍为第三部分。又如,第一部分第五项为"隧道工程",第七项为"交通工程及沿线设施",若工程中无隧道工程项目,则其序号仍保留不变,而"交通工程及沿线设施"则仍为第七项。

(2)"项"以下的分项在引用时应保持序号、内容不变,缺少的分项内容可随需要就近增加,并按项目表的顺序以实际出现的级别依次排列,不保留缺少的"项"以下的项目序号。

项目表中分项编号采用部(1位数)、项(2位数)、目(2位数)、节(2位数)、细目(2位数)组成,以部、项、目、节、细目等依次逐层展开。

第二节　概算预算费用计算

一、建筑安装工程费

建筑安装工程费,简称建安费,是指概算预算中直接用于形成工程实体所发生的费用,它是由直接费、设备购置费、措施费、企业管理费、规费、利润、税金和专项费用所组成。

建筑安装工程费除专项费用外,其他均按"价税分离"计价规则计算,即各项费用均以不含增值税可抵扣进项税额的价格(费率)进行计算,具体要素价格适用增值税税率执行财税部门的相关规定。定额建筑安装工程费包括定额直接费、定额设备购置费的40%、措施费、企业管理费、规费、利润、税金和专项费用。其中,定额直接费包括定额人工费、定额材料费、定额施工机械使用费。

定额人工费、定额材料费、定额施工机械使用费以及定额设备购置费均按《预算定额》(2018年版)附录四"定额人工、材料、设备单价表"及《机械台班费用定额》(2018年版)中规定的人工、材料、设备、机械的相应基价计算的定额费用计取。

直接费指施工过程中耗费的构成工程实体和有助于工程形成的各种费用,包括人工费、材料费、施工机械使用费。

《编制办法》(2018年版)规定,直接费要根据工程实体的数量,按工程所在地的实际价格计算出来。设备购置费根据实际需求计算。措施费和企业管理费要以一定的数值为基数,乘以规定的费率计算而得。

取费费率的工程类别划分如下:

(1)土方:指人工及机械施工的土方工程、路基掺灰、路基换填及台背回填。

(2)石方:指人工及机械施工的石方工程。

(3)运输:指用汽车、拖拉机、机动翻斗车、船舶等运送土石方、路面基层和面层混合料、水泥混凝土及预制构件、绿化苗木等工程。

(4)路面:指路面所有结构层工程、路面附属工程、便道以及特殊路基处理工程(不含特殊路基处理中的圬工构造物)。包括隧道路面、桥面铺装工程。

(5)隧道:指隧道土建工程(不含隧道的钢材及钢结构)。

(6)构造物Ⅰ:指砍树挖根、拆除工程、排水、防护、特殊路基处理中的圬工构造物、涵洞、交通安全设施(不含钢结构工程)、拌和站(楼)安拆工程、便桥、便涵、临时电力和电信设施、临时轨道、临时码头、绿化工程等工程。

(7)构造物Ⅱ:指小桥、中桥、大桥、特大桥工程。

(8)构造物Ⅲ:指商品水泥混凝土的浇筑、商品沥青混合料和各类商品稳定土混合料的铺筑、外购混凝土构件、设备安装工程等。

(9)技术复杂大桥:钢管拱桥、斜拉桥、悬索桥、单孔跨径在120m以上(含120m)和基础水深在10m以上(含10m)的大桥主桥部分的基础、下部和上部工程(不含桥梁的钢材及钢结构)。

(10)钢材及钢结构：指所有工程的钢材及钢结构等工程。

购买的路基填料、绿化树苗、商品水泥混凝土、商品沥青混合料及各类稳定土混合料、外购混凝土构件不作为措施费及企业管理费的计算基数。

（一）直接费

直接费的计算在《编制办法》(2018年版)附录A.0.3中表A.0.3-2分项工程概(预)算表(21-2表)内进行。

1. 人工费

人工费系指列入概算预算定额的直接从事建筑安装工程施工的生产工人开支的各项费用。

(1)内容

计时工资或计件工资：指按计时工资标准和工作时间或对已做工作按计件单价支付给个人的劳动报酬。

津贴、补贴：指为了补偿职工特殊或额外的劳动消耗和因其他特殊原因支付给个人的津贴，以及为了保证职工工资水平不受物价影响支付给个人的物价补贴。如流动施工津贴、特殊地区施工津贴、高温(寒)作业临时津贴、高空津贴等。

特殊情况下支付的工资：指根据国家法律、法规和政策规定，因病、工伤、产假、计划生育假、婚丧假、事假、探亲假、定期休假、停工学习、执行国家或社会义务等原因按计时工资标准或计件工资标准的一定比例支付的工资。

(2)计算

人工费以概算预算定额人工工日数乘以综合工日单价计算。

人工费标准按照本地区公路建设项目的人工工资统计情况以及公路建设劳务市场情况进行综合分析，确定人工工日单价。人工工日单价由省级交通运输主管部门制定发布，并适时进行动态调整。人工工日单价仅作为编制概算预算的依据，不作为施工企业实发工资的依据。

人工费在编制概算预算时，是通过表格计算的，具体计算方法如下：

$$人工费 = 定额值 \times 工程数量 \times 综合工日单价 \tag{5-1}$$

式中： 定额值——在现行《公路工程概算定额》《公路工程预算定额》中查到的定额值。

　　　 工程数量——实际工程的工程数量，以定额单位为计量单位。因此，该工程数量是指定额单位的倍数。

综合工日单价——生产工人每工日的人工费，按各省、自治区、直辖市交通定额站规定取费。综合工日单价已包括由个人交纳的社会保险中的养老保险、失业保险、医疗保险(生育保险除外)和住房公积金。

2. 材料费

材料费系指施工过程中耗用的构成工程实体的原材料、辅助材料、构配件、零件、半成品或成品等，按工程所在地的材料价格计算的费用。《编制办法》(2018年版)规定，无论编制概算还是预算，其材料价格均采用预算价格。

材料费按下式计算：

$$材料费 = 定额值 \times 工程数量 \times 材料预算价格 \tag{5-2}$$

材料预算价格由材料原价、运杂费、场外运输损耗费、采购及保管费组成,指材料由来源地或交货地到达工地仓库或施工地点堆放材料的地点的综合平均价格。

$$材料预算价格 = (材料原价 + 运杂费) \times (1 + 场外运输损耗率) \times$$
$$(1 + 采购及保管费率) - 包装品回收价值 \tag{5-3}$$

(1)材料原价

公路建设工程所耗用的各种建筑材料可分为外购材料和自采材料。各种材料原价按以下规定计算。

①外购材料:外购材料价格参照本行政区域内交通运输主管部门发布的价格和按调查的市场价格综合取定。

②自采材料:自采的砂、石、黏土等,按《预算定额》(2018年版)第八章"材料采集及加工"中的定额分析工、料、机的费用,并另加计辅助生产间接费和矿产资源税(如有)计算。按《编制办法》(2018年版)规定,辅助生产间接费是按人工费的3%计算。即自采材料原价(也称料场价格)按下式计算:

$$自采材料原价 = 人工费 \times (1 + 3\%) + 材料费 + 机械使用费 \tag{5-4}$$

【例5-1】 某料场机械轧碎石,碎石规格为4cm,未筛分。已知人工单价为100.00元/工日,开采片石50.00元/m^3,250×400电动颚式破碎机200.00元/台班。试求碎石的料场价格。

解:由《预算定额》(2018年版)[1152-8-1-7]得:每100m^3碎石(4cm)定额值为:人工30.20工日;开采片石114.90m^3;250×400电动颚式破碎机3.42台班,根据式(5-4)得:

$$碎石(4cm)的料场价格 = 30.20 \times 100.00 \times (1 + 3\%) + 50.00 \times 114.90 + 200.00 \times 3.42$$
$$= 9539.60(元/100m^3) = 95.40(元/m^3)。$$

材料原价应按实计取。各省、自治区、直辖市公路(交通)工程定额(造价管理)站应通过调查,编制本地区的材料价格信息,供编制概算预算时使用。

目前大部分省、自治区、直辖市的公路工程定额站,都编印了本省当年的"材料价格信息",所以在编制概算预算时,能按这种"价格信息"查得上列两类材料的价格(包括供料地点和有关说明)。

(2)运杂费

运杂费系指材料自供应地点至工地仓库(施工地点存放材料的地方)的运杂费用,包括装卸费、运费,如发生,还应计囤存费及其他杂费(如过磅、标签、支撑加固、路桥通行等费用)。

材料预算单价中的"运杂费"确切地说应是"材料单位运杂费"。材料单位运杂费是指每单位数量的材料(如每t、m^3、kg),从供应点到工地所需的全部运杂费。

$$材料单位运杂费 = 单位运费 + 单位装卸费 + 单位杂费 \tag{5-5}$$

①单位运费

通过铁路、水路和公路运输部门运输的材料,按调查的市场运价计算运费。

$$单位运费 = (运价率 \times 运距 + 短途运输增加费) \times 单位毛质量 \tag{5-6}$$

式中: 运价率——每吨货物每运输1km所需的运费[元/(t·km)],按当地运输部门的规定采用;

运距——材料供应点到工地仓库的距离,一种材料如有两个以上的供应点时,应根据不同的运距、运量、运价采用加权平均的方法计算运费;

短途运输增加费——指因短途运输而增加的费用;

单位毛质量——按表5-1确定。

由于预算定额中已考虑了工地运输便道的特点,以及定额中已计入了"工地小搬运"的费用,因此汽车运输平均运距中不得乘以调整系数,也不得在工地仓库或堆料场之外再加场内运距或二次倒运的运距。

有容器或包装的材料及长大轻浮材料,应按表5-1规定的毛质量计算。桶装沥青、汽油、柴油按每吨摊销一个旧汽油桶计算包装费(不计回收)。

材料毛质量系数及单位毛质量表　　　　表5-1

材料名称	单位	毛质量系数	单位毛质量
爆破材料	t	1.35	
水泥、块状沥青	t	1.01	
铁钉、铁件、焊条	t	1.10	
液体沥青、液体燃料、水	t	桶装1.17,油罐车装1.00	
木料	m³		原木0.750t,锯材0.650t
草袋	个		0.004t

【例5-2】 某工地运输钢材,运距36km,运价率为0.45元/(t·km),试求单位运费。

解:由式(5-6)得:单位运费 = 0.45 × 36 × 1 = 16.20(元)。

②单位装卸费

单位装卸费按《预算定额》(2018年版)第九章"材料运输"的定额计算,或按当地运输部门规定计算;当人工装卸时,应另按人工费的3%加计辅助生产间接费。

③单位杂费

单位杂费是指单位材料(每t、m³、kg等)所需的囤存费及过磅、标签、支撑加固、路桥通行费等费用。

(3)场外运输损耗费

场外运输损耗费系指有些材料在正常的运输过程中发生的损耗费,这部分损耗应摊入材料单价内。

按《编制办法》(2018年版)规定,场外运输损耗费按式(5-7)计算:

单位场外运输损耗费 = (材料原价 + 材料单位运杂费) × 场外运输损耗率　　(5-7)

式中: 材料原价——材料的供应价格(元/m³、元/m²、元/t);

场外运输损耗率——材料场外运输损耗率,见表5-2。

材料场外运输损耗表(单位:%)　　　　　　　　　　　　　表 5-2

材料名称		场外运输(包括一次装卸)	每增加一次装卸
块状沥青		0.5	0.2
石屑、碎砾石、砂砾、煤渣、工业废渣、煤		1.0	0.4
砖、瓦、桶装沥青、石灰、黏土		3.0	1.0
草皮		7.0	3.0
水泥(袋装、散装)		1.0	0.4
砂	一般地区	2.5	1.0
	风沙地区	5.0	2.0

注:汽车运水泥,如运距超过 500km 时,袋装水泥损耗率增加 0.5 个百分点。

(4)采购及保管费

材料采购及保管费系指材料供应部门(包括工地仓库以及各级材料管理部门)在组织采购、供应和保管材料过程中,所需的各项费用及工地仓库的材料储存损耗。

材料采购及保管费,以材料的原价加运杂费及场外运输损耗的合计数为基数,乘以采购保管费率计算。钢材的采购及保管费费率为 0.75%,燃料、爆破材料为 3.26%,其余材料为 2.06%。即:

$$\text{单位采购及保管费} = (\text{材料原价} + \text{单位运杂费} + \text{单位场外运输损耗费}) \times \text{采购及保管费率} \quad (5\text{-}2\text{-}8)$$

商品水泥混凝土、沥青混合料和各类稳定土混合料、外购的构件、成品及半成品的预算价格计算方法与材料相同。商品水泥混凝土、沥青混合料和各类稳定土混合料不计采购及保管费,外购的构件、成品及半成品的采购及保管费率为 0.42%。

(5)包装品回收价值

在材料原价中,外购材料的原价由出厂价、供销手续费、包装费三部分组成。当包装品可以回收时,应在材料预算价格中扣除包装品的回收价值。

综上所述,材料的预算单价由材料原价、运杂费、场外运输损耗费、采购及保管费、包装品回收价值五个方面的内容组成。其中,材料原价、运杂费的计算比较复杂,需根据不同情况,按不同的方法进行计算。

3.施工机械使用费

施工机械使用费指列入概算预算定额的工程机械和工程仪器仪表台班数量,按照相应的施工机械台班费用定额计算的费用等。

在概算预算中发生的施工机械使用费,包括按台班数量计算的机械使用费和不按台班数量计算的(小型)机械使用费及仪器仪表使用费。工程细目的施工机械使用费按下式计算:

$$\text{施工机械使用费} = \sum(\text{台班定额} \times \text{台班单价} + \text{小型机具使用费}) \times \text{工程数量} \quad (5\text{-}9)$$

式中:台班定额——现行《公路工程概算定额》《公路工程预算定额》中机械及仪器仪表的消耗标准;

台班单价——根据现行《公路工程机械台班费用定额》计算而得;

小型机具使用费——由现行《公路工程概算定额》《公路工程预算定额》查得,以"元"为单位;

工程数量——实际工程量,是定额单位的倍数。

施工机械台班预算价格应按交通运输部公布的现行《公路工程机械台班费用定额》(JTG/T 3833)计算,机械台班单价由不变费用和可变费用组成。不变费用包括折旧费、检修费、维护费、安拆辅助费等;可变费用包括机上人员人工费、动力燃料费及车船税。可变费用中的人工工日数及动力燃料消耗量,应以机械台班费用定额中的数值为准。台班人工费工日单价同生产工人人工费单价。动力燃料费用则按材料费的计算规定计算。

当工程用电为自行发电时,电动机械每度(kW·h)电的单价可由下面的近似公式计算:

$$A = 0.15 \frac{K}{N} \tag{5-10}$$

式中:A——每度(kW·h)电单价(元);

K——发电机组的台班单价(元);

N——发电机组的总功率(kW)。

$$机械台班单价 = 不变费用 + 可变费用 \tag{5-11}$$

【例5-3】 某人工摊铺天然砂砾路面工程,压实厚度12cm,预算工程数量56000m²。已知人工100.00元/工日,柴油7.00元/kg,计算其机械使用费。

解:由《预算定额》(2018年版)[228-2-2-4-1~2]得每1000m²需机械:12~15t光轮压路机0.25台班;18~21t光轮压路机0.34台班。

由《机械台班费用定额》(2018年版)查得:

12~15t光轮压路机:不变费用183.21元;人工1工日;柴油40.00kg。

台班单价 = 183.21 + 1×100.00 + 7.00×40.00 = 563.21(元/台班)。

18~21t光轮压路机:不变费用206.20元;人工1工日;柴油59.20kg。

台班单价 = 206.20 + 1×100.00 + 7.00×59.20 = 720.60(元/台班)。

由式(5-9)得:

施工机械使用费 = (0.25×563.21 + 0.34×720.60)×56 = 21605.16(元)。

综上所述,直接费 = 人工费 + 材料费 + 施工机械使用费。其各项费用计算的共同点是计算公式一致,不同点是各有各的单价,各单价的计算方法也不一样。

(二)设备购置费

设备购置费指为满足公路初期运营、管理需要购置的构成固定资产标准的设备和虽低于固定资产标准但属于设计明确列入设备清单的设备的费用,包括渡口设备,隧道照明、消防、通风的动力设备,公路收费、监控、通信、路网运行监测、供配电及照明设备等。设备购置费通过《编制办法》(2018年版)附录A"05表"计算。

(1)设备购置费应列出计划购置的清单(包括设备的规格、型号、数量),以设备预算价计入。

(2)设备购置费包括设备原价、运杂费、运输保险费、采购及保管费,各种税费按编制期有关部门规定计算。

(3)需要安装的设备,按建筑安装工程费的有关规定计算设备的安装工程费。

设备与材料的划分标准见《编制办法》(2018年版)附录C。

(三)措施费

措施费包括冬季施工增加费、雨季施工增加费、夜间施工增加费、特殊地区施工增加费、行车干扰施工增加费、施工辅助费、工地转移费。

1.冬季施工增加费

冬季施工增加费指按照公路工程施工及验收规范所规定的冬季施工要求,为保证工程质量和安全生产所需采取的防寒保温设施、工效降低和机械作业效率降低以及技术操作过程的改变等所增加的有关费用。

(1)冬季施工增加费的内容

冬季施工增加费的内容包括:

①因冬季施工所需增加的一切人工、机械与材料的支出。

②施工机械所需修建的暖棚(包括拆、移),增加其他保温设备购置费用。

③因施工组织设计确定,需增加的一切保温、加温等有关支出。

④清除工作地点的冰雪等与冬季施工有关的其他各项费用。

(2)全国冬季施工气温区划分

冬季施工增加费与工程所在地区有关。在《编制办法》(2018年版)附录D中列有全国冬季施工气温区划分表,气温区分为冬一区(包括Ⅰ、Ⅱ副区)、冬二区(包括Ⅰ、Ⅱ副区)、冬三区、冬四区、冬五区、冬六区、准一区、准二区。若当地气温资料与附录D中划定的冬季气温区有较大出入时,可按当地气温资料及《编制办法》(2018年版)中的划分标准确定工程所在地的冬季气温区。

(3)冬季施工增加费的计算

冬季施工增加费的计算是根据各类工程的特点,规定各气温区的取费标准,采用全年平均摊销的方法,即不论是否在冬季施工,均按规定的取费标准计取冬季施工增加费。

一条路线穿过两个以上气温区时,可分段计算或按各区的工程量比例求得全线的平均增加率,计算冬季施工增加费。

冬季施工增加费,以各类工程的定额人工费与定额施工机械使用费之和为基数,按工程所在地的气温区选用表5-3的费率计算。

冬季施工增加费费率表(单位:%)   表5-3

工程类别	冬季期平均温度(℃)								准一区	准二区
	-1以上		-1~-4		-4~-7	-7~-10	-10~-14	-14以下		
	冬一区		冬二区		冬三区	冬四区	冬五区	冬六区		
	Ⅰ	Ⅱ	Ⅰ	Ⅱ						
土方	0.835	1.301	1.800	2.270	4.288	6.094	9.140	13.720	—	—
石方	0.164	0.266	0.368	0.429	0.859	1.248	1.861	2.801	—	—

续上表

工程类别	冬季期平均温度(℃)								准一区	准二区
	-1以上		-1～-4		-4～-7	-7～-10	-10～-14	-14以下		
	冬一区		冬二区		冬三区	冬四区	冬五区	冬六区		
	Ⅰ	Ⅱ	Ⅰ	Ⅱ						
运输	0.166	0.25	0.354	0.437	0.832	1.165	1.748	2.643	—	—
路面	0.566	0.842	0.181	1.371	2.449	3.273	4.909	7.364	0.073	0.198
隧道	0.203	0.385	0.548	0.710	1.175	1.52	2.269	3.425	—	—
构造物Ⅰ	0.652	0.940	1.265	1.438	2.607	3.527	5.291	7.936	0.115	0.288
构造物Ⅱ	0.868	1.240	1.675	1.902	3.452	4.693	7.028	10.542	0.165	0.393
构造物Ⅲ	1.616	2.296	3.114	3.523	6.403	8.680	13.020	19.520	0.292	0.721
技术复杂大桥	1.019	1.444	1.975	2.230	4.057	5.479	8.291	12.338	0.170	0.446
钢材及钢结构	0.04	0.101	0.141	0.181	0.301	0.381	0.581	0.861	—	—

2. 雨季施工增加费

雨季施工增加费指雨季期间施工为保证工程质量和安全生产所需采取的防雨、排水、防潮和防护措施、工效降低和机械作业率降低以及技术操作过程的改变等，所需增加的有关费用。

(1) 雨季施工增加费内容

雨季施工增加费内容包括：

①因雨季施工所需增加的工、料、机费用的支出，包括工作效率的降低及易被雨水冲毁的工程所增加的清理坍塌基坑和堵塞排水沟、填补路基边坡冲沟等工作内容。

②路基土方工程的开挖和运输，因雨季施工(非土壤中水影响)而引起的黏附工具，降低工效所增加的费用。

③因防止雨水必须采取的挖临时排水沟、防止基坑坍塌所需的支撑、挡板等防护措施费用。

④材料因受潮、受湿造成的耗损费用。

⑤增加防雨、防潮设备的费用。

⑥因河水高涨致使工作困难等其他有关雨季施工所需增加的费用。

(2) 全国雨季施工雨量区及雨季期划分

雨季施工增加费与工程所在地区有关。在《编制办法》(2018年版)附录E中列有"全国雨季施工雨量区及雨季期划分表"。雨量区和雨季期的划分，是根据气象部门提供的满15年以上的降雨资料确定的。雨量区划分为Ⅰ级和Ⅱ级。凡月平均降雨天数在10d以上，月平均日降雨量在3.5～5mm之间者为Ⅰ区，月平均日降雨量在5mm以上者为Ⅱ区。若当地气象资料与附录E所划定的雨量区及雨季期出入较大时，可按当地气象资料及上述划分标准确定工程所在地的雨量区及雨季期。

雨季施工增加费费率（单位：%） 表5-4

工程类别	雨季月数															
	1	1.5	2		2.5		3		3.5		4		4.5		5	
									雨量区							
	I	I	I	II	I	II	I	II	I	II	I	II	I	II	I	II
土方	0.140	0.175	0.245	0.385	0.315	0.455	0.385	0.525	0.455	0.595	0.525	0.700	0.595	0.805	0.665	0.939
石方	0.105	0.140	0.212	0.349	0.280	0.420	0.349	0.491	0.418	0.563	0.487	0.667	0.555	0.772	0.626	0.876
运输	0.142	0.178	0.249	0.391	0.320	0.462	0.391	0.568	0.462	0.675	0.533	0.781	0.604	0.888	0.675	0.959
路面	0.115	0.153	0.230	0.366	0.306	0.480	0.366	0.557	0.425	0.634	0.501	0.710	0.578	0.825	0.654	0.940
隧道	—	—	—	—	—	—	—	—	—	—	—	—	—	—	—	—
构造物 I	0.098	0.131	0.164	0.262	0.196	0.295	0.229	0.360	0.262	0.426	0.327	0.491	0.393	0.557	0.458	0.622
构造物 II	0.106	0.414	0.177	0.282	0.247	0.353	0.282	0.424	0.318	0.494	0.388	0.565	0.459	0.636	0.530	0.742
构造物 III	0.200	0.266	0.366	0.565	0.466	0.699	0.565	0.832	0.665	0.998	0.765	1.164	0.898	1.331	1.031	1.497
技术复杂大桥	0.109	0.181	0.254	0.363	0.290	0.435	0.363	0.508	0.435	0.580	0.508	0.689	0.580	0.798	0.653	0.907
钢材及钢结构	—	—	—	—	—	—	—	—	—	—	—	—	—	—	—	—

工程类别	雨季月数					
	6		7		8	
	I	II	I	II	I	II
土方	0.764	1.114	0.884	1.289	1.015	1.499
石方	0.701	1.018	—	1.194	—	1.373
运输	0.781	1.136	—	1.314	—	1.527
路面	0.749	1.093	—	1.267	—	1.459
隧道	—	—	—	—	—	—
构造物 I	0.524	0.753	—	0.884	—	1.015
构造物 II	0.600	0.883	—	1.059	—	1.201
构造物 III	1.164	1.730	—	1.996	—	2.295
技术复杂大桥	0.725	1.052	—	1.233	—	1.414
钢材及钢结构	—	—	—	—	—	—

注：室内和隧道内工程及设备安装工程不计雨季施工增加费。

(3)雨季施工增加费的计算

雨季施工增加费的计算方法是根据各类工程的特点,按照规定各雨量区和雨季期的取费标准,采用全年平均摊销的方法,即不论是否在雨季施工,均按规定的取费标准计取雨季施工增加费。

一条路线通过不同的雨量区和雨季期时,应分别计算雨季施工增加费或按工程量比例求得平均的增加率,计算全线雨季施工增加费。

雨季施工增加费,以各类工程的定额人工费与定额施工机械使用费之和为基数,按工程所在地的雨量区、雨季期选用表5-4的费率计算。

3. 夜间施工增加费

夜间施工增加费指根据设计、施工技术规范和合理的施工组织要求,必须在夜间施工或必须昼夜连续施工而发生的夜班补助费、夜间施工降效、施工照明设备摊销及照明用电等费用。

夜间施工增加费以夜间施工工程项目的定额人工费与定额施工机械使用费之和为基数,按表5-5的费率计算。

夜间施工增加费费率(单位:%)　　　　表5-5

工程类别	费率	工程类别	费率
构造物Ⅱ	0.903	技术复杂大桥	0.928
构造物Ⅲ	1.702	钢材及钢结构	0.874

注:设备安装工程及金属标志牌、防撞钢护栏、防眩板(网)、隔离栅、防护网等不计夜间施工增加费。

4. 特殊地区施工增加费

特殊地区施工增加费包括高原地区施工增加费、风沙地区施工增加费和沿海地区施工增加费三项。

(1)高原地区施工增加费

高原地区施工增加费系指在海拔2000m以上地区施工,由于受气候、气压的影响,致使人工、机械效率降低而增加的费用。该费用以各类工程定额人工费与定额施工机械使用费之和为基数,按表5-6的费率计算。

一条路线通过两个以上(含两个)不同的海拔分区时,应分别计算高原地区施工增加费或按工程量比例求得平均的增加率,计算全线高原地区施工增加费。

高原地区施工增加费费率(单位:%)　　　　表5-6

工程类别	海拔(m)						
	2001~2500	2501~3000	3001~2500	3501~4000	4001~4500	4501~5000	5000以上
土方	13.295	19.709	27.455	38.875	53.102	70.162	91.853
石方	13.711	20.358	29.025	41.435	56.875	75.358	100.223
运输	13.288	19.666	26.575	37.205	50.493	66.438	85.040
路面	14.572	21.618	30.689	45.032	59.615	79.500	102.640

续上表

工程类别	海拔(m)						
	2001~2500	2501~3000	3001~2500	3501~4000	4001~4500	4501~5000	5000以上
隧道	13.364	19.850	28.490	40.767	56.037	74.302	95.259
构造物Ⅰ	12.799	19.051	27.989	40.356	55.723	74.098	95.521
构造物Ⅱ	13.622	20.244	29.082	41.617	57.214	75.874	101.408
构造物Ⅲ	12.786	18.985	27.054	38.616	53.004	70.217	93.371
技术复杂大桥	13.912	20.645	29.257	41.670	57.134	75.640	100.205
钢材及钢结构	13.204	19.622	28.269	40.492	55.699	73.891	98.930

(2)风沙地区施工增加费

风沙地区施工增加费指在沙漠地区施工时,由于受风沙影响,按照施工及验收规范的要求,为保证工程质量和安全生产而增加的有关费用,内容包括防风、防沙及气候影响的措施费,材料费,人工、机械效率降低增加的费用,以及积沙、风蚀的清理修复等费用。

全国风沙地区公路施工区划见《编制办法》(2018年版)附录F。若当地气象资料及自然特征与附录F中的风沙地区划分有较大的出入时,由项目所在地省级交通运输主管部门按当地气象资料和自然特征及上述划分标准确定工程所在地的风沙区划。

一条路线穿过两个以上不同风沙区时,按路线长度经过不同的风沙区加权计算项目全线风沙地区施工增加费。

风沙地区施工增加费以各类工程的定额人工费与定额施工机械使用费之和为基数,根据工程所在地的风沙区划及类别,按表5-7的费率计算。

风沙地区施工增加费费率(单位:%) 表5-7

工程类别	风沙一区			风沙二区			风沙三区		
	沙漠类型								
	固定	半固定	流动	固定	半固定	流动	固定	半固定	流动
土方	4.558	8.056	13.674	5.618	12.614	23.426	8.056	17.331	27.507
石方	0.745	1.490	2.981	1.014	2.236	3.959	1.490	3.726	5.216
运输	4.304	8.608	13.988	5.38	12.912	19.368	8.608	18.292	27.976
路面	1.364	2.727	4.932	2.205	4.932	7.567	3.365	7.137	11.025
隧道	0.261	0.522	1.043	0.355	0.783	1.386	0.522	1.304	1.826
构造物Ⅰ	3.968	6.944	11.904	4.96	10.912	16.864	6.944	15.872	23.808
构造物Ⅱ	3.254	5.694	9.761	4.067	8.948	13.828	5.694	13.015	19.523
构造物Ⅲ	2.976	5.208	8.928	3.720	8.184	12.648	5.208	11.904	17.226
技术复杂大桥	2.778	4.861	8.333	3.472	7.638	11.805	8.861	11.110	16.077
钢材及钢结构	1.035	2.07	4.14	1.409	3.105	5.498	2.07	5.175	7.245

(3)沿海地区施工增加费

沿海地区施工增加费系指工程项目在沿海地区施工受海风、海浪和潮汐的影响,致使人工、机械效率降低等所需增加的费用。本项费用由沿海各省份省级交通运输主管部门制定具体的适用范围(地区)。

沿海地区工程施工增加费,以各类工程的定额人工费与定额施工机械使用费之和为基数,按表5-8的费率计算。

沿海地区施工增加费费率(单位:%)　　　　表5-8

工程类别	费　率	工程类别	费　率
构造物Ⅱ	0.207	技术复杂大桥	0.212
构造物Ⅲ	0.195	钢材及钢结构	0.200

注:1. 表中的构造物Ⅱ指桥梁钢材所用的水泥混凝土浇筑及混凝土构件的安装。
　　2. 表中的钢材及钢结构指桥梁工程所用的钢材及钢结构。

5. 行车干扰施工增加费

行车干扰施工增加费指由于边施工边维持通车,受行车干扰的影响,致使人工、机械效率降低而增加的费用。

行车干扰施工增加费以受行车影响部分的工程项目的定额人工费与定额施工机械使用费之和为基数,按表5-9的费率计算。

行车干扰施工增加费费率(单位:%)　　　　表5-9

工程类别	施工期平均每昼夜双向行车次数(机动车、非机动车合计)							
	51~100	101~500	501~1000	1001~2000	2001~3000	3001~4000	4001~5000	5000以上
土方	1.499	2.343	3.194	4.118	4.775	5.314	5.885	6.468
石方	1.279	1.881	2.618	3.479	4.035	4.492	4.973	5.462
运输	1.451	2.230	3.041	4.001	4.641	5.164	5.719	6.285
路面	1.390	2.098	2.802	3.487	4.046	4.496	4.987	5.475
隧道	—	—	—	—	—	—	—	—
构造物Ⅰ	0.924	1.386	1.858	2.320	2.693	2.988	3.313	3.647
构造物Ⅱ	1.007	1.516	2.014	2.512	2.915	3.244	3.593	3.943
构造物Ⅲ	0.948	1.417	1.896	2.365	2.745	3.044	3.373	3.713
技术复杂大桥	—	—	—	—	—	—	—	—
钢材及钢结构	—	—	—	—	—	—	—	—

注:新建工程、中断交通进行封闭施工或为保证交通正常通行而修建保通便道的改(扩)建工程,不计行车干扰施工增加费。

由于该增加费用是以"受行车影响部分"工程的定额人工费与定额施工机械使用费之和为计算基数,所以如何区分"受行车影响部分"的工程,是正确计算该费用的核心。特别是对于不设便道的半幅施工、半幅通车的工程,在原线路一侧加宽改建、扩建工程等,均应做具体分析,以确定是否可以按局部工程计列该增加费用。

6. 施工辅助费

施工辅助费包括生产工具用具使用费、检验试验费和工程定位复测、工程点交、场地清理等费用。了解各项费用的内容对于施工中核算和编制竣工决算很有必要。

生产工具用具使用费指施工所需不属于固定资产的生产工具、检验用具、试验用具及仪器、仪表等的购置、摊销和维修费,以及支付给工人自备工具的补贴费。

检验试验费指施工企业对建筑材料、构件和建筑安装工程进行一般鉴定、检查所发生的费用,包括自设试验室进行试验所耗用的材料和化学药品的费用,以及技术革新和研究试验费,但不包括新结构、新材料的试验费和建设单位要求对具有出厂合格证明的材料进行检验、对构件破坏性试验及其他特殊要求检验的费用。

高填方和软基沉降监测、高边坡稳定监测、桥梁施工监测、隧道施工监控量测、超前地质预报等施工监控费含在施工辅助费中,不得另行计算。

施工辅助费以各类工程的定额直接费之和为基数,按表5-10的费率计算。

施工辅助费费率(单位:%) 表5-10

工程类别	费率	工程类别	费率
土方	0.521	构造物Ⅰ	1.201
石方	0.470	构造物Ⅱ	1.537
运输	0.154	构造物Ⅲ	2.729
路面	0.818	技术复杂大桥	1.677
隧道	1.195	钢材及钢结构	0.564

7. 工地转移费

工地转移费指施工企业根据建设任务的需要,由已竣工的工地或后方基地迁至新工地的搬迁费用,其内容包括:

(1)施工单位职工及随职工迁移的家属向新工地转移的车费、家具行李运费、途中住宿费、行程补助费、杂费等。

(2)公物、工具、施工设备器材、施工机械的运杂费,以及外租机械的往返费及本工程内部各工地之间施工机械、设备、公物、工具的转移费等。

(3)非固定工人进退场的费用。

工地转移费以各类工程的定额人工费与定额施工机械使用费之和为基数,按表5-11的费率计算。

工地转移费率(单位:%) 表5-11

工程类别	工地转移距离(km)					
	50	100	300	500	1000	每增加100
土方	0.224	0.301	0.470	0.614	0.815	0.036

续上表

工程类别	工地转移距离(km)					
	50	100	300	500	1000	每增加100
石方	0.176	0.212	0.363	0.476	0.628	0.030
运输	0.157	0.203	0.315	0.416	0.543	0.025
路面	0.321	0.435	0.682	0.891	1.191	0.062
隧道	0.257	0.351	0.549	0.717	0.959	0.049
构造物Ⅰ	0.262	0.351	0.552	0.720	0.963	0.051
构造物Ⅱ	0.333	0.449	0.706	0.923	1.236	0.066
构造物Ⅲ	0.622	0.841	1.316	1.720	2.304	0.119
技术复杂大桥	0.389	0.523	0.818	1.067	1.430	0.073
钢材及钢结构	0.351	0.473	0.737	0.961	1.288	0.063

转移距离以工程承包单位(如工程处、工程公司等)转移前后驻地距离或两路线中点的距离为准。编制概算预算时,如施工单位不明确,高速公路、一级公路及独立大桥、独立隧道项目转移距离按省级人民政府所在城市至工地的里程计算;二级及二级以下公路项目转移距离按地级城市所在地至工地的里程计算。工地转移里程数在表列里程之间时,费率可内插计算。工地转移距离在50km以内的工程按50km计算。

8.辅助生产间接费

辅助生产间接费指由施工单位自行开采加工的砂、石等自采材料及施工单位自办的人工、机械装卸和运输的间接费。

(1)辅助生产间接费按定额人工费的3%计。该项费用并入材料预算单价内构成材料费,不直接出现在概算预算中。

(2)高原地区施工单位的辅助生产,可按高原地区施工增加费费率,以定额人工费与定额施工机械费之和为基数计算高原地区施工增加费(其中,人工采集、加工材料、人工装卸、运输材料按土方费率计算;机械采集、加工材料按石方费率计算;机械装、运输材料按运输费率计算)。辅助生产高原地区施工增加费不作为辅助生产间接费的计算基数。

以上介绍了各项措施费的费用标准和计算方法。它们的最大特点是大部分都以各类工程的定额人工费与定额施工机械使用费之和为计算基数。

【例5-4】 威海市某桥用冲击钻冲孔,桩径1.2m,孔深20m,砾石,共30孔,夜间施工,无行车干扰,工地转移里程为100km。试计算该工程的措施费。(假定该工程定额人工费与定额施工机械费之和为500000元)

解:由题意可知,该工程的措施费包括冬季施工增加费、雨季施工增加费、夜间施工增加费、沿海地区施工增加费、施工辅助费、工地转移费。措施费=定额人工费与定额施工机械费之和×措施费综合费率(措施费各单项费率之和)。

由《编制办法》(2018年版)附录D、附录E查得,该地区属于冬一(Ⅰ)区,雨量Ⅰ区,雨

季期为 4 个月,工程类别为构造物Ⅱ,由此得各项费率为:

冬季施工增加费费率为 0.868%;

雨季施工增加费费率为 0.388%;

夜间施工增加费费率为 0.903%;

沿海地区施工增加费费率为 0.207%;

施工辅助费费率为 1.537%;

工地转移费费率为 0.449%。

措施费 = 500000 × (0.868 + 0.388 + 0.903 + 0.207 + 1.537 + 0.449)% = 21760(元)。

(四)企业管理费

企业管理费由基本费用、主副食运费补贴、职工探亲路费、职工取暖补贴和财务费用五项组成。企业管理费通过《编制办法》(2018 年版)附录 A"04 表"和"21-2 表"联合计算出来。

1. 基本费用

企业管理费基本费用指建筑安装企业为组织施工生产和经营管理所需的费用。具体包括:

(1)管理人员工资:管理人员的基本工资、绩效工资、津贴补贴及特殊情况下支付的工资以及缴纳的养老、失业、医疗、工伤保险费和住房公积金等。

(2)办公费:企业办公用的文具、纸张、账表、印刷、通信、网络、书报、办公软件、会议、水电、烧水和集体取暖降温(包括现场临时宿舍取暖降温)用煤(电、气)等费用。

(3)差旅交通费:职工因公出差、调动工作的差旅费、住勤补助费,市内交通费和误餐补助费,劳动力招募费,职工退休、退职一次性路费,工伤人员就医路费以及管理部门使用的交通工具的油料、燃料等费用。

(4)固定资产使用费:管理部门及附属生产单位使用的属于固定资产的房屋、设备等的折旧、大修、维修或租赁费。

(5)工具用具使用费:企业管理使用的不属于固定资产的工具、器具、家具、交通工具和检验、试验、测绘、消防用具等的购置、维修和摊销费。

(6)劳动保险费:企业支付离退休职工的易地安家补助费、职工退职金、6 个月以上的病假人员工资、职工死亡丧葬补助费、抚恤费、按规定支付给离休干部的各项经费。

(7)职工福利费:按国家规定标准计提的职工福利费。

(8)劳动保护费:企业按国家有关部门规定标准发放的劳动保护用品的购置费及修理费、防暑降温费、在有碍身体健康环境中施工的保健费用等。

(9)工会经费:企业根据《中华人民共和国工会法》的规定,按全部职工工资总额比例计提的工会经费。

(10)职工教育经费:按职工工资总额的规定比例计提,企业为职工进行专业技术和职业技能培训,专业技术人员继续教育、职工职业技能鉴定、职业资格认定以及根据需要对职工进行各类文化教育所发生的费用,不含职工安全教育、培训费用。

(11)保险费:企业财产保险、管理用及生产用车辆等保险费用及人身意外伤害险的费用。

(12)工程排污费:施工现场按规定缴纳的排污费用。

(13)税金:企业按规定缴纳的城市维护建设税、教育费附加、地方教育附加、房产税、车船使用税、土地使用税、印花税。

(14)其他:指上述项目以外的其他必要的费用支出,包括技术转让费、技术开发费、竣(交)工资料编制费、业务招待费、绿化费、广告费、招投标费、公证费、定额测定费、法律顾问费、审计费、咨询费以及施工标准化、规范化、精细化管理等费用。

基本费用以各类工程的定额直接费为基数,按表5-12的费率计算。

基本费用费率(单位:%) 表5-12

工程类别	费率	工程类别	费率
土方	2.747	构造物Ⅰ	3.587
石方	2.792	构造物Ⅱ	4.726
运输	1.374	构造物Ⅲ	5.976
路面	2.427	技术复杂大桥	4.143
隧道	3.569	钢材及钢结构	4.242

2. 主副食运费补贴

主副食运费补贴指施工企业在远离城镇及乡村的野外施工购买生活必需品所需增加的费用。该费用以各类工程的定额直接费为基数,按表5-13的费率计算。

主副食运费补贴费费率(单位:%) 表5-13

工程类别	综合里程(km)										
	3	5	8	10	15	20	25	30	40	50	每增加10
土方	0.122	0.131	0.164	0.191	0.235	0.284	0.322	0.377	0.444	0.519	0.07
石方	0.108	0.117	0.149	0.175	0.218	0.261	0.293	0.346	0.405	0.473	0.063
运输	0.118	0.13	0.166	0.192	0.233	0.285	0.322	0.379	0.447	0.519	0.073
路面	0.066	0.088	0.119	0.13	0.165	0.194	0.224	0.259	0.308	0.356	0.051
隧道	0.096	0.104	0.13	0.152	0.185	0.229	0.26	0.304	0.359	0.418	0.054
构造物Ⅰ	0.114	0.12	0.145	0.167	0.207	0.254	0.285	0.338	0.394	0.463	0.062
构造物Ⅱ	0.126	0.14	0.168	0.196	0.242	0.292	0.338	0.394	0.467	0.54	0.073
构造物Ⅲ	0.225	0.248	0.303	0.352	0.435	0.528	0.599	0.705	0.831	0.969	0.132
技术复杂大桥	0.101	0.115	0.143	0.165	0.205	0.245	0.28	0.325	0.389	0.452	0.063
钢材及钢结构	0.104	0.113	0.146	0.168	0.207	0.247	0.281	0.331	0.387	0.449	0.062

注:综合里程=粮食运距×0.06+燃料运距×0.09+蔬菜运距×0.15+水运距×0.70。粮食、燃料、蔬菜、水的运距均为全线平均运距;当综合里程数在表列里程之间时,费率可内插;综合里程在3km以内的工程按3km计取本项费用。

3. 职工探亲路费

职工探亲路费指按照有关规定发放给施工企业职工在探亲期间发生的往返交通费和途中住宿费等费用。该费用以各类工程的定额直接费为基数,按表5-14的费率计算。

职工探亲路费费率(单位:%) 表5-14

工程类别	费率	工程类别	费率
土方	0.192	构造物Ⅰ	0.274
石方	0.204	构造物Ⅱ	0.348
运输	0.132	构造物Ⅲ	0.551
路面	0.159	技术复杂大桥	0.208
隧道	0.266	钢材及钢结构	0.164

4. 职工取暖补贴

职工取暖补贴指按规定发放给企业职工的冬季取暖费和为职工在施工现场设置的临时取暖设施的费用。该费用以各类工程的定额直接费为基数,按工程所在地的气温区[见《编制办法》(2018年版)附录D]选用表5-15的费率计算。

职工取暖补贴费率(单位:%) 表5-15

工程类别	气温区						
	准二区	冬一区	冬二区	冬三区	冬四区	冬五区	冬六区
土方	0.060	0.130	0.221	0.331	0.436	0.554	0.663
石方	0.054	0.118	0.183	0.279	0.373	0.472	0.569
运输	0.065	0.130	0.228	0.336	0.444	0.552	0.671
路面	0.049	0.086	0.155	0.229	0.302	0.376	0.456
隧道	0.045	0.091	0.158	0.249	0.318	0.409	0.488
构造物Ⅰ	0.065	0.130	0.206	0.304	0.390	0.499	0.607
构造物Ⅱ	0.070	0.153	0.234	0.352	0.481	0.598	0.727
构造物Ⅲ	0.126	0.264	0.425	0.643	0.849	1.067	1.297
技术复杂大桥	0.059	0.120	0.203	0.310	0.406	0.501	0.609
钢材及钢结构	0.047	0.082	0.141	0.222	0.293	0.363	0.433

5. 财务费用

财务费用指施工企业为筹集资金提供投标担保、预付款担保、履约担保、职工工资支付担保等所发生的各种费用,包括企业经营期间发生的短期贷款利息净支出、汇兑净损失、调剂外汇手续费、金融机构手续费,以及企业筹集资金发生的其他财务费用。

财务费用以各类工程的定额直接费为基数,按表5-16的费率计算。

财务费用费率(单位:%)　　　　　表5-16

工程类别	费率	工程类别	费率
土方	0.271	构造物Ⅰ	0.466
石方	0.259	构造物Ⅱ	0.545
运输	0.264	构造物Ⅲ	1.094
路面	0.404	技术复杂大桥	0.637
隧道	0.513	钢材及钢结构	0.653

(五)规费

规费指按法律、法规、规章规定施工企业必须缴纳的费用。规费通过《编制办法》(2018年版)附录A "04表"和"21-2表"联合计算出来。

规费包括：

(1)养老保险费:施工企业按规定标准为职工缴纳的基本养老保险费。

(2)失业保险费:施工企业按规定标准为职工缴纳的失业保险费。

(3)医疗保险费:施工企业按规定标准为职工缴纳的医疗保险费(含生育保险费)。

(4)工伤保险费:施工企业按规定标准为职工缴纳的工伤保险费。

(5)住房公积金:施工企业按规定标准为职工缴纳的住房公积金。

各项规费以各类工程的人工费之和为基数,按国家或工程所在地法律、法规、规章规定的标准计算。

(六)利润

利润指施工企业完成所承包工程获得的盈利,按定额直接费及措施费、企业管理费之和的7.42%计算。利润通过《编制办法》(2018年版)附录A"21-2表"计算出来。

(七)税金

税金指国家税法规定应计入建筑安装工程造价的增值税销项税额。

$$税金 = (直接费 + 设备购置费 + 措施费 + 企业管理费 + 规费 + 利润) \times 10\% \quad (5-12)$$

在编制概算预算时,税金是通过上面的计算公式在《编制办法》(2018年版)附录A"03表"中做统计所得。

(八)专项费用

专项费用包括施工场地建设费和安全生产费。专项费用通过《编制办法》(2018年版)附录A"06表"计算。

1. 施工场地建设费

施工场地建设费包括：

(1)按照工地建设标准化要求进行承包人驻地、工地试验室建设,钢筋集中加工、混合料集中拌制、构件集中预制等所需的办公、生活居住房屋(包括职工家属房屋及探亲房屋),公用房屋(如广播室、文体活动室、医疗室等)和生产用房屋(如仓库、加工厂、加工棚、发电站、变电站、空压机站、停机棚、值班室等)等费用。

(2)包括场区平整(山岭重丘区的土石方工程除外)、场地硬化、排水、绿化、标志、污水处理设施、围墙隔离设施等的费用,不包括钢筋加工的机械设备、混合料拌和设备及安拆、预制构件台座、预应力张拉设备、起重及养护设备,以及概算预算定额中临时工程的费用。

(3)包括以上范围内的各种临时工作便道(包括汽车、人力车道)、人行便道,工地临时用水、用电的水管支线和电线支线,临时构筑物(如水井、水塔等)、其他小型临时设施等的搭设或租赁、维修、拆除、清理的费用;但不包括红线范围内贯通便道、进出场的临时道路、保通便道。

(4)工地试验室所发生的属于固定资产的试验设备和仪器等折旧、维修或租赁费用。

(5)施工扬尘污染防治措施费:裸露的施工场地覆盖防尘网、施工便道和施工场地洒水或喷洒抑尘剂,运输车辆的苫盖和冲洗、环境敏感区设置围挡,防尘标识设置,环境监控与检测等所需要的费用。

(6)文明施工、职工健康生活的费用。

施工场地建设费以施工场地计费基数,按表5-17的费率,以累进方法计算。施工场地计费基数为定额建筑安装工程费减去专项费用。

施工场地建设费费率　　　　表5-17

施工场地计费基数(万元)	费率(%)	算例(万元)	
		施工场地计费基数	施工场地建设费
500及以下	5.338	500	500×5.338% = 26.69
500~1000	4.228	1000	26.69 + (1000 - 5000)×4.228% = 47.83
1000~5000	2.665	5000	47.83 + (10000 - 5000)×2.665% = 154.43
5000~10000	2.222	10000	154.43 + (10000 - 5000)×2.222% = 265.53
10000~30000	1.785	30000	265.53 + (30000 - 10000)×1.785% = 622.53
30000~50000	1.694	50000	622.53 + (50000 - 30000)×1.694% = 961.33
50000~100000	1.579	100000	961.33 + (100000 - 50000)×1.579% = 1750.83
100000~150000	1.498	150000	1750.83 + (150000 - 100000)×1.498% = 2499.83
150000~200000	1.415	200000	2499.83 + (200000 - 150000)×1.415% = 3207.33
200000~300000	1.348	300000	3207.33 + (300000 - 200000)×1.348% = 4555.33
300000~400000	1.289	400000	4555.33 + (400000 - 300000)×1.289% = 5844.33
400000~600000	1.235	600000	5844.33 + (600000 - 400000)×1.235% = 8314.33
600000~800000	1.188	800000	8314.33 + (800000 - 600000)×1.188% = 10690.33
800000~1000000	1.149	1000000	10690.33 + (1000000 - 800000)×1.149% = 12988.33
1000000以上	1.118	1200000	12988.33 + (1200000 - 100000)×1.118% = 15224.33

2. 安全生产费

安全生产费包括完善、改造和维护安全设施设备费用，配备、维护、保养应急救援器材、设备费用，开展重大危险源和事故隐患评估和整改费用，安全生产检查、评价、咨询费用，配备和更新现场作业人员安全防护用品支出，安全生产宣传、教育、培训费用，安全设施及特种设备检测检验费用，施工安全风险评估、应急演练等有关工作及其他与安全生产直接相关的费用。

安全生产费按建筑安装工程费（不含安全生产费）乘以安全生产费费率计算，费率按不少于1.5%计取。

综上所述，建筑安装工程费由八大项费用组成，即：

建筑安装工程费＝直接费＋设备购置费＋措施费＋企业管理费＋规费＋利润＋税金＋专项费用。

建筑安装工程费在工程总造价中占有很大的比例，通常占概算预算总金额的90%左右。其费用计算正确与否，直接影响概算预算的编制质量。

二、土地使用及拆迁补偿费

（一）费用组成

土地使用及拆迁补偿费包含永久占地费、临时占地费、拆迁补偿费、水土保持补偿费、其他费用。土地使用及拆迁补偿费通过《编制办法》（2018年版）附录A"07表"计算。

1. 永久占地费

永久占地费包括土地补偿费、征用耕地安置补助费、耕地开垦费、森林植被恢复费、失地农民养老保险费。

（1）土地补偿费包括征地补偿费、被征用土地上的青苗补偿费，征用城市郊区的菜地等缴纳的菜地开发建设基金，耕地占用税，用地图编制费及勘界费等。

（2）征用耕地安置补助费指征用耕地需要安置农业人口的补助费。

（3）耕地开垦费指公路建设项目占用耕地的，应由建设项目法人（业主）负责补充耕地所发生的费用；没有条件开垦或者开垦的耕地不符合要求的，按规定缴纳的耕地开垦费。

（4）公路建设项目发生跨省域补充耕地国家统筹的，应执行《国务院办公厅关于印发跨省域补充耕地国家统筹管理办法和城乡建设用地增减挂钩节余指标跨省域调剂管理办法的通知》（国办发〔2018〕16号）的规定；发生省内跨区域补充耕地的，执行本省相关规定。

（5）森林植被恢复费指公路建设项目需要占用、征用林地的，经县级以上林业主管部门审核同意或批准，建设项目法人（业主）单位按照省级人民政府有关规定向县级以上林业主管部预缴的森林植被恢复费。

（6）失地农民养老保险费指根据国家规定为保障依法被征地农民养老而交纳的保险费用。失地农民养老保险费按项目所在地省级人民政府的相关规定进行计算。

2. 临时占地费

临时占地费包括临时征地使用费、复耕费。

（1）临时征地使用费指为满足施工所需的承包人驻地、预制场、拌和场、仓库、加工厂（棚）、堆料场、取弃土场、进出场便道、便桥等所有的临时用地及其附着物的补偿费用。

（2）复耕费指临时占用的耕地、鱼塘等，在工程交工后将其恢复到原有标准所发生的费用。

3. 拆迁补偿费

拆迁补偿费指被征用或占用土地地上、地下的房屋及附属构筑物，公用设施、文物等的拆除、发掘及迁建补偿费等。

4. 水土保持补偿费

水土保持补偿费根据国家相关法律、法规规定缴纳。

5. 其他费用

其他费用为国务院行政主管部门及省级人民政府规定的其他与征地拆迁相关的费用。

（二）费用计算方法

1. 土地使用及拆迁补偿费

土地使用及拆迁补偿费应根据设计文件确定的建设工程用地和临时用地面积及附着物的情况，以及实际发生的费用项目，按国家有关规定及工程所在地的省（自治区、直辖市）颁布的有关规定和标准计算。

2. 森林植被恢复费

森林植被恢复费应根据审批单位批准的建设工程占用林地的类型及面积，按国家有关规定及工程所在地的省（自治区、直辖市）颁布的有关规定和标准计算。

3. 与已有设施互相干扰补偿费

当与原有的电力电信设施、管线、水利工程、铁路及铁路设施互相干扰时，应与有关部门联系，商定合理的解决方案和补偿金额。

4. 水土保持补偿费

水土保持补偿费按各省（自治区、直辖市）制定的水土保持补偿费收费标准进行计算。

三、工程建设其他费

工程建设其他费，在概算预算项目表中属于第三部分费用。该部分费用包括建设项目管理费、研究试验费、建设项目前期工作费、专项评价（估）费、联合试运转费、生产准备费、工程保通管理费、工程保险费、其他相关费用，共9项。工程建设其他费通过《编制办法》（2018年版）附录A"08表"计算。

1. 建设项目管理费

建设项目管理费包括建设单位（业主）管理费、建设项目信息化费、工程监理费、设计文件审查费、竣（交）工验收试验检测费。其中，建设单位（业主）管理费、建设项目信息化费和工程监理费均为实施建设项目管理的费用，可根据建设单位（业主）、施工、监理单位所实际承担的工作内容和工作量统筹使用。

（1）建设单位（业主）管理费

建设单位（业主）管理费指建设单位（业主）为进行建设项目的立项、筹建、建设、竣（交）

工验收总结等工作所发生的费用。

①费用内容

建设单位(业主)管理费包括工作人员的工资、工资性津贴、施工现场津贴、社会保险费用(基本养老、基本医疗、失业、工伤保险)、住房公积金、职工福利费、工会经费、劳动保护费、办公费、会议费、差旅交通费、固定资产使用费(包括办公及生活房屋折旧、维修或租赁费,车辆折旧、维修、使用或租赁费,通信设备购置、使用费,测量、试验设备仪器折旧、维修或租赁费,其他设备折旧、维修或租赁费等)、零星固定资产购置费、招募生产工人费、技术图书资料费、职工教育培训经费,招标管理费、合同契约公证费、法律顾问费、咨询费,建设单位的临时设施费、完工清理费、竣(交)工验收费[含其他行业或部门要求的竣工验收费用、建设单位负责的竣(交)工文件编制费]、各种税费(包括房产税、车船使用税、印花税等),对建设项目前期工作、项目实施及竣工决算等全过程进行审计所发生的审计费用、境内外融资费用(不含建设期贷款利息)、业务招待费及工程质量、安全生产管理费和其他管理性开支。

②费用计算

建设单位(业主)管理费以定额建筑安装工程费为基数,按表5-18的费率,以累进方法计算。

建设单位(业主)管理费费率　　　　表5-18

定额建筑安装工程费(万元)	费率(%)	算例(万元)	
		定额建筑安装工程费	建设单位(业主)管理费
500及以下	4.858	500	500×4.858% = 24.29
500~1000	3.813	1000	24.29+(1000-500)×3.813% = 43.355
1000~5000	3.049	5000	43.355+(5000-1000)×3.049% = 165.315
5000~10000	2.562	10000	165.315+(10000-5000)×2.562% = 293.415
10000~30000	2.125	30000	293.415+(30000-10000)×2.125% = 718.415
30000~50000	1.773	50000	718.415+(50000-30000)×1.773% = 1073.015
50000~100000	1.312	100000	1073.015+(100000-50000)×1.312% = 1729.015
100000~150000	1.057	1500000	1729.015+(150000-100000)×1.057% = 2257.515
150000~200000	0.826	200000	2257.515+(200000-150000)×0.826% = 2670.515
200000~300000	0.595	300000	2670.515+(300000-200000)×0.595% = 3265.515
300000~400000	0.498	400000	3265.515+(400000-300000)×0.498% = 3763.515
400000~600000	0.450	600000	3763.515+(600000-400000)×0.45% = 4663.515
600000~800000	0.400	800000	4663.515+(800000-600000)×0.4% = 5463.515
800000~1000000	0.375	1000000	5463.515+(1000000-800000)×0.375% = 6213.515
1000000以上	0.350	1200000	6213.515+(1200000-1000000)×0.35% = 6913.515

双洞长度超过5000m的独立隧道,水深大于15m、跨径大于或等于400m的斜拉桥和跨径大于或等于800m的悬索桥等独立特大型桥梁工程的建设单位(业主)管理费,按表5-18中的费率乘以系数1.3计算;海上工程[指由于风浪影响,工程施工期(不包括封冻期)全年月平均工作日少于15d的工程]的建设单位(业主)管理费,按表5-18中的费率乘以系数1.2计算。

(2)建设项目信息化费

建设项目信息化费指建设单位(业主)和各参建单位用于建设项目的质量、安全、进度费用等方面的信息化建设、运维及各种税费等费用,包括建设项目全寿命周期的建筑信息模型等相关费用。建设项目信息化费以定额建筑安装工程费为基数,按表5-19的费率,以累进方法计算。

建设项目信息化费费率　　　　　表5-19

定额建筑安装工程费(万元)	费率(%)	算例(万元)	
		定额建筑安装工程费	建设项目信息化费
500及以下	0.600	500	500×0.6% = 3
500~1000	0.452	1000	3+(1000-500)×0.452% = 5.26
1000~5000	0.356	5000	5.26+(5000-1000)×0.356% = 19.5
5000~10000	0.285	10000	19.5+(10000-5000)×0.285% = 33.75
10000~30000	0.252	30000	33.75+(30000-10000)×0.252% = 84.15
30000~50000	0.224	50000	84.15+(50000-30000)×0.224% = 128.95
50000~100000	0.202	100000	128.95+(100000-50000)×0.202% = 229.95
100000~150000	0.171	150000	229.95+(150000-100000)×0.171% = 315.45
150000~200000	0.160	200000	315.45+(200000-150000)×0.16% = 395.45
200000~300000	0.142	300000	395.45+(300000-200000)×0.142% = 537.45
300000~400000	0.135	400000	537.45+(400000-300000)×0.135% = 672.45
400000~600000	0.131	600000	672.45+(600000-400000)×0.131% = 934.45
600000~800000	0.127	800000	934.45+(800000-600000)×0.127% = 1188.45
800000~1000000	0.125	1000000	1188.45+(1000000-800000)×0.125 = 1438.45
1000000以上	0.122	1200000	1438.45+(1200000-1000000)×0.122% = 1682.45

(3)工程监理费

工程监理费指建设单位(业主)委托具有监理资格的单位,按施工监理规范进行全面的监督和管理所发生的费用。

①费用内容

工程监理费包括工作人员的工资、工资性津贴、施工现场津贴、社会保险费用(基本养老、基本医疗、失业、工伤保险)、住房公积金、职工福利费、工会经费、劳动保护费,办公费、会议费、差旅交通费,办公、试验固定资产使用费(包括办公及生活房屋折旧、维修或租赁费,车辆折旧、维修、使用或租赁费,通信设备购置、使用费,测量、试验、检测设备仪器折旧、维修或租赁费,其他设备折旧、维修或租赁费等)、零星固定资产购置费、招募生产工人费,技术图书资料费、职工教育经费、投标费用,合同契约公证费、法律顾问费、咨询费、业务招待费,财务费用、监理单位的临时设施费、完工清理费、竣(交)工验收费、各种税费、安全生产管理费和其他管理性开支。

②费用计算

工程监理费以定额建筑安装工程费为基数,按表5-20的费率,以累进方法计算。

工程监理费费率　　表5-20

定额建筑安装工程费(万元)	费率(%)	算例(万元)	
		定额建筑安装工程费	工程监理费
500及以下	3.00	500	$500 \times 3\% = 15$
500~1000	2.40	1000	$15 + (1000 - 500) \times 2.4\% = 27$
1000~5000	2.10	5000	$27 + (5000 - 1000) \times 2.1\% = 111$
5000~10000	1.94	10000	$111 + (10000 - 5000) \times 1.94\% = 208$
10000~30000	1.87	30000	$208 + (30000 - 10000) \times 1.87\% = 582$
30000~50000	1.83	50000	$582 + (50000 - 30000) \times 1.83\% = 948$
50000~100000	1.78	100000	$948 + (100000 - 50000) \times 1.78\% = 1838$
100000~150000	1.72	150000	$1838 + (150000 - 100000) \times 1.72\% = 2698$
150000~200000	1.64	200000	$2698 + (200000 - 150000) \times 1.64\% = 3518$
200000~300000	1.55	300000	$3518 + (300000 - 200000) \times 1.55\% = 5068$
300000~400000	1.49	400000	$5068 + (400000 - 300000) \times 1.49\% = 6558$
400000~600000	1.45	600000	$6558 + (600000 - 400000) \times 1.45\% = 9458$
600000~800000	1.42	800000	$9458 + (800000 - 600000) \times 1.42\% = 12298$
800000~1000000	1.37	1000000	$12298 + (1000000 - 800000) \times 1.37\% = 15038$
1000000以上	1.33	1200000	$15038 + (1200000 - 1000000) \times 1.33\% = 17698$

(4)设计文件审查费

设计文件审查费指在项目审批前,建设单位(业主)为保证勘察设计工作的质量,组织有关专家或委托有资质的单位,对提交的建设项目可行性研究报告和勘察设计文件进行审查所需要的相关费用。设计文件审查费以定额建筑安装工程费为基数,按表5-21的费率,以累进方法计算。

①建设项目若有地质勘察监理,费用在此项目开支。

②建设项目若有设计咨询(或称设计监理、设计双院制),其费用在此项目内开支。

设计文件审查费费率 表5-21

定额建筑安装工程费(万元)	费率(%)	算例(万元)	
		定额建筑安装工程费	设计文件审查费
5000以下	0.077	5000	5000×0.077%=3.85
5000~10000	0.072	10000	3.85+(10000-5000)×0.077%=7.45
10000~30000	0.069	30000	7.45+(30000-10000)×0.069%=21.25
30000~50000	0.066	50000	21.25+(50000-30000)×0.066%=34.45
50000~100000	0.065	100000	34.45+(100000-50000)×0.065%=66.95
100000~150000	0.061	150000	66.95+(150000-10000)×0.061%=97.45
150000~200000	0.059	200000	97.45+(200000-150000)×0.059%=126.95
200000~300000	0.057	300000	126.95+(300000-200000)×0.057%=183.95
300000~400000	0.055	400000	183.95+(400000-300000)×0.055%=238.95
400000~600000	0.053	600000	238.95+(600000-400000)×0.053%=344.95
600000~800000	0.052	800000	344.95+(800000-600000)×0.052%=448.95
800000~1000000	0.051	1000000	448.95+(1000000-800000)×0.051%=550.95
1000000以上	0.050	1200000	550.95+(1200000-1000000)×0.050%=650.95

(5)竣(交)工验收试验检测费

竣(交)工验收试验检测费指在公路建设项目竣(交)工验收前,由建设单位(业主)或工程质量监督机构委托有资质的公路工程质量检测单位按照有关规定对建设项目的工程质量进行检测并出具检测试验意见,以及进行桥梁动(静)载试验或其他特殊检测等所需的费用。

竣(交)工验收试验检测费按表5-22规定的费率计算。

①道路工程按主线路基长度计算,桥梁工程以主线桥梁、分离式立交、匝道桥的长度之和进行计算,隧道按单洞长度计算。

②道路工程,高速公路、一级公路按四车道计算,二级及二级以下公路按两车道计算,每增加1个车道,按表5-22的费用增加10%。桥梁和隧道按双向四车道计算,每增加1个车道,费用增加15%。二级及二级以下公路的桥梁,按表5-22费用的40%计算。

竣(交)工验收试验检测费 表5-22

检测项目		竣(交)工验收试验检测费	备注
道路工程(元/km)	高速公路	23500	包括路基、路面、涵洞、通道、路段安全设施和机电、房建、绿化、环境保护及其他工程
	一级公路	17000	
	二级公路	11500	
	三级及三级以下公路	5750	

续上表

检测项目		竣(交)工验收试验检测费	备注
桥梁工程	一般桥梁(元/延米)	—	40	包括桥梁范围内的所有土建、安全设施和机电、声屏障等环境保护工程及必要的动(静)载试验
	技术复杂桥梁(元/延米)	钢管拱	750	
		连续刚构	500	
		斜拉桥	600	
		悬索桥	560	
隧道工程(元/延米)		—	80	包括隧道范围内的所有土建、安全设施、机电、消防设施等

2. 研究试验费

研究试验费指按项目特点和有关规定,在建设过程中必须进行的研究和试验所需的费用,以及支付科技成果、专利、先进技术的一次性技术转让费。

研究试验费不包括:

(1)应由前期工作费(为建设项目提供或验证设计数据、资料等专题研究)开支的项目。

(2)应由科技三项费用(即新产品试制费、中间试验费和重要科学研究补助费)开支的项目。

(3)应由施工辅助费开支的施工企业对建筑材料、构件和建筑物进行一般鉴定、检查所发生的费用及技术革新研究试验费。

计算方法:按设计提出的研究试验内容和要求进行编制。

3. 建设项目前期工作费

建设项目前期工作费指委托勘察设计单位、咨询单位对建设项目进行可行性研究、工程勘察设计,以及设计、监理、施工招标文件及招标标底或造价控制值文件编制时,按规定应支付的费用。

建设项目前期工作费包括:

(1)编制项目建议书(或预可行性研究报告)、可行性研究报告、投资估算,以及相应的勘察、设计等所需的费用。

(2)通过风洞试验、地震动参数、索塔足尺模型试验、桥墩局部冲刷试验、桩基承载力试验等为建设项目提供或验证设计数据所需的专题研究费用。

(3)初步设计和施工图设计的勘察费、设计费、概(预)算编制及调整概算编制费用等。

(4)设计、监理、施工招标及招标标底(或造价控制值或清单预算)文件编制费等。

计算方法:建设项目前期工作费以定额建筑安装工程费为基数,按表5-23的费率,以累进方法计算。

建设项目前期工作费费率　　　　　　表 5-23

定额建筑安装工程费（万元）	费率（%）	算例（万元）	
		定额建筑安装工程费	建设项目前期工作费
500 及以下	3.00	500	500×3%=15
500~1000	2.70	1000	15+(1000-500)×2.70%=28.5
1000~5000	2.55	5000	28.5+(5000-1000)×2.55%=130.5
5000~10000	2.46	10000	130.5+(10000-5000)×2.46%=253.5
10000~30000	2.39	30000	253.5+(30000-10000)×2.39%=731.5
30000~50000	2.34	50000	731.5+(50000-30000)×2.34%=1199.5
50000~100000	2.27	100000	1199.5+(100000-50000)×2.27%=2334.5
100000~150000	2.19	150000	2334.5+(150000-100000)×2.19%=3429.5
150000~200000	2.08	200000	3429.5+(200000-150000)×2.08%=4469.5
200000~300000	1.99	300000	4469.5+(300000-200000)×1.99%=6459.5
300000~400000	1.94	400000	6459.5+(400000-300000)×1.94%=8399.5
400000~600000	1.86	600000	8399.5+(600000-400000)×1.86%=12119.5
600000~800000	1.80	800000	12119.5+(800000-600000)×1.80%=15719.5
800000~1000000	1.76	1000000	15719.5+(1000000-800000)×1.76%=19239.5
1000000 以上	1.72	1200000	19239.5+(1200000-1000000)×1.72%=22679.5

4. 专项评价（估）费

专项评价（估）费指依据国家法律、法规规定须进行评价（评估）、咨询，按规定应支付的费用。

专项评价（估）费包括环境影响评价费、水土保持评估费、地震安全性评价费、地质灾害危险性评价费、压覆重要矿床评估费、文物勘察费、通航论证费、行洪论证（评估）费、使用林地可行性研究报告编制费、用地预审报告编制费、项目风险评估费、节能评估费和社会风险评估费、放射性影响评估费、规划选址意见书编制费等费用。

计算方法：依据委托合同，或参照类似工程已发生的费用进行计列。

5. 联合试运转费

联合试运转费指建设项目的机电工程，按照有关规定标准，需要进行整套设备带负荷联合试运转期间所需的全部费用，不包括应由设备安装工程费中开支的调试费用。

联合试运转费包括联合试运转期间所需的材料、燃料和动力的消耗，机械和检测设备使用费，工具用具和低值易耗品费，参加联合试运转的人员工资及其他费用等。

计算方法：以定额建筑安装工程费为基数，按 0.04% 费率计算。

6. 生产准备费

生产准备费指为保证新建、改(扩)建项目交付使用后满足正常的运行、管理发生的工器具购置、办公和生活用家具购置、生产人员培训、应急保通设备购置等费用。

(1) 工器具购置费指建设项目交付使用后为满足初期正常运营必须购置的第一套不构成固定资产的设备、仪器、仪表、工卡模具、器具、工作台(框、架、柜)等的费用,不包括构成固定资产的设备、工器具和备品、备件,及已列入设备费中的专用工具和备品、备件。工器具购置费由设计单位列出计划购置清单(包括规格、型号、数量),计算方法同设备购置费。

(2) 办公和生活用家具购置费指新建、改(扩)建工程项目,为保证初期正常生产、使用和管理所购置的办公和生活用家具、用具的费用,包括行政、生产部门的办公室、会议室、资料档案室、阅览室、宿舍及生活福利设施等的家具、用具。办公和生活用家具购置费按表5-24的规定计算。

办公和生活用家具购置费标准　　　　　表5-24

工程所在地	路线(元/公路公里)				单独管理或单独收费的桥梁、隧道(元/座)		
	高速公路	一级公路	二级公路	三、四级公路	特大、大桥		特长隧道
					一般大桥	技术复杂大桥	
内蒙古、黑龙江、青海、新疆、西藏	21500	15600	7800	4000	24000	60000	78000
其他省、自治区、直辖市	17500	14600	5800	2900	19800	49000	63700

(3) 生产人员培训费指为保证生产的正常运行,在工程交工验收交付使用前对运营部门生产人员和管理人员进行培训所需的费用,包括培训人员的工资、工资性津贴、职工福利费、差旅交通费、劳动保护费、培训及教学实习费等。该费用按设计定员和3000元/人的标准计算。

(4) 应急保通设备购置费指新建、改(扩)建工程项目,为满足初期正常营运,购置保障抢修保通、应急处置,且构成固定资产的设备所需的费用。该费用由设计单位列出计划购置清单,计算方法同设备购置费。

7. 工程保通管理费

工程保通管理费指新建或改(扩)建工程需边施工边维持通车或通航的建设项目,为保证公(铁)路运营安全、船舶航行安全及施工安全而进行交通(公路、航道、铁路)管制、交通(铁路)与船舶疏导所需的和媒体、公告等宣传费用及协管人员经费等。工程保通管理费应按设计需要进行列支。涉水项目施工期通航安全保障费用计算方法按《编制办法》(2018年版)附录G执行。

8. 工程保险费

工程保险费指在合同执行期内,施工企业按合同条款要求办理保险的费用,包括建筑工程一切险和第三方责任险。

(1) 建筑工程一切险是为永久工程、临时工程和设备及已运至施工工地用于永久工程的材料和设备所投的保险。

(2)第三方责任险是对因实施合同工程而造成的财产(本工程除外)损失或损害,或人员(业主和承包人雇员除外)的死亡或伤残所负责进行的保险。

(3)工程保险费以建筑安装工程费(不含设备费)为基数,按0.4%费率计算。

9.其他相关费用

其他相关费用指国务院行政主管部门及省级人民政府规定的其他与公路建设相关的费用。

四、预备费

预备费由基本预备费和价差预备费两部分组成。在公路工程建设期限内,凡需动用预备费时,属于公路交通部门投资的项目,需由建设单位提出,按建设项目隶属关系,报交通运输部或交通运输厅(局)基建主管部门核定批准。属于其他部门投资的建设项目,按其隶属关系报有关部门核定批准。

1.基本预备费

(1)费用内容

基本预备费指在初步设计和概算、施工图设计和施工图预算中难以预料的工程费用。包括以下内容:

①在进行技术设计、施工图设计和施工过程中,在批准的初步设计和概算范围内所增加的工程费用。

②在设备订货时,由于规格、型号改变的价差,材料货源变更、运输距离或方式的改变以及因规格不同而代换使用等原因发生的价差。

③在项目主管部门组织竣(交)工验收时,验收委员会(或小组)为鉴定工程质量必须开挖和修复隐蔽工程的费用。

(2)计算方法

基本预备费以建筑安装工程费、土地使用及拆迁补偿费、工程建设其他费用之和为基数,按下列费率计算:

①设计概算按5%计列。

②修正概算按4%计列。

③施工图预算按3%计列。

2.价差预备费

(1)费用内容

价差预备费指设计文件编制年至工程竣工年期间,建筑安装工程费中的人工费、材料费、设备费、施工机械使用费、措施费、企业管理费等由于政策、价格变化可能发生上浮而预留的费用,及外资贷款汇率变动部分的费用。

(2)计算方法

价差预备费以建筑安装工程费总额为基数,按设计文件编制年始至建设项目工程交工年终的年数和年工程造价增长率计算。计算公式如下:

$$价差预备费 = P \times [(1+i)^{n-1} - 1] \tag{5-13}$$

式中:P——建筑安装工程费总额(元);
　　　i——年工程造价增长率(%);
　　　n——设计文件编制年至建设项目开工年 + 建设项目建设期限(年)。
(3)注意问题
①年工程造价增长率按有关部门公布的工程投资价格指数计算。
②设计文件编制至工程完工在1年以内的工程,不列此项费用。

五、建设期贷款利息

建设期贷款利息指工程项目使用的贷款部分在建设期内应计取的贷款利息,包括各种金融机构贷款、建设债券和外汇贷款等利息。

计算方法:根据不同的资金来源分年度投资计算所需支付的利息。计算公式如下:
建设期贷款利息 = Σ(上年末付息贷款本息累计 + 本年度付息贷款额 ÷ 2) × 年利率
即:

$$S = \sum_{n=1}^{N}(F_{n-1} + b_n \div 2) \times i \qquad (5\text{-}14)$$

式中:S——建设期贷款利息(元);
　　　N——项目建设期(年);
　　　n——施工年度;
　　　F_{n-1}——建设期第 n – 1 年末需付息贷款本息累计(元);
　　　b_n——建设期第 n 年度付息贷款额(元);
　　　i——中国人民银行公布的贷款基准年利率(%)。

六、公路工程建设项目各项费用的计算汇总

在公路工程概算预算各项费用中,每项费用都有其具体的费用内容和计算方法,并按照一定的规则和程序进行。现将各项费用的计算程序和方式归纳为表5-25。认真学习和掌握该表,对于复习巩固前一部分内容和学习概算预算编制方法,都是非常重要的。

公路工程建设项目各项费用的计算程序及计算方式　　表5-25

序号	项目	说明及计算式
(一)	定额直接费	Σ人工消耗量×人工基价 + Σ(材料消耗量×材料基价 + 机械台班消耗量×机械台班基价)
(二)	定额设备购置费	Σ设备购置数量×设备基价
(三)	直接费	Σ人工消耗量×人工单价 + Σ(材料消耗量×材料预算单价 + 机械台班消耗量×机械台班预算单价)
(四)	设备购置费	Σ设备购置数量×预算单价
(五)	措施费	(一)×施工辅助费费率 + 定额人工费和定额施工机械使用费之和×其余措施费综合费率

续上表

序号	项 目	说明及计算式
(六)	企业管理费	(一)×企业管理费综合费率
(七)	规费	各类工程人工费(含施工机械人工费)×规费综合费率
(八)	利润	[(一)+(五)+(六)]×利润率
(九)	税金	[(三)+(四)+(五)+(六)+(七)+(八)]×建筑业增值税税率
(十)	专项费用	
	施工场地建设费	[(一)+(二)×40%+(五)+(六)+(七)+(八)+(九)]×累进费率
	安全生产费	建筑安装工程费(不含安全生产费本身)×(≥1.5%)
(十一)	定额建筑安装工程费	(一)+(二)×40%+(五)+(六)+(七)+(八)+(九)+(十)
(十二)	建筑安装工程费	(三)+(四)+(五)+(六)+(七)+(八)+(九)+(十)
(十三)	土地使用及拆迁补偿费	按规定计算
(十四)	工程建设其他费	
	建设项目管理费	
	建设单位(业主)管理费	(十一)×累进费率
	建设项目信息化费	(十一)×累进费率
	工程监理费	(十一)×累进费率
	设计文件审查费	(十一)×累进费率
	竣(交)工验收试验检测费	按规定计算
	研究试验费	
	建设项目前期工作费	(十一)×累进费率
	专项评价(估)费	按规定计算
	联合试运转费	(十一)×费率
	生产准备费	
	工器具购置费	按规定计算
	办公和生活用家具购置费	按规定计算
	生产人员培训费	按规定计算

续上表

序号	项目	说明及计算式
	应急保通设备购置费	
	工程保通管理费	按规定计算
	工程保险费	[(十二)-(四)]×费率
	其他相关费用	
(十五)	预备费	
	基本预备费	[(十二)+(十三)+(十四)]×费率
	价差预备费	(十二)×费率
(十六)	建设期贷款利息	
(十七)	公路基本造价	(十二)+(十三)+(十四)+(十五)+(十六)

第三节　概算预算文件的编制

一、概算、预算文件的组成

(一)概算预算文件组成

概算预算文件由封面、扉页、目录、编制说明及全部计算表格组成。

1. 封面、扉页及目录

概预算文件的封面和扉页应按《公路工程基本建设项目设计文件编制办法》(交公路发〔2007〕358 号)中的规定制作。扉页应有建设项目名称,编制单位,编制、复核人员姓名并盖章,编制日期及第几册共几册等内容[见《编制办法》(2018 年版)附录 A]。目录应按概算预算表的表号顺序编排。

2. 概算预算编制说明

概算预算表格编制完成后,应写出编制说明,文字力求简明扼要。应叙述的内容一般有:

(1)建设项目设计资料的依据及有关文号,如建设项目可行性研究报告批准文件号、初步设计和概算批准文号(编制修正概算及预算时),以及根据何时的测设资料及比选方案进行编制的等。

(2)编制范围、工程概况等。

(3)采用的定额、费用标准,人工、材料与设备、施工机械台班预算单价的依据或来源,新增工艺的单价分析等。

(4)有关的委托书、协议书、会议纪要的主要内容。

(5)概算预算总金额,人工、钢材、水泥、沥青等的总量情况。

(6)各设计方案的经济比较,以及编制中存在的问题。

(7)项目综合经济技术指标统计,对比分析本阶段与上阶段工程数量、造价的变化情况。

(8)其他有关费用计算项及计价依据的说明。

(9)采用的公路工程造价软件名称及版本号。

(10)其他需要说明的问题。

3.概算预算表格

公路工程概算预算的材料与设备、施工机械台班单价及各项费用的计算均应通过规定的统一表格表述,表格式样及填表说明见《编制办法》(2018年版)附录A,其中概算预算相同的表式,在印制表格时,应将概算表与预算表分别印制。

(二)甲组文件与乙组文件

概算预算文件是设计文件的组成部分,按不同的需要分为两组,甲组文件为各项费用计算表;乙组文件为建筑安装工程费用各项基础数据计算表。甲、乙组文件应按现行《公路工程基本建设项目设计文件编制办法》中关于设计文件报送份数的要求,随设计文件一并报送,并同时提交可计算的造价电子数据文件和新工艺单价分析的详细资料。

报送乙组文件时,还应提供"建筑安装工程费各项基础数据计算表"的电子文档和编制补充定额的详细资料,并随同概算预算文件一并报送。

乙组文件中的"分项工程概算预算表"(21-2表)可只提供电子版,或按需要提供纸质版。

概算预算文件应按一个建设项目(如一条路线或一座独立大、中桥、隧道)进行编制。当一个编制项目需要分段或分部编制时,应根据需要分别编制,但必须汇总编制"总概(预)算汇总表"。

甲、乙组文件包括的内容如图5-3所示。

二、概算预算文件的编制程序及步骤

公路工程概算预算是反映建设项目设计内容全部费用的经济文件,是设计文件的重要组成部分。它不仅为控制工程造价、办理工程价款的拨付和结算提供依据,而且更重要的是,能促进设计部门提高设计水平、改进设计方案,促进施工企业搞好经济核算和企业管理。因此,概算预算的编制是工程造价管理工作的重要环节。熟练掌握概算预算编制的原则和方法,以及国家对概算预算工作的有关规定,不断提高概算预算的编制质量,对加强公路基本建设管理、核算和监督都具有十分重要的意义。

(一)概算预算文件编制依据

1.建设项目立项依据及有关文号

在编制概算预算时,首先要了解建设项目是否有可行性研究的批准文号,或初步设计概算的批准文号。因为只有立项的建设项目才有编制概算预算的必要。

2.设计图纸和施工组织设计资料

设计图纸和施工组织设计资料是指导施工的指令性文件。设计图纸全面反映了工程项目的形式、内容、地质状况、结构尺寸和施工技术要求,是确定工程数量的主要依据。施工组织设计资料确定了工程项目的施工方案、施工期限和施工方法,是计算有关费用套用相应定额的依据。

第五章 公路工程概算预算

```
          ┌ 编制说明
          │ 项目前后阶段费用对比表
          │ 建设项目属性及技术经济信息表(00表)
          │ 总概(预)算汇总表(01-1表)
          │ 总概(预)算人工、主要材料、施工机械台班数量汇总表(02-表)
          │ 总概(预)算表(01表)
          │ 人工、主要材料、施工机械台班数量汇总表(02表)
甲组文件 ─┤ 建筑安装工程费计算表(03表)
          │ 综合费率计算表(04表)
          │ 综合费计算表(04-1表)
          │ 设备费计算表(05表)
          │ 专项费用计算表(06表)
          │ 土地使用及拆迁补偿费计算表(07表)
          │ 工程建设其他费计算表(08表)
          └ 人工、材料、施工机械台班单价汇总表(09表)
                              a)

          ┌ 分项工程概(预)算计算数据表(21-1表)
          │ 分项工程概(预)算表(21-2表)
          │ 材料预算单价计算表(22表)
乙组文件 ─┤ 自采材料料场价格计算表(23-1表)
          │ 材料自办运输单位运费计算表(23-2表)
          │ 施工机械台班单价计算表(24表)
          └ 辅助生产人工、材料、施工机械台班单位数量表(25表)
                              b)
```

图 5-3　概(预)算甲、乙组文件包含的内容
a)甲组文件；b)乙组文件

3.《公路工程建设项目概算预算编制办法》与定额

《公路工程建设项目概算预算编制办法》是编制概算预算的总则。各项费用的计算方法及取费标准都必须执行《公路工程建设项目概算预算编制办法》的规定。

现行《公路工程概算定额》《公路工程预算定额》《公路工程机械台班费用定额》都是计算工程直接费的依据。此外，还有工程所在地的省级交通主管部门发布的补充规定和定额等。

4.与概算预算有关的合同、协议委托书等有关文件

凡是与概算预算有关的文件和规定，以及在外业调查中签订的各种协议和合同，都是编制概算预算的重要依据。

(二)概算预算的编制程序

编制概算预算文件时，应根据现行概算预算定额规定的各工程项目的人工、材料、机械台班消耗量和按本章第二节所述的概算预算编制时工程所在地的人工费工日单价、材料预算单价和机械台班单价，计算出各工程项目的工、料、机费用，并按上述规定计算各项费用。

概算预算的材料、机械台班单价及各项费用的计算都应通过规定的表格反映。

各种表格的计算顺序和相互关系见图5-4。

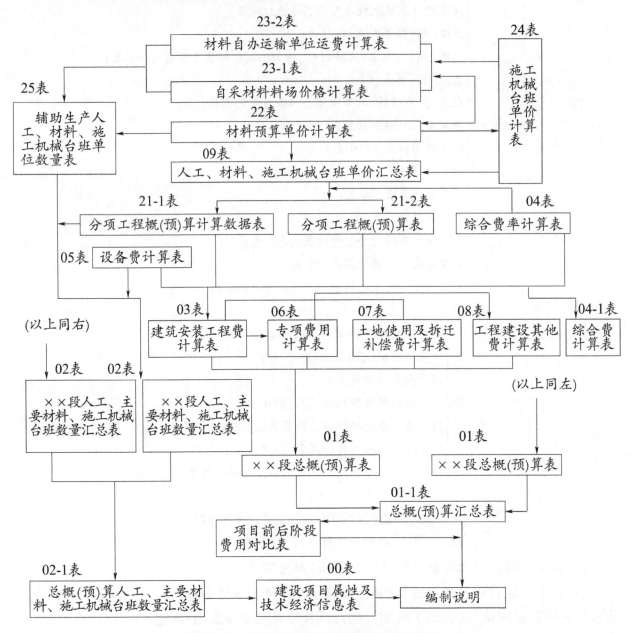

图5-4 各种表格的计算顺序和相互关系

概算预算中的各项费用计算都要按照一定的程序、方法进行。目前,概算预算的编制一般都以计算机作为主要手段,即具体计算、填表都由计算机完成。然而,编制概算预算是在手算的基础上进行的。因此,只有通过手算才能深刻地理解概算预算的编制过程,才能真正掌握各种数据和表格之间的相互关系。

概算预算的编制程序(手算法)见图5-5。

(三)概算预算文件的编制步骤和方法

下面我们按照手算的操作程序,介绍概算预算的编制步骤和方法,其中各表格的格式和填写方法,参见本教材附录。

在编制概算预算文件之前,应全面掌握设计文件、设计图纸、施工组织设计、概算预算调查资料等编制依据,还要熟悉《公路工程建设项目概算预算编制办法》《公路工程概算定额》《公路工程预算定额》和《公路工程机械台班费用定额》的全部内容,掌握其应用方法和注意问题。然后按下述步骤进行概算预算文件的编制。

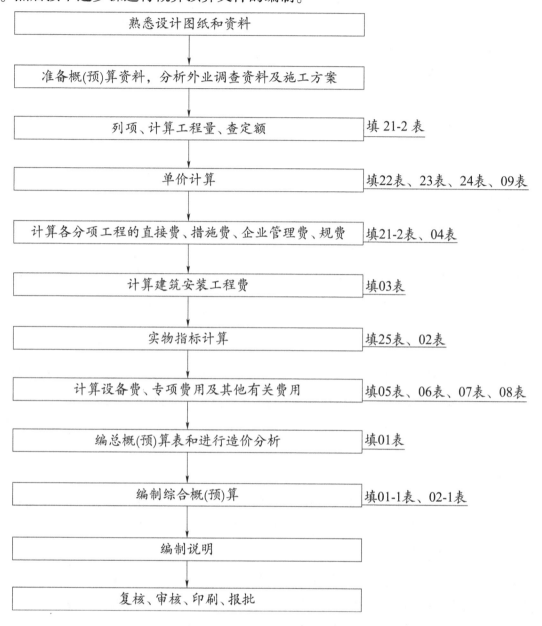

图 5-5　概(预)算的编制程序

1. 列项

列项是根据工程设计的内容及"概算预算项目表"的要求,将一个复杂的建设项目分解成若干个分项工程,并以项、目、节、细目的顺序依次列出。然后按照定额项目表的要求,将分解后的每一项工程与相应的定额表号一一对应,并分别计算出工程量。

列项是一项非常重要的基础工作。编制人员不仅要精通工程项目的全部设计内容,而且还要有科学、严谨的工作态度,既不能漏列、重列,更不能巧立名目。在列项时,最好先列在草稿上,待复核无误后再正式填入项目表。

2. 初编 21-2 表

21-2 表是"分项工程概(预)算表"。概算预算的总金额是以分项工程概算预算为基础计算、汇总而来的。初编21-2表是指按照列项中项、目、节、细目的逻辑关系,将各项费用的名称、定额编号、定额值等列入21-2表中。由于工、料、机的单价及各种费率尚未知,故此时只能初编,还不能计算。即编制21-2表时,根据列项时已填好的项目表及所用的定额,逐"细目"分别在表中填列编制范围、工程名称、工程项目、工程细目、定额单位、工程数量、定额表号以及工、料、机名称、定额等栏。

3. 编制23-1表、23-2表

23-1表、23-2表分别是"自采材料料场价格计算表""材料自办运输单位运费计算表"。根据初编21-2表中所发生的自采材料的规格名称、相应的定额表号及所消耗的材料名称、机械名称、定额值等填入相应栏内。由于材料的单价和机械台班单价尚未知,其料场价格要待22表中相应的材料预算单价和24表中机械台班单价转入后方能计算。

4. 编制22表

22表是"材料预算单价计算表"。根据21-2表中出现的各种材料名称及其来源,先在22表草稿上按外购、自采加工的顺序并考虑其材料代号次序进行登记、填表计算,然后随着21-2表编制的需要不断登记、计算,最后再在草稿的基础上正式编制22表。本表需要与21-2表交叉进行,相辅相成。材料预算单价计算后,将其值分别填入21-2表、22表相应的材料预算单价计算表栏中。

5. 编制24表

24表是"施工机械台班单价计算表"。编制时应根据21-2表、23表中出现的机械名称,按现行《机械台班费用定额》的内容及22表中相应的材料预算单价填入相应栏内,并按代号的顺序依次登记、计算机械台班单价,然后将其值分别填入21-2表、24表相应的施工机械台班单价栏中。

6. 编制09表

09表是"人工、材料、施工机械台班单价汇总表"。将人工单价、22表中材料预算单价、24表中施工机械台班单价,按人工、材料、机械的代号顺序依次汇总于09表中。

7. 编制04表、04-1表

04表是"综合费率计算表"。编制时,应根据工程所在地的自然环境、施工条件等具体情况,按工程类别的顺序依次计算各项费率,并将其值填入21-2表相应费率栏内。

04-1表是"综合费计算表"。编制时根据建设项目具体分项工程,按《编制办法》规定的计算方法分别计算各项费用。

8. 编制21-2表

完成09表、04表的计算后,初编21-2表中的工、料、机单价及各项费率均为已知,这样21-2表的计算即可完成。其中,金额=单价×定额×数量,措施费=相应项目的定额人工费与定额施工机械使用费之和或定额直接费×规定费率,规费=相应项目的人工费×规定费率,利润=相应项目的(定额直接费+措施费+企业管理费)×利润率,税金=相应项目的(直接费+措施费+企业管理费+规费+利润)×税率。

9. 编制05表

05表是"设备费计算表"。编制时,应根据工程实际购买的设备、工具、器具,计算各项费用。

10. 编制 06 表

06 表是"专项费用计算表"。编制时,在说明计算式栏内填写需要说明的内容和计算式。

11. 编制 03 表

03 表是"建筑安装工程费计算表"。编制时,将21-2 表中各分项工程的各项费用填入相应栏内,并在表中计算相应的利润和税金,最后核算各分项工程的建筑安装工程费。

12. 编制 07 表

07 表是"土地使用及拆迁补偿费计算表"。编制时,按照有关规定填写费用名称、单位、数量、单价、金额及计算说明。

13. 编制 08 表

08 表是"工程建设其他费计算表"。将建设项目中所发生的其他费用,按照《编制办法》中的费用内容和外业调查资料,包括协议书、委托书、合同等编制各项费用。此外,预备费及建设期贷款利息的计算也在该表进行。

14. 编制 01 表及 01-1 表

01 表是"总概(预)算表"。根据"概算预算项目表"的格式,将工程项目中实际发生的费用,按项、目、节的顺序填入相应栏内,根据工程数量和概算预算金额,计算技术经济指标及各项费用比重。

01-1 表为"总概(预)算汇总表"。根据建设项目的要求,当分段或分部分编制 01 表时,应将各分段(或部分)从 01 表汇总到 01-1 表中。

根据 01 表或 01-1 表中提供的概算预算总金额,各单位工程或分项工程的费用比值和各项技术经济指标,我们可以从经济角度对设计是否合理予以评价,并找出挖潜措施。

15. 编制 25 表

25 表是"辅助生产人工、材料、施工机械台班单位数量表"。将23-1 表中所列的各自采材料规格名称及其他辅助生产项目列入"规格名称"栏内。将生产每单位合格产品所消耗的各种资源及定额值列入表中,以供 02 表汇总工、料、机之用。

16. 编制 02 表及 02-1 表

02 表是"人工、主要材料、施工机械台班数量汇总表"。将工程项目中所消耗的人工、主要材料、施工机械台班等规格名称按代号的顺序列入"规格名称"栏内。然后以"项"为单位,分别统计各实物的消耗量及总数量。

02-1 表为"总概(预)算人工、主要材料、施工机械台班数量汇总表"。当分段编制概算预算时,应将各段的 02 表汇总到 02-1 表中。

至此,概算预算的所有表格全部编制完毕。

17. 撰写编制说明

在编完概算预算全部计算表格后,应根据编制的过程,阐述概算预算的编制内容、编制依据和编制成果(工程总造价)、各实物量消耗指标等。对编制中存在的问题以及与概算预算有关但又不能在表格中反映的事项,均应在"编制说明"中以文字的形式表达清楚。

18. 复核、印刷、装订、报批

当概算预算各表格和编制说明全部完成后,应再进行一次全面的复核,当确认无误并签字后,即可按规定对甲组文件印刷规定份数,并对甲、乙组文件分别装订成册,上报待批。

上述步骤并非一成不变。不仅有些表格可以按规定不编,而且各表的编制次序也是可以变换的。为了正确地编制概算预算,仅仅了解编制步骤是不够的。最根本的还是要掌握《编制办法》的各项规定,明确各表格的作用和相互关系,精通表格中各栏的填写方法。

三、概算预算文件编制注意事项

为了提高概算预算的编制质量,除了掌握上述编制原则、方法步骤以外,还必须注意以下问题。

1. 正确引用定额

在引用定额值时,必须"瞻前顾后",注意章说明、节说明和表下小注。特别是在每次编制之前,都要查询是否有新的定额或文件下达,切不可墨守成规。

2. 正确计算工程量

正确计算工程量是编好概算预算文件至关重要的一环。对各项、目、节、细目的工程量计算一定要严格按照定额的口径、要求以及工程量计算规则,既不要多算,也不要少算。一旦工程量出错,修改工作费时费力。在计算和分列工程量时,要与设计人员紧密配合,理顺和计算适于概算预算的工程量,使其与定额分项口径"对号入座"。

3. 准确统计实物量

在编制 02 表时,不要忘记汇总那些按费率或指标计算的增工、增料数量。为了统计这些工、料、机数量,最主要的是不要忘记在 02 表的"分项"中列出,特别是 25 表单位数量的应用更要注意。

4. 理顺关系

在编制概算预算各表格的过程中,有些表格是互相关联、交叉进行、相互补充的,编制时要理顺关系,正确填列。

5. 编制概算预算的原始资料均应有据可查

编制概算预算的原始资料都要明确其来源,并真实可靠。特别是对 06 表、07 表、08 表的计算内容及 05 表中设备购置内容等伸缩性较大的项目、数量、指标、费率的确定,更应有理有据,切勿夸大其词。

若材料价格可以按各地交通运输主管部门规定的价格计列时,要有相应的文件,并不必编 23 表。

6. 加强复核

概算预算编制工作有环环相扣的特点,即一步算错,步步连错。因此,在编制时应加强复核工作。每张表格"编制"和"复核"应由两人完成,并应分步完成,每步复核无误后再进行下一步,切勿单人自编自核,更不要未复核就引用。

第四节　概算预算软件的应用

随着计算机技术的迅速发展,公路工程概算预算编制和工程招投标都采用电算方法,它有着快速、准确、方便、劳动强度低等优点。利用这些软件不仅能把概算预算编写人员从大量烦琐的计算、抄写、校核工作中解放出来,而且又能快速、准确、完整、高效地把概算预算文件编制出来。下面以广东珠海同望科技有限公司开发的"公路工程造价管理系统 WECOST"为例阐述概算预算软件的应用。

一、公路工程造价管理系统概述

公路工程造价管理系统 WECOST,是由广东珠海同望科技有限公司开发的,近几年来在全国已得到广泛的应用。该系统操作简便,易学易用,使用效果良好。

1. 编制依据

(1)交通运输部发布的 2018 年第 66 号公告,以及《预算定额》《概算定额》《编制办法》《机械台班费用定额》等。

(2)交通运输部《公路工程标准施工招标文件》(2018 年版)等。

(3)各省、区、市交通运输厅(局)公布的《编制办法》补充规定。

2. 主要功能

同望 WECOST 标准版(V9.7.1 版)计算机编制软件具有便捷的文件导入、导出功能,不论是复制到硬盘,还是指定路径,其操作都非常简单。WECOST 系统的主要功能如下:

(1)可编制工程估算、概算、预算以及国内标或国际标的招投标标价、工程量清单、单价分析表。

(2)直观的操作方式、即时的存储功能,不论中途是否停电、关机或误操作,均不会丢失数据。

(3)自动生成单价文件。利用工、料、机分析功能,自动汇集工程需要的工、料、机到单价文件中。

(4)自动生成费率文件。利用系统自带的交通运输部及各省、区、市、地方标准,自动生成采用部颁或地方标准的费率文件。

(5)快捷的定额、项目选取与输入功能。从概算预算项目、工程类别、标段到定额费用标准等都只需用鼠标轻轻点取即可。也可直接输入定额编号和工程数量,进行批录入。

(6)即时剖析功能。可以让用户即时得到各定额、分项的建安单价,方便审核和修改。

(7)自定义企业定额。可以在部颁概算预算定额的基础上,方便地建立企业定额,既符合造价市场的发展方向,又免去了每次调整或修改相同定额的麻烦,更可以在其上直接编制补充定额,编制工作内容和附注,从而逐步形成企业定额。

(8)方便的补充定额编制功能。用户可以根据需要在系统中建立自己的补充定额体系。同时,系统中已为用户制定了部分省、市的补充定额。

WECOST 标准版(V9.7.1 版)编制概算预算的流程见图 5-6。

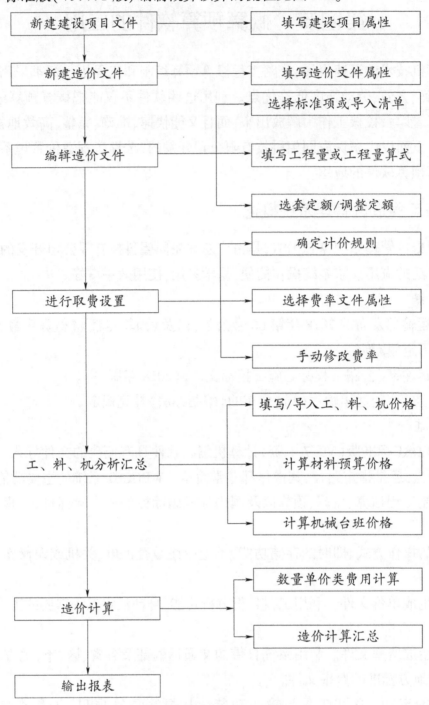

图 5-6 概算预算编制流程

二、公路工程造价管理系统编制概算预算方法

下面按照以上编制流程,讲述 WECOST 标准版(V9.7.1 版)编制概算预算的方法和步骤。

(一)新建建设项目文件

登录完成后,进入 WECOST 的主界面,在项目管理窗口空白处,单击鼠标右键,选择【新建】→【建设项目】,或者在项目管理界面,选择【项目管理】→【新建建设项目】,如

图 5-7 所示。输入建设项目名称,选择编制类型,点击"确定"按钮,则可完成新建建设项目工作。

图 5-7　新建建设项目文件

(二)新建造价文件

在项目管理界面单击鼠标右键,选择【新建】→【造价文件】,或选择【项目管理】→【新建造价文件】,或在工具栏里直接点击新建快捷键 ,新建造价文件。如图 5-8 所示,输入造价文件基本信息:在弹出的窗口中,输入【名称】,选择【起止桩号】、【工程所在地】、【建设性质】、【工程阶段】、【编制时间】、【计价依据】等,点击"确定"按钮。

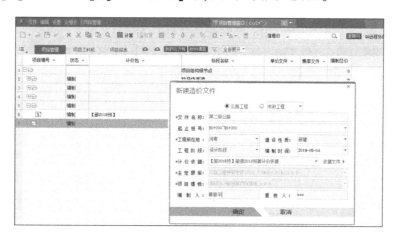

图 5-8　新建造价文件

造价文件创建好后,计价依据不能再更改,因此在选择计价依据时,必须考虑所编制造价文件的类型选择正确。

(三)填写项目和造价文件基本信息

分别在项目和造价文件界面,填写项目和造价文件基本信息,以便系统识别、取数、计算和生成报表,如图 5-9 所示。同时,也可填写项目的编制说明和审核说明。

(四)设置费率文件属性

在"取费程序"的右侧窗口,可根据工程所在地的具体情况选择相应的费率文件属性,通过选择费率文件属性来确定费率值,如图 5-10 所示。把光标停放在"冬季施工""雨季施工"费率项目上时,系统会在线提示该费率属性的详细信息,可根据提示信息选择所需要的属性值,也可以在此手动修改费率。

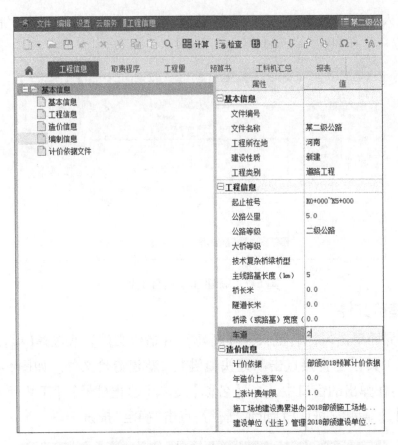

图 5-9　填写造价文件基本信息

图 5-10　设置费率文件属性

(五)建立项目表

建立项目表即确定本工程有哪些"项""目""节""细目",通过选择标准项或增加非标准项、导入清单、输入工程量、选择取费类别来完成。

(1)在"预算书"界面,右击【选择】→【标准项】或者直接点击停靠在预算书右侧的【标准模板】按钮,系统弹出选择标准模板对话框,选择节点后,双击或右击选择【添加选中】即可,如图 5-11、图 5-12 所示。也可以根据需要增加前项、后项、子项等非标准项,在"预算书"界面选择要增加的位置,右击选择【增加】→【前项】(或【后项】、【子项】)。

(2)在编制清单标价时,可以利用导入功能把 Excel 工程量清单直接导入本项目中,或在清单范本中钩选项目内容。

(3)在工程量栏中输入各自的工程量,系统默认子节点自动继承父节点工程量,根据需要也可以修改。

(4)根据工程项目的目、节、细目,选择取费类别。

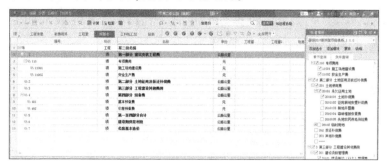

图 5-11　建立项目表

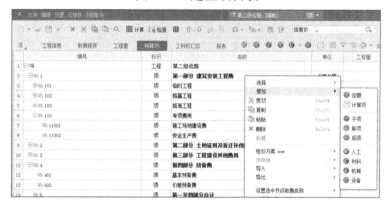

图 5-12　增加非标准项

(六)选套定额及调整定额

1.选套定额

工程项、目、节、细目确定以后,就要套用合适的定额。选套定额是在"预算书"界面点击需要套取定额的位置,点击鼠标右键,在右键菜单【选择】→【定额】,或者直接点击停靠在预算书右或下侧的【定额库】按钮,则系统弹出定额库窗口,从【定额】的下拉框中选择需要的定额库(注:系统默认的定额库是创建造价文件时选择的主定额库),然后再查找所需套用的定额子目,双击选入或者右击选择【添加选中行】来套取定额,如图5-13所示。

图 5-13　选套定额

2.调整定额

一个分项工程在套定额时往往不止用到一个定额,也不止用到一栏定额值,而需要用到几个才能完成。另外,设计的混凝土配合比或石灰、水泥剂量与定额不符,或厚度、运距有增减时,需要进行抽换。遇到这种情况,软件具有对定额进行调整的功能。系统主要有砂浆、混凝土强度等级、厚度和运距调整,混合料配合比调整,工、料、机乘系数调整,辅助定额调整等。

(1)标准换算

在定额调整信息视窗中,点击"换算"按钮,系统会列出该定额常用到的换算。如砂浆、混凝土强度等级,厚度和运距的综合调整等。

在调整的复选框中打钩,并根据工程具体情况输入相关参数后,系统会自动调整消耗量和定额名称,如图5-14所示。

图5-14 标准换算

(2)混合料配合比调整

在"预算书"界面里,选需进行混合料配合比调整的定额,点击"配比"按钮,直接在"调整为"一栏中输入目标比例。输入第一个材料的配合比后,系统会根据比例之和"100%"自动计算并生成第二个材料的配合比,同时自动修改定额名称,如图5-15所示。

(3)乘系数调整

在"预算书"界面里,选择需要乘系数的定额,在定额调整信息窗口中点击"系数"按钮,根据调整需要,在【人工系数】、【材料系数】、【机械系数】调整框里输入对应系数后回车,系统自动计算消耗量并显示调整信息。如要对定额中所有的工、料、机消耗乘以相同的系数时,则只要在【单价系数】框里填系数后回车即可。不调整时,"子目系数"全部默认为1,如图5-16所示。

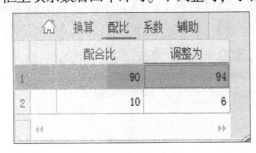

图5-15 配合比调整

图5-16 乘系数调整

(4)辅助定额调整

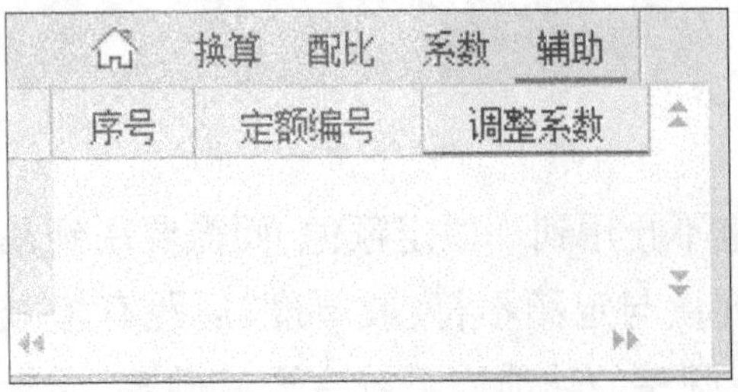

辅助定额是对主定额的标准量进行增减的调整。在"预算书"界面里,选中需要进行调整的定额,点击"辅助"按钮,如图5-17所示。在调整信息框空白处点击鼠标右键选择【增加】,则弹出选择定额对话框,找到对应的辅助定额后,双击或单击鼠标右键选择【添加选中行】,辅助定额就被添加到调整信息窗口中,填写调整系数即可。

图5-17 辅助定额调整

(七)输入工程量

在"工程量"的窗口内填写各项目工程量,注意单位,如图5-18所示。

图5-18 输入工程量

(八)项目工、料、机汇总

在"项目管理"界面选择某建设项目或子项目,然后将界面切换到项目"工料机汇总",点击【汇总】按钮,系统自动汇总该项目下所有标段工、料、机信息,如图5-19所示。

图5-19 工、料、机汇总

(九)材料、机械预算价计算

1. 材料预算价计算

对于需要通过单价计算的材料,找到"工料机汇总"界面里的"计算"列,将要计算的材料钩选,系统自动把钩选的材料列入"材料预算价计算"选项内,切换进入到"原价运费计算",输入材料的【起讫地点】、【原价】、【运距】、【t·km运价】、【装卸费单价】等参数,并选择运输方式,通过分析计算即可计算出"材料运杂费",如图5-20所示。

2. 机械预算价计算

机械台班费用,一般是根据机械台班费用定额,考虑柴油、重油、电等燃料和动力的预算价格,并加上相应的车船税进行计算得到,当然也可以不通过计算,直接输入机械台班价格。如需计算,则直接在"计算"栏钩选对应的机械;如不需计算,则不钩选"计算"项,然后直接在预算价格栏中输入机械的预算价格即可,如图5-21所示。

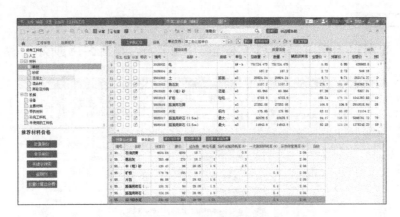

图 5-20　材料预算价计算

图 5-21　机械预算价计算

(十)数量单价类费用计算

对于数量单价类、公式计算类费用,在对应项目的"计算公式"列内输入计算公式即可,如图 5-22 所示。

图 5-22　公式计算

(十一)计算

计算是对造价文件中各项费用的综合分析计算,计算出来的结果是报表的数据来源。在分析计算以前,用户应完成在"预算书""工料机汇总""取费程序"界面的操作,最后才进行分析计算。

在"预算书"界面点击主菜单【计算】进行分析计算,如图 5-23 所示。

分析计算完毕后选择"报表"按钮,就会出现全部的报表文件,用鼠标随意点击某一报表,即可查看该报表的内容。此时应立即对每套报表进行检查,如有不妥之处,应及时修改、调整,之后重新进行计算。

图 5-23　分析计算

(十二)输出报表

打印报表时首先进行页面设置,可设置成 A4 或 A3 两种,选用 A4 纸时,左、右边距之和不宜大于 2.5cm,以免文件打印不全。在报表界面钩选要打印的报表,点击"打印"按钮,即可进行打印。也可以进行批量打印。若要将当前报表另存为其他格式的文件,如 Excel 或 Txt 等格式,则要选择 "批量导出"图标即可。使用相应的应用程序打开它,便可以进行任意的编辑和输出,如图 5-24、图 5-25 所示。

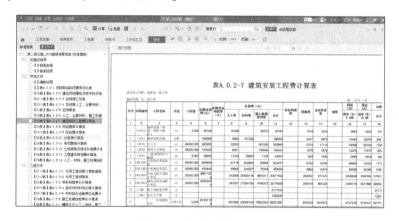

图 5-24　输出报表

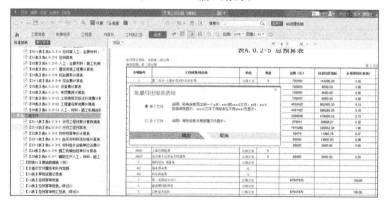

图 5-25　报表导出

以上是 WECOST 系统编制概算预算的基本流程,该系统还有许多快捷方式、批量选择等应用技巧,实际使用中需要多积累、多摸索,这样可大大提高工作效率。

另外,编制工程量清单标价的步骤与编制造价文件基本一样,只是项目表用工程量清单代替,且需要进行费用分摊。编制清单标价的大致步骤是:新建建设项目文件→准备单价、费率、补充定额文件→新建工程量清单、建立分摊项(如果有)→导入工程量清单→选定额、调整、取费→100 章费用计算→确定单价分析表→综合计算→分摊及计算→调价计算→报表输出。

第五节　概算预算编制练习

前面已经把公路工程概算预算的编制方法介绍完了,下面以一个工程实例进一步说明概算预算的编制。

1. 路线名称及地理位置

某公路位于河南省境内,地处平原微丘区。

2. 主要设计资料

(1)该公路为新建二级公路,长5km,路基宽9m,路面宽7m,路面底基层为8%的石灰稳定土,厚20cm(稳定土拌和机沿路拌和),基层为6%的水泥稳定土,厚18cm,路面面层为沥青混凝土路面,两层,中粒式厚5cm,细粒式厚3cm,混合料运输距离为3km。

(2)该路段工地转移距离100km,主副食综合里程10km。

(3)本段路占用农田90亩[1],土地补偿费按8000元/亩计算。

(4)汽车临时便道长4km,路基宽7.0m,无路面。

(5)临时输电线路支线长2000m。

注:暂不计算设备购置费、规费、预备费、建设期贷款利息。

3. 主要工程数量

(1)路基挖土方(普通土):65000m³,零填及挖方压实:20000m²。

(2)填土方:38000m³。

(3)路面底基层、基层:均为40000m²。

(4)沥青混凝土路面面层:35000m²。

(5)防护工程:干处挖基土方64m³,5号浆砌片石基础48m³,5号浆砌片石护坡105m³。

4. 主要材料原价、运距

主要材料原价、运距见表5-26。

运价率为0.5元/(t·km),由于各地装卸费标准不一致,暂不计装卸费和杂费。

主要材料原价、运距一览表　　　　　　　　　表5-26

序号	规格名称	单位	原价(元)	起讫地点	运输方式及运距
1	32.5级水泥	t	300.00	驻马店—汝南	汽车,25km
2	石油沥青	t	4500.00	驻马店—汝南	汽车,25km
3	熟石灰	t	270.00	驻马店—汝南	汽车,25km
4	中(粗)砂	m³	86.00	驻马店—汝南	汽车,25km
5	片石	m³	65.00	驻马店—汝南	汽车,25km
6	矿粉	t	155.00	驻马店—汝南	汽车,25km

---

[1] 1亩=666.67m²。

续上表

序号	规格名称	单位	原价(元)	起讫地点	运输方式及运距
7	路面用碎石(1.5cm)	m³	94.00	驻马店—汝南	汽车,25km
8	路面用碎石(2.5cm)	m³	92.00	驻马店—汝南	汽车,25km

根据上述工程设计资料,参照《编制办法》中"概算预算项目表",并结合《预算定额》相应子目,将工程分解,按项、目、节、细目的顺序一一列出,以便准确套用定额,输入工程数量。

请你运用 WECOST 标准版(V9.7.1 版)软件编制上述工程的预算文件,参见本教材附录。

复习思考题

一、填空题

1. 按照建设阶段,工程概预算可分为_____、_____、_____、_____。
2. 材料预算价格由_____、_____、_____、_____组成。
3. 机械台班单价的不变费用包括_____、_____、_____、_____。
4. 企业管理费由_____、_____、_____、_____和_____五项组成。
5. 工程保险费的费率为_____。

二、选择题

1. 某工地运输水泥,运距100km,运价率为0.5元/(t·km),则单位运费为(　　)元。
   A.100　　　　　B.50　　　　　C.50.5　　　　D.0.5
2. 钢材的场外运输损耗率为(　　)%。
   A.1.5　　　　　B.1.0　　　　　C.0.5　　　　D.0
3. 生产工具用具使用费属于(　　)。
   A.材料费　　　B.设备费　　　C.措施费　　　D.企业管理费
4. 工程招投标费属于(　　)。
   A.措施费　　　B.企业管理费　C.财务费用　　D.规费
5. 安全生产费的费率为(　　)%。
   A.0.5　　　　　B.1.0　　　　　C.1.5　　　　D.2.0

三、判断题

1. 人工工日单价仅作为编制概算预算的依据,不作为施工企业实发工资的依据。(　　)
2. 机械台班单价由不变费用和可变费用组成。(　　)
3. 材料的采购及保管费属于措施费。(　　)
4. 没有安排在冬季施工的项目不计冬季施工增加费。(　　)

5. 检验试验费属于措施费。   (   )

四、计算、简答题

1. 某工地运输块状沥青,原价为 3000 元/t,运距为 100km,运价率为 0.45 元/(t·km),不计装卸费、杂费和回收。试计算块状沥青的预算价格。

2. 措施费包括哪些项目?

3. 工程概预算文件由哪些组成?

4. 概预算编制说明应包括哪些内容?

5. 简述用公路工程造价管理系统 WECOST 编制预算的步骤。

复习思考题及答案

第六章 施工质量管理

知识目标

1. 了解质量管理的概念及管理的发展阶段;
2. 熟悉公路工程施工项目质量管理工作体系;
3. 掌握全面质量管理的基本方法。

能力目标

1. 具有质量管理意识,能够对施工过程的质量进行管理和控制;
2. 能运用几种主要的质量管理方法进行施工质量管理。

第一节 质量管理概述

一、质量管理的概念

质量管理,是指企业制定和实施质量方针、质量目标和职责,并在质量体系中通过质量策划、质量控制、质量保证和质量改进等,实施其全部管理职能的所有活动。

质量管理是一个施工企业为保证和提高产品质量而进行的一系列经营活动的总称,其发展过程大体上经历了三个阶段。

1. 质量检验阶段

自 1911 年泰勒出版了《科学管理原理》一书以来,管理职能从作业职能中分离出来,形成了专门的管理职能部门,其中包括专职的质量检查部门。这个阶段仅限于对产品进行检验,目的是发现不合格产品,实质上是一种事后检验。

2. 统计质量管理阶段

1924 年,美国人休哈特运用数理统计的原理,创造了质量管理控制图,使质量管理迈进了统计质量管理阶段。它是把数理统计方法用来控制生产过程和作为产品质量的管理方法。其目的在于用最少费用搜集少量必要的抽样资料进行分析研究,以发现并消除异常性原因对质量的影响,达到"既把关又帮助过关"的目的,从事后把关发展到预防为主。

3. 全面质量管理阶段

20 世纪 50 年代,随着生产迅速发展,单纯依靠统计方法来控制生产过程是不够的,还需做一系列的管理工作。美国质量管理学家朱兰(J. M. Juran)等人提出了全面质量管理

(TQC)的新概念。日本人把这些东西加以吸收,在20世纪60年代提出:"全面质量管理,是把企业中人的质量意识、经营管理、专业技术和数理统计方法有机地结合起来,形成完整的质量保证体系,用逐级负责制,从研究设计、制造工艺到销售服务,最终使用户得到满意的产品。"日本靠TQC实现了经济飞跃,并使TQC向更广泛的内容开展,TQC已经成为一个国际性的活动。目前我国处于在贯彻GB/T 19000系列标准(等同ISO 9000系列标准)基础上深入开展全面质量管理的新时期。

全面质量管理是指参与产品生产的所有组织、部门和全体人员,以产品质量为核心,把专业技术、管理技术和数理统计方法结合起来,建立起一套科学、严密、高效的质量保证体系,控制生产全过程中影响质量的各种因素,以优质的工作、最经济的手段,生产出满足规定要求产品的一系列活动。其基本特征是把工程质量从过去的事后检验、把关为主,变为预防、改进为主;将管理结果变为管理因素,把影响质量问题的诸因素及时查出来,并首先解决主要矛盾;发动全员、各有关部门参加,依靠科学的理论、程序和方法,使产品生产的全过程都处于受控状态。

质量管理发展3个阶段的特点与差别摘要对比如表6-1所示。

质量检验、统计质量管理与全面质量管理的对比 表6-1

质量检验	统计质量管理	全面质量管理
对标准负责,限于保证既定标准	基本按既定质量标准进行控制	把满足用户需要放在第一位,以既定标准为基本,以用户需要为方向,不仅保证或维持质量,而且着眼于提高质量
以事后把关为主	从把关发展到监控生产过程,重在预防控制	防检结合,以防为主,重在管理影响产品质量各项因素
限于生产制造过程管理	从制造发展到设计过程管理	实行设计、生产、辅助、使用全过程管理
依靠少数技术检验人员	依靠少数技术部门、检验部门等管理部门	实行全企业、全员的质量管理
主要用技术检验方法	主要用统计方法	综合运用组织管理、专业技术和数理统计方法
管理对象限于产品质量	管理对象包括产品质量与工序质量	既管产品质量,又管工作质量,不仅保证产品质量好,还要成本低,供货及时,服务周到
缺乏标准化	限于控制部分的标准	实行严格标准化,不仅贯彻一套技术标准,而且要求管理工作标准化

二、质量管理体系

质量管理体系就是施工企业为了长期实施连续有效的质量控制所建立的内部质量体系。根据全面质量管理的基本原理和科学的管理程序,公路工程施工项目质量管理工作体系如图6-1所示。

质量管理目标的确定,就是根据项目自身的质量问题、质量通病以及与先进质量标准对比的差距,或者用户提出的更新、更高的质量要求所确定的项目在计划期内应达到的质量标准。

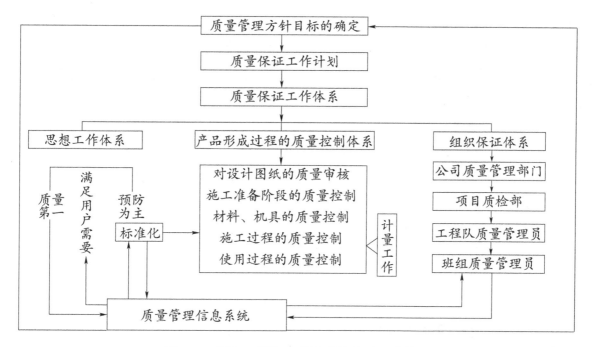

图 6-1 公路工程施工项目质量管理工作体系

质量保证工作计划,就是为实现上述质量管理目标所采用的具体措施的计划。质量保证工作计划应做到材料、技术、组织三落实。

质量管理目标的确定和质量保证工作计划,构成了质量管理工作体系的"计划"阶段。

质量保证工作体系由思想工作体系、组织保证体系和产品形成过程的质量控制体系组成,它形成质量管理工作体系的"实施"阶段。

质量管理信息系统,是指对有关质量信息(如计划目标、实际资料等)的汇总、分析和处理工作系统。凡是指向质量管理信息系统的箭头,表示各部门、各环节的实际质量信息的收集和反馈的过程,这就是质量管理工作体系中的"检查"阶段。

凡从质量管理信息系统发出的箭头,表示对反馈的质量信息经过分析、处理后,发出的调节指令,这就是质量管理工作体系中的"处理"阶段。

三、工程质量的形成及质量管理的指导思想

工程质量形成于生产过程的全过程,对公路产品而言,即形成于勘察设计、施工准备、施工、辅助生产和养护等生产过程。公路工程质量最根本取决于勘察设计质量和施工质量。

工程质量,受生产经营活动等多种因素的影响,是生产过程中各部门、各项工作的综合反映。保证和提高工程质量必须把影响质量的因素全面系统地管起来。也就是说,企业的质量管理包括了企业的全部质量工作,必须要实行全面质量管理,它是管理的更高境界,包含下面 3 个基本思想。

1. 全面的质量管理

全面质量管理中的"质量",是一个广义的概念,它不仅包括产品(工程)质量,而且还包括人的工作质量。这是两个不同的概念,两者之间既有区别又有联系。工程质量在一定程度上是工作质量的反映,而工作质量又是工程质量的保证。在质量管理中,既要抓产品质量,又要抓工作质量。

2. 全过程的质量管理

全过程质量管理,就是对影响产品质量的全部过程实施管理。例如,公路建设对勘察、设计、辅助、施工、养护等影响工程质量的一切因素和环节都要管起来。这种全过程的管理,突出了预防性,即事前的质量控制。

3. 全员性的质量管理

企业中的每一个人都直接或间接与生产质量有关。每个人都要在自己的工作中去发现与产品质量有关的因素或特点,进而在同其他人协同工作时把与产品质量有关的部分协调起来,各负其责,这样才能提高产品质量。

四、全面质量管理的基本方法和基础工作

1. 全面质量管理的基本方法

全面质量管理的基本方法可以概括为1个过程、4个阶段、8个步骤、7种工具。

1个过程是指管理的过程,从确定方针、目标,传达布置到贯彻执行,再通过了解情况并反映上来,然后经过分析研究做出奖励和制订下一步的措施。

这个过程具体可分为4个阶段,即计划(Plan)、实施(Do)、检查(Check)、处理(Action)4个阶段,形成一个循环。称为PDCA循环。它是由美国数理统计学家戴明创立的,所以也称戴明环。

(1)计划阶段(也称作P阶段)。这一阶段工作内容是分析现状,找出存在的质量问题与原因,针对主要原因,拟定对策和措施,提出计划,预计效果。

在该阶段要明确5个W和1个H:

Why——为什么要有计划?

What——计划要达到什么目的?

Where——在哪个部门进行?

When——什么时候完成?

Who——具体落实到哪个人去办?

How——计划如何去执行?

(2)实施阶段(也称作D阶段)。这一阶段工作内容是按计划去实施,执行,使措施得以实现。

(3)检查阶段(也称作C阶段)。这一阶段是对执行的结果进行必要的检查和测试,将执行的实际结果,与预定目标对比,检查执行情况。简言之,考察取得的效果。

(4)处理阶段(也称作A阶段)。对检查出来的各种问题进行处理,正确处理的加以肯定,总结成文,编制标准;不能解决的问题则移到下一循环做进一步研究。即巩固成绩,使效果明显的问题标准化,并把遗留问题移到下一循环。PDCA循环如图6-2所示。

PDCA循环是一个科学管理方法的形象化,它好像一个前进的车轮,不停地向前运转。其特点如下:

(1)循环的完整性。每一个循环都要经历4个阶段,缺一不可。

(2)循环的程序性。循环中的阶段和步骤顺序不能颠倒。

(3)循环的前进性。PDCA循环过程是一个不断前进、不断提高的运动过程,每循环一次都能解决一定的质量问题,并提出新的内容和目标,进入下一个循环。即循环一次,改善一次,提高一步,通过周而复始的循环,使质量水平如同爬楼梯一样,不断提高,如图6-3所示。

(4)循环的系统性。PDCA循环适用于企业各级、各方面的管理。整个企业有一个大循环,企业的各级、各部门又都有各自的小循环,依次又有更小的循环,直至每个人。通过大环套小环,环环相扣,一层一层地解决问题,形成整个企业的循环质量管理体系,如图6-4所示。

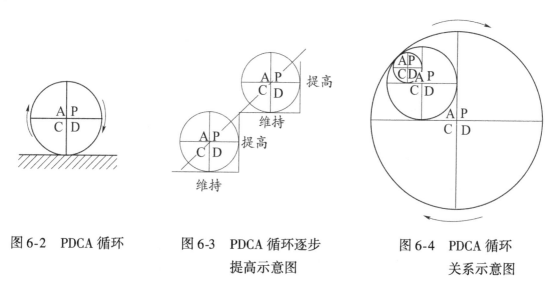

图6-2 PDCA循环　　图6-3 PDCA循环逐步提高示意图　　图6-4 PDCA循环关系示意图

(5)循环的关键是处理阶段。在4个环节中,处理阶段是关键,重点在于制定标准。通过总结经验,肯定成绩,并对成绩加以"标准化""制度化",从而形成新的标准,并制定新的目标,使PDCA循环能继续转动。否则,PDCA不再循环,质量也就无法再提高。

为了解决和改进质量问题,通常4个阶段又进一步划分为8个步骤,见图6-5。

全面质量管理需用科学的数理统计方法对大量的资料进行整理、分析和研究,才能做出科学判断。能应用的统计方法很多,常用的主要有7种(又称为7种工具)。属于一般统计方法的有排列图、因果分析图、调查表法、分层分析法;属于数理统计方法的有直方图、管理图、相关分析图。

这7种工具,由于其研究、分析问题的方法不同而适用于PDCA循环中的不同阶段和步骤,4个阶段、8个步骤与7种工具的关系见表6-2。

2.全面质量管理的基础工作

(1)编制质量体系文件

质量体系文件是企业开展质量管理和质量保证的基础,是质量体系审核和质量体系认证的主要依据。建立、完善质量体系文件可以进一步理顺关系,明确职责、权限和协调好各部门之间的关系。

(2)做好计量工作

通过计量工作,可以提供各方面的资料,以实现质量管理的定量化。没有计量或计量不准,就谈不上正确贯彻执行质量标准。

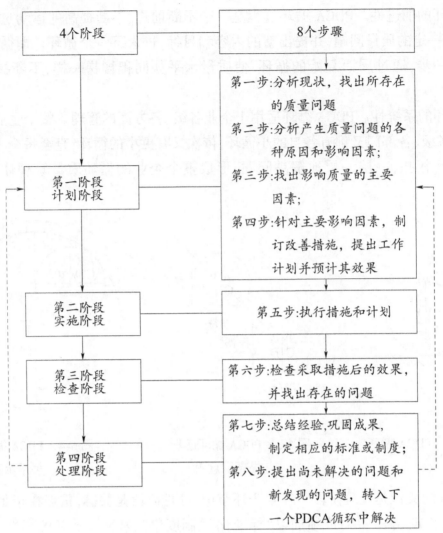

图 6-5 4 个阶段与 8 个步骤关系图

4 个阶段、8 个步骤与 7 种工具的关系 表 6-2

4个阶段	计 划 阶 段				实施阶段	检查阶段	处 理 阶 段	
8个步骤	①分析现状	②找出影响因素	③找出主要影响因素	④制定解决措施	⑤按措施执行	⑥调查实施效果	⑦制定标准	⑧转入下一循环
采用工具	排列图 直方图 管理图	因果分析图	排列图 相关分析图	—	管理图	排列图 直方图 管理图	—	—

注：调查表法和分层分析法是两种最基本的方法，在各个步骤都可能用到。

做好计量工作，起码应做到：施工生产中所需的量具、器具及仪表配齐配全，完整无缺，能正确、合理地使用，达到使用灵活可靠。

(3) 做好质量信息工作

做好质量管理工作必须掌握大量准确而又齐全的第一手资料，包括施工过程中各个环节的质量信息、基本资料、原始记录、验收结果、统计分析以及用户意见等。这些信息和情报资料的收集、整理、分析和反馈，是企业提高和保证质量的巨大动力。必须注意，资料的收集要做到及时、准确、系统、全面。

(4)建立质量责任制

质量责任制,是把质量管理各方面的质量要求落实到每个部分、每个工作岗位,把与质量有关的各项工作都组织起来,形成一个严密的质量管理工作体系。

完整的质量管理工作体系,必须组织上要合理,规章制度要健全,责任制要严密,三者缺一不可。

(5)开展质量教育,加强技术培训

全面质量管理的中心是人,人的质量观念比什么都重要。要培养人的质量意识,确立质量第一观念,就要对员工进行质量教育。

质量教育的内容:第一是培养质量意识,第二是学习质量管理方法。

质量教育的对象:首先是各级领导,其次是全体员工。

质量教育的步骤:由初级到高级,长期地、反复地进行。随着不同时期的产品、任务和客观变化情况而变化教育内容。

在加强全面质量管理教育的同时,还要进行一定的技术业务培训,使职工具有保证操作质量的技术知识和业务技术能力。

第二节 施工过程的质量管理

施工过程的质量管理,就是质量事故的防范,是质量管理工作的重点。施工过程的质量管理,就是建立一套完整的质量保证体系,对公路施工项目的所有环节进行质量控制。

一、质量保证体系

公路工程产品质量形成的过程,一般可分为勘察、设计、施工、辅助和使用等 5 个过程。5 个过程之间的相互关系和各自在保证工程质量方面的作用、地位,如图 6-6 所示。

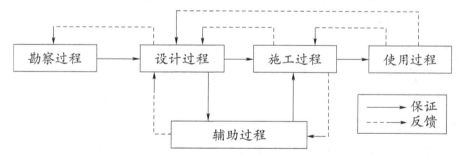

图 6-6 5 个过程的关系

从图中可以看出,每一个过程都会对工程质量发生影响,各个过程的相互作用及其配合,即质量保证和质量反馈是否合理,往往对工程质量有很大影响。

质量保证,就是前一过程应做好本过程的质量保证,并对下一过程的质量要求和保证起到预防、控制作用。

质量反馈,就是质量形成的逆过程,凡发现上一过程存在质量问题,应及时反馈并请示处理。

质量保证体系就是通过必要的制度、手段和方法,把公路建设从勘察、设计、施工、辅助、使用等全过程一切影响质量的因素控制起来,使质量管理工作贯穿于公路建设的全过程。

二、施工准备阶段的质量管理

施工准备工作,是完成公路工程施工任务的重要前提,施工准备阶段的质量管理工作,对公路产品最终的质量有很大的影响,它主要包括以下几个方面的内容。

1. 保证施工方案和施工组织设计的质量

如果施工方案和施工组织设计的质量不高,就难以保证在预定的成本范围内,按期交工和确保工程质量,也就不可能争创全优工程。

怎样来保证施工方案和施工组织设计的质量呢?第一,要讲究科学的编制程序和方法;第二,编制时要进行技术经济分析和比较,做到设计优化。

2. 检查施工准备工作的质量

按有关准备工作的计划做如下检查:

(1) 全场性的施工准备工作。

(2) 单位工程的施工准备工作。

(3) 作业条件的施工准备工作。

此外还应检查临时性的生产设施是否达到技术标准;施工用机械设备是否通过检测、试验和鉴定等。

3. 做好技术交底

做好技术交底,使施工人员熟悉工程情况、设计意图、技术要求、质量标准和施工方法,做到人人心中有数。

三、施工过程的质量管理要点

施工过程的质量管理,是工程项目质量管理的核心,直接影响工程实体的质量状况。

1. 施工过程质量管理的主要内容

1) 加强施工工艺管理

工艺管理好了,就可以从根本上减少废品和次品,提高质量的稳定性。加强工艺管理,主要是及时督促检查已制定的施工工艺文件是否得到认真执行,是否严格遵守操作规程等。

2) 施工过程中的工序管理

好的产品或工程质量是通过一道道工序逐渐形成的。要从根本上防止不合格品的产生,就必须对每道工序进行管理,以便及时发现缺陷并迅速予以排除,在缺陷未排除前不准进入下一道工序的施工。

3) 试验检查、测量检查和验收检查

试验检查的中心任务是对原材料、混合料的试验和检查,对工艺过程的试验、检验,对结构物强度、路基、路面压实度和平整度的试验检查等。

测量检查的基本任务则是保证公路几何要素和结构物的几何尺寸完全符合合同、图纸和规范精度的要求。

验收检查是对公路施工的单个工程或者构件,或者公路结构物的某一独立部分,或者某一部分的检查,如隐蔽工程、墙身、墩、台、梁等。验收检查的实施一般应由项目监理工程师负责,而且承包人必须履行中间交验手续,在自检合格的基础上填报中间交验申请书。

2. 质量管理的依据

(1)设计图纸和有关规范。严格按照设计图纸和技术规范中写明的试验项目、材料性能、施工要求和允许偏差等有关规定进行施工,没经监理工程师同意,不得引用其他任何标准。

(2)合同条款。图纸和技术规范是对工程的具体要求,而合同条款则是要求承包人执行规范、按图纸施工的法律保证,二者结合起来才能保证工程质量达到规定水平。

3. 质量管理的分项划分

结合公路的专业性质,将公路工程项目划分成若干工程分项或专业,按照质量管理的基本程序和内容,依据合同条款、图纸和规范的规定,对质量进行分项管理。这样做有利于专业对口、分工明确、责任清楚,便于管理。一般可按下列分项进行划分:

(1)道路专业

①路基土石方;②路面;③路基防护及排水;④交通工程。

(2)桥隧专业

①大中桥;②隧道工程;③小桥涵;④立交。

(3)试验

①土工;②钢材与水泥混凝土;③沥青及沥青混合料。

(4)测量

①平面及高程;②几何尺寸;③其他。

(5)材料

①外购;②当地加工。

4. 质量分项管理控制程序的制定

各工程的分项和专业的管理控制程序各不相同,现以路面工程质量管理控制程序的制定过程为例列举如下。

路面是用各种材料,如砂、碎石、矿渣、工业废渣、水泥混凝土、沥青混合料等经过制备、运输、摊铺和压实建筑而成的。因此,路面施工的质量在很大程度上取决于路面材料的制备、摊铺和压实质量。抓住路面材料的制备、摊铺、压实这3个主要环节的质量管理,路面质量就会得到保证。

例如:沥青路面面层施工,其质量管理控制程序如图6-7所示。

5. 施工过程中质量管理的基本方法

(1)设立管理点,运用数理统计方法实施质量管理控制。所谓管理点,就是设置在需要加强质量管理控制的重点工序(或重点部位)的测试点。正确设立管理点是进行工序质量管理控制的前提。管理点通常设置在:

①关系到工程主要性能和使用安全的关键工序或部位。

②工艺上有特殊要求,对下道工序或后续工程有重大影响的工序或部位。

③质量不稳定、出现不合格情况较多的工序或部位。

④根据反馈信息,质量不良的单位。

第一步 沥青混合料配合比设计

承包人按规定的级配范围并参考沥青用量,在试验室确定符合规范规定的多种沥青含量配合比设计,并将各组沥青含量配合比设计所做的试验结果报监理工程师审批,监理工程师在审查满意后以正式文件批准试拌

第二步 拌和厂试拌

承包人按监理工程师批准的沥青混合料配合比设计进行工厂试拌,试拌时严格控制拌和温度和拌和时间。根据试拌情况推荐一组最佳沥青用量和最佳拌和时间的混合料。监理工程师在选取时经反复查看和检查,选择其中最佳一组,并以正式文件批准试拌

第三步 沥青混合料的试铺

承包人根据监理工程师批准的最佳沥青用量的混合料进行试铺,试铺时严格控制摊铺和碾压温度。若一切符合要求。承包人应向监理工程师提交一份试铺报告,经监理工程师以正式文件批准后可进行大面积的铺筑

第四步 正式铺筑沥青混凝土面层

承包人按批准的沥青混合料配合比设计和试铺报告所总结的一套程序进行拌和和摊铺压实,正式摊铺碾压时承包人对摊铺和碾压温度进行不间断的测试和记录,待路面摊铺、压实后各项指标经测试一切符合标准后,由承包人填写中间交验申请书,报监理工程师批准

第五步 计量

在承包人和监理工程师都在场的情况下进行实际量测,由承包人填写计量申请,监理工程师审查认可后签字

图 6-7 沥青路面面层施工质量管理控制程序

(2)开展质量统计分析,掌握工程质量动态。开展工人和班组的自检和互检,同时组织专业人员进行专门检验。

为了充分发挥施工过程中质量管理的预防作用,必须系统地、经常地掌握各施工处、施工班组在一定的时间(月、季等)内产品质量或工作质量的现状及发展动态。为此,就必须开展质量状况的统计分析。统计分析的指针一般有两类:

①工程质量指针。主要有优良品率、合格率及分布情况,用以考核分部(项)工程的质量

水平。

②工作质量指针。主要有废品率、返修率等。

通过分析,查出发生质量问题的原因,如图纸错误、材料不合格、不按图施工、违反工艺及操作规程、技术指导错误等。在几个原因同时起作用的情况下,则要分清主次。原因力求具体,以便采取预防措施和防范对策。

第三节　施工质量管理常用方法

在全面质量管理中,常用的统计方法主要有7种:排列图法、因果分析图法、调查表法、直方图法、管理图法、分层分析法、相关分析图法。此外,还有正交试验法、优选法、系统图法、矩阵图法、矩阵资料分析法等。在本节重点介绍排列图、因果分析图、调查表、直方图、管理图5种统计方法。

一、排列图

排列图又称巴累托(Pareto)图或主次因素排列图,这是找出影响产品质量主要问题的一种有效方法。巴累托是意大利经济学家,他最早用排列图来分析社会财富占有状况。后来,美国质量管理学家朱兰(J. M. Juran)在质量管理中采用了排列图。

把影响工程(产品)质量的缺陷、特性或要因(简称项目),用宽度相等、高度为该项目频数的直方,按着由高到矮的原则,由左向右排列到直角坐标中并对应画出各项目累计比率变化曲线。这种图称为质量管理用的排列图。

1. 排列图的作法

(1)决定调查对象,收集资料。确定调查对象、范围、内容等,通过实测收集一批数据,并按内容和原因进行分类。

(2)把经过整理的数据,按照频数(点数)的大小重新排列项目,计算各自的比率、累计百分率,如表6-3所示。

质量问题调查　　　　　　　　　表6-3

项　目	质量问题		累计百分率(%)
	个数	占比(%)	
混凝土强度不符合设计要求	78	56.5	56.5
构件表面蜂窝麻面	30	21.7	78.2 = 56.5 + 21.7
局部有露筋	15	10.9	89.1 = 78.2 + 10.9
振捣不密实	10	7.2	96.3 = 89.1 + 7.2
养护不合理,早期脱水	5	3.7	100 = 96.3 + 3.7
合计	138		

(3)在坐标纸上画出纵、横坐标,并画出各项目的直方,见图6-8。

在横坐标上从频数大的项目起自左到右依次写入项目名称。左边纵坐标表示频数,右边纵坐标表示累计百分率。纵横坐标的长度比一般为1:1~2:1。按照这个比例来决定刻度的间隔。各直方的宽度相等,直方之间不留空隙。

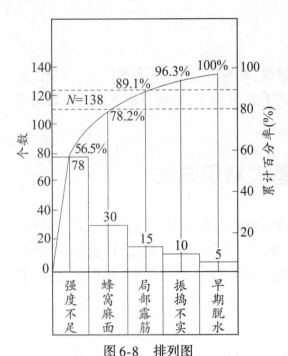

图6-8 排列图

(4)画出累计百分率曲线。根据累计百分率在直方图相应部位点上点,连接这些点,便得一根曲(折)线,称为"累计百分率曲线"。

(5)分析主要因素。把排列图的累计百分率曲线分为3类,分别在80%和90%处绘两条横线,把图分成3个区域:0%~80%为A类因素,称为主要因素;80%~90%为B类因素,称为次主要因素;90%~100%为C类因素,称为次要因素。这样找到主要因素,就可以集中力量加以解决。

(6)写入必要事项,包括标题、期间、数字合计、工序名称、制作者等。

【例6-1】 某大桥的构件预制场,在一段时间内,质量问题较多,经抽样调查,发现138个样品的质量问题,如表6-3所示。试绘制排列图,并分析主要因素。

解:按上述作图步骤,绘制本例排列图,如图6-8所示。

经分析,"强度不足"和"蜂窝麻面"两项为主要因素。

2.排列图的用途

(1)找主要问题。利用排列图,可以从很多问题中找出其中最主要的问题。

(2)调查质量不良及故障的原因。

(3)鉴定技术改进的成果。

3.排列图的应用要点及注意事项

(1)在制作排列图时,要掌握尽可能多的资料。

(2)要抓住关键的少数,因素分类不宜过多,突出一两个主要原因,以便集中力量去解决。

(3)要变换分层方法,从不同方面进行分类,从各种不同角度分析问题,画出排列图进行比较,这样容易从复杂的问题中找出最主要的问题。

(4)对一个问题采取措施前后都要画出排列图,对照分析,验证效果。

二、因果分析图

找到主要矛盾以后,可用因果分析图找出主要矛盾产生的根源。因果分析图又称特性要因图或鱼刺图。它是日本东京大学教授石川馨提出的一种简单而又有效的方法,其格式如图6-9所示。

发生产品质量问题的原因是多方面的,但是一般总离不开机械、人、工艺、材料、测量和环境6个方面。每个原因又有它产生的具体原因(次要原因),

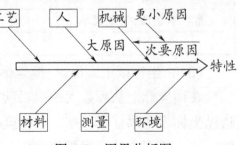

图6-9 因果分析图

而这些次要原因则是由于更小的原因造成的。把所能想到的原因分门别类地归纳起来,绘成一张树枝状或鱼刺状的因果分析图,就能搞清楚各个原因之间的关系。当然主要原因不一定是这 6 类,可以根据具体问题来分析,从各个不同角度来分析质量问题的起因,凡是想到的原因都要一个不漏地列在因果分析图上。如图 6-10 所示为某混凝土裂缝因果分析图。

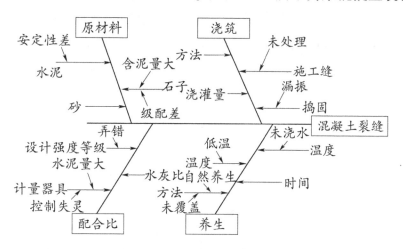

图 6-10　混凝土裂缝因果分析图

三、调查表

调查表又称检查表,是用来进行数据收集、整理,并给其他数理统计工具提供依据和粗略原因分析的一种工具,是日常了解问题、监视质量情况的一种简单易行的方法。其格式各种各样,一般根据调查目的有以下几种:

(1)工序分布调查表:可用来作频数分布直方图。
(2)不良项目调查表:可用来作排列图。
(3)缺陷位置调查表:可用来调查质量状况。
(4)不良要因调查表:可用来作散布图。
(5)工程检查评定调查表。

表 6-4 是某工地由工长填写的装配式 T 形梁混凝土外观缺陷检查表,也称不良项目调查表。它用来记载混凝土外观存在的各类缺陷,以便针对缺陷找出原因,采取措施,保证混凝土外观质量。

不良项目调查表　　　　表 6-4

施工工段	蜂窝麻面	露　筋	胀　模	漏　浆	表面不平	埋设件偏差	其　他
1			正丅	下	丁	丁	
2		一	正一	丁		丁	
3			正	丁		一	

混凝土外观缺陷类型主要与模板本身刚度、支撑系统的牢固性有关,其次与下灰厚度、振捣时间、振捣方法和预埋铁件的固定也有一定的关系。

四、直方图

直方图又称作质量分布图。它是将收集到的数据,按一定的要求加工整理,然后画成柱状(直方)统计图,每个直方的高度代表一定范围内资料所出现的频数,从而由频数的分布情况来分析质量问题。它可以了解工序是否正常,工序能力是否满足需要等。

1. 频数及频数分布调查表

在质量管理的若干数据中,每个数据出现的次数即为频数。这种频数含意有两种:

(1)在一组资料中,某一个数据反复出现的次数。例如:测量10块砖的厚度,其尺寸误差分别为10mm、9.6mm、9.8mm、9.6mm、9.9mm、9.7mm、9.6mm、9.9mm、9.8mm、9.6mm,由统计可知,9.6mm 的频数为4,9.8mm 和9.9mm 的频数为2,9.7mm 和10mm 的频数为1。

(2)将一组数据划分为若干区间时,数据出现在该区间的次数。如上例的数据划分为9.55~9.75mm、9.75~9.95mm、9.95~10.15mm 三个区间,在9.55~9.75mm 区间内,数据9.6mm、9.7mm 合计5个,则这一区间频数为5。

将上列数据按大小顺序整理且划分为三个区间,统计各区间内的数据个数,就得到频数分布调查表,参见表6-5。

频数分布调查表 表6-5

组 号	组的边界(mm)	组中值(mm)	频 数
1	9.55~9.75	9.65	5
2	9.75~9.95	9.85	4
3	9.95~10.15	10.05	1

由频数分布调查表就可大致看出数据分布的状况了。

2. 频数分布直方图的作法

(1)收集数据。数据不能太少,太少了易使误差大,不精确。一般取50~200个,数据总个数为 N。例如,某公路实测弯沉值的记录如表6-6所示,共有100个数据,即 $N=100$。

弯沉实测值(0.01mm) 表6-6

数 据										X_{max}	X_{min}
256	248	241	255	248	259	240	238	252	241	259	238
246	256	237	252	248	263	254	250	238	245	263	237
248	250	247	244	232	259	246	256	246	234	259	232
250	252	249	250	240	247	251	250	245	244	252	240
242	247	245	245	252	238	248	252	246	247	252	238
243	248	244	244	234	252	250	246	254	247	254	234
252	246	250	248	246	245	268	248	254	241	268	241
249	250	249	246	243	248	260	246	248	248	260	243
244	256	246	252	230	231	246	250	249	254	256	230
250	238	246	246	246	246	252	256	241	247	256	238

(2)求出数据中的最大值 X_{max} 和最小值 X_{min}。全体数据中的最大值与最小值之差,称为极差或散差 R,这个 R 描述了数据分布范围。上例中:

$$X_{max} = 268, \quad X_{min} = 230$$

$$R = X_{max} - X_{min} = 268 - 230 = 38$$

(3)确定组距和分组数。分组要适当,一般以分成10组左右为宜。组数用 K 表示,组距用 h 表示,一般先定组数,再定组距。组数 K 的选定可参考表6-7。

则: $$h = \frac{R}{K}$$

本例取 $K=8, h=38/8=4.75$,取 $h=5$。

资料个数与组数 表6-7

资料个数 N	组 数 K	资料个数 N	组 数 K
50以内	5~7	100~250	7~12
50~100	6~10	250以上	10~20

(4)确定分组区间值(组界值)。为了避免数据刚好落在组界上,组界值的资料要比原资料的精度高一位。第一区的上下界值,可按下式计算:

$(X_{\min} - h/2) \sim (X_{\min} + h/2) = (230 - 5/2) \sim (230 + 5/2) = 227.5 \sim 232.5$

第二区的上界值 = 第一区的上界值 + h

第三区的上界值 = 第二区的上界值 + h

……

(5)编制频数分布调查表。分组区间值确定之后,就可以绘制频数分布调查表,参见表6-8。

频数分布调查表 表6-8

序号	分组区间界限值	组 中 值	频 数 统 计	频 数	频 率
1	227.5~232.5	230	下	3	0.03
2	232.5~237.5	235	下	3	0.03
3	237.5~242.5	240	正下	9	0.09
4	242.5~247.5	245	正正正正正正下	32	0.32
5	247.5~252.5	250	正正正正正正正下	38	0.38
6	252.5~257.5	255	正正	10	0.10
7	257.5~262.5	260	下	3	0.03
8	262.5~267.5	265	—	1	0.01
9	267.5~272.5	270	—	1	0.01

(6)画频数分布直方图。从频数分布调查表上可了解数据的分布情况,但为了进一步了解产品质量情况,还可画出频数分布直方图。该图横坐标表示分组区间,纵坐标表示各个组间数据发生的频数。图6-11是根据上表画成的频数分布直方图。

(7)判断质量分布状态。作直方图的目的,是通过观察图的形状,来判断产品质量是否稳定,预测生产过程的不合格品率。直方图分为正常型和异常型两种,如图6-12所示。

①正常型:图形中间高,两边低,近似正态分布。判断方法是用直方图与公差(或标准)进行对比,看直方图是否都在公差要求的范围内。

图中:$\overline{X}$ 是平均值,B 是实际质量分布范围,T 是公差范围。这种对比有6种情况:图6-12a)中,B 在 T 中间,平均值也正好与公差中心重合,实际尺寸两边还有一定余地,这样的工序质量是很理想的;图6-12b)中,B 虽然落在 T 内,但因偏一边,因此仍有超差可能,须采取措施把分布移到中间来;图6-12c)中,B 在 T 中间,但两则完全没有余地,稍有不慎就会超差,必须缩小分布范围;图6-12d)中,公差范围大于实际分布,此时应考虑适当放宽精度,降低成本;图6-12e)中,B 过分偏离 T 的中心造成超差,应采取措施纠正;图6-12f)中,实际尺寸大于公差,产生超差,应缩小实际分布,提高操作精度。

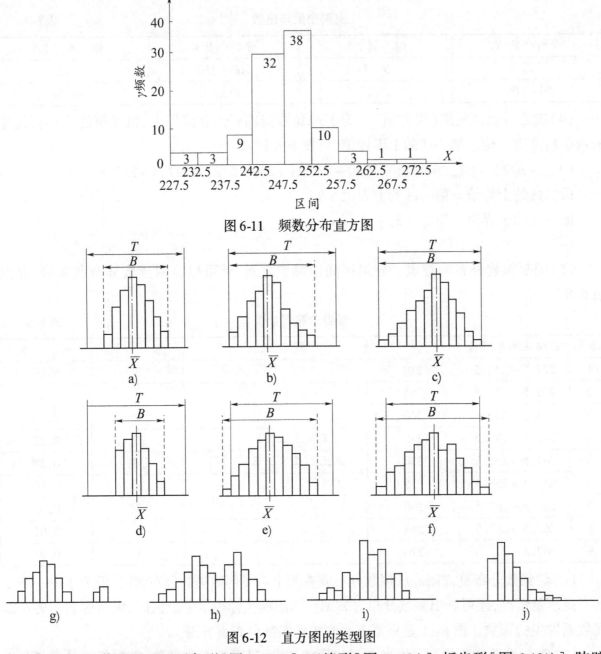

图 6-11 频数分布直方图

图 6-12 直方图的类型图

②异常型:若图形呈现孤岛形[图6-12g)]、双峰形[图6-12h)]、折齿形[图6-12i)]、陡壁形[图6-12j)]等形状,都为异常形状态。对这些状态就要分析判断原因,采取处理措施。

五、管理图

管理图也称作控制图,它是动态地分布和判断工序是否处于稳定状态,预报工序中是否存在影响质量异常原因的一种有效工具。

绘制管理图的基本方法是:定期收集若干资料,分别计算其平均值 $\overline{X}$ 和极差 R,点绘成曲线;同时绘出控制上限线 UCL 和控制下限线 LCL,根据资料点在控制线内的分布情况判断工序是否稳定或生产异常。管理图如图 6-13 所示。

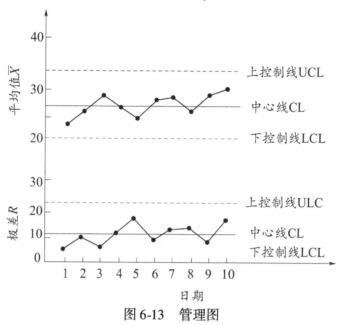

图 6-13 管理图

管理图是典型的动态分析方法,它的控制线是用来判断工序是否发生异常变化的尺度,而绝不是用来判断产品合格与否的标准。当生产处于控制(稳定)状态时,图上资料点应在控制界限范围内和在中心线两侧附近随机排列;当生产处于失控(不稳定)状态时,资料点就会出现异常情况。根据实践归纳,判定异常情况有以下几条原则:

(1)资料点超过控制上、下界限。

(2)资料点在中心线一侧连续出现 7 次以上。

(3)连续 3 点中,至少有 2 点在中心线的上方或下方 2σ 横线以外出现。[注:σ 是标准差,公式为 $\sigma = \sqrt{\dfrac{\sum\limits_{i=1}^{N}(x_i - \bar{x})^2}{N}}$,$\bar{x}$ 是所有资料(数据)的算术平均值。]

(4)资料点发生倾向性变化,如连续上升或下降、连续多点出现在中心线一侧。

(5)资料点保持周期性的变化。

当生产出现上述情况后,应及时采用全面质量管理的其他几种方法找出原因,采取措施,保证生产的正常进行。

复习思考题

一、填空题

1. 质量保证工作体系由_____工作体系、_____保证体系和_____形成过程的质量控制体系组成。

2. 公路工程产品质量形成的过程,一般可分为_____、_____、_____、_____和_____等 5 个过程。

3. 公路工程项目一般可按道路专业、桥隧专业、_____、_____和材料分项进行划分。

4. 排列图又称巴累托图或_____排列图。

5. 发生产品质量问题的原因一般离不开机械、人、_____、材料、测量和_____6个方面。

二、选择题

1. 全面质量管理是以（　　）为核心。
   A. 全体人员　　B. 产品质量　　C. 加强技术管理　　D. 高效的质量管理体系

2. PDCA 循环是一个科学管理方法，其中的 D 为（　　）。
   A. 计划阶段　　B. 检查阶段　　C. 实施阶段　　D. 处理阶段

3. （　　）属于工作质量指针范畴。
   A. 优良品率　　B. 合格率　　C. 分布情况　　D. 废品率

4. 调查表可以给其他数理统计工具提供依据和（　　）原因分析的一种工具。
   A. 粗略　　B. 详细　　C. 具体　　D. 确定

5. 直方图中的极差是指（　　）。
   A. 数据中的最大值　　　　　　B. 每组中的界值
   C. 数据中最大值-最小值　　　D. 每组中上界值-下界值

三、判断题

1. 质量管理目标的确定，是质量管理工作体系的"实施"阶段。　　　　　　　（　　）
2. 必须对每道工序进行管理，在缺陷未排除前不准进入下一道工序的施工。（　　）
3. 合同条款不是质量管理的依据。　　　　　　　　　　　　　　　　　　　（　　）
4. 在全面质量管理中，统计方法只有7种。　　　　　　　　　　　　　　　（　　）
5. 频数分布直方图收集的数据不能太少，一般取50～200个数据为宜。　　（　　）

四、简答题

1. 全面质量管理的基本特征是什么？
2. PDCA 循环的特点是什么？
3. 施工准备阶段的质量管理工作主要包括哪些内容？
4. 作直方图的目的是什么？
5. 哪些原则可以判定管理图有异常情况？

复习思考题及答案

第七章 公路养护管理

知识目标

1. 熟悉现行公路养护管理的组织机构;
2. 具备道班管理的一般知识;
3. 熟悉公路养护技术管理的内容和方法;
4. 掌握公路工程养护质量的检查评定方法。

能力目标

1. 能够进行公路养护技术管理工作;
2. 具备评定公路工程养护质量的能力。

第一节 公路养护管理组织机构

一、概述

为了加强对公路养护工作的管理,确保完成公路养护所规定的任务,建立、健全完善的公路养护管理组织机构是十分重要的。目前,我国的公路管理体制是按照"统一领导,分级管理"的原则建立起来的。公路建设、养护和管理的事权均以地方为主。总体看,已经形成中央、省、市、县四级公路管理体制。交通运输部主管全国公路建设和养护工作,主要负责制定法律法规、宏观政策、国道规划、技术标准和进行业务指导。各省、自治区、直辖市人民政府设立交通运输厅(局、委),负责辖区内公路的建设。大多数省、自治区、直辖市采用将高速公路和其他等级公路分开管理的模式。高速公路管理基本采用省级交通部门设高速公路管理局,在每条或几条高速公路上设高速公路管理处的组织模式,如图 7-1 所示。其他等级公路省级交通部门采用公路管理局(各省、自治区、直辖市的名称略有差别)、市公路管理局(总段)和县公路管理局(段)三级公路养护管理机构,负责对国家干线、省级干线及重要县级公路的养护管理;对特别重要的国、省干线按专线设养路工区(大道班),并视需要设桥工班、中修工程队、渡班、苗圃班、砂石料场、机修车间以及机械队、汽车队等生产单位。公路局也可根据需要设置直属的工程队、渡口所、机械修配厂等生产单位,其他公路养护管理机构如图 7-2 所示。随着市场经济的不断发展,在不影响公路养护管理组织机构大框架的前提下,很多省、自治区、直辖市探索了不同的公路养护管理模式,收到了很好的效果。

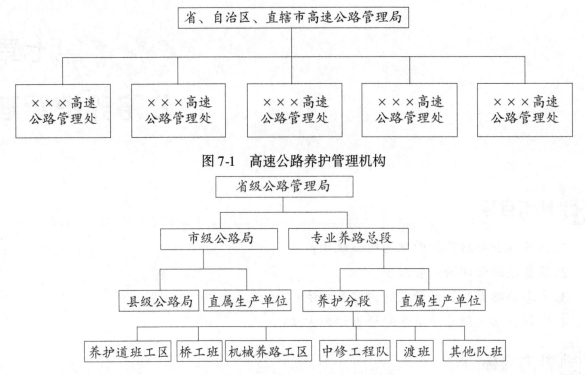

图 7-1 高速公路养护管理机构

图 7-2 其他公路养护管理机构

公路养护管理实现了三级管理，但随着我国经济的发展以及管理体制的改革，目前的管理工作范畴和具体内容已有变化，例如，取消养路费（费改税）之后，养护资金的申请与使用要经过国家或地方财政。股份公司投资的公路其养护资金来源于投资方。因此，在养护管理工作源头——养护资金方面发生了很大的变化，这也促使组织管理机构内部要进行相应的调整。

公路养护管理的基本流程是：下一级公路养护管理部门进行公路技术状况检查与评定，根据公路技术状况和工作规模，向上一级公路养护管理部门提出计划申请，上一级公路养护管理部门派技术人员进行现场考察与评估并修改后，将计划申请再向上一级申报，省级公路养护管理部门派技术人员对计划进行评估，将各市计划申请汇总，根据省级公路网养护规划和当年申请的资金总额等情况，向省级财政申请下一年的养护资金，批复后获财政拨款，养护计划即可实施（按法律规程要求进行招投标）。

我国公路养护已逐渐向市场化方向发展，养护工程正在逐步实现全面招投标制（包括日常维护），因此，目前的管理组织机构将来还会逐步发生变化，其主要职能将是公路技术状态管理、养护计划管理、养护维修方案审查、养护工程招投标、养护工程质量过程管理、养护工程质量验收等。

二、养护道班任务

一个道班一般担负着 10~15km 以上的公路养护生产作业任务，如使用机械化养路，则养路里程在 20~30km 以上，其具体任务是养路和护路。道班养路生产的基本原则是：全面养护，以养护路面为主。除养路、护路工作外，还要"搞好绿化，管好绿化"。对于道班养护工作的评价，应该通过对小修保养工程的工程质量和道班的工作质量的实际成果综合评定。所谓工作质量主要是指班组的计划、管理、各项制度、工人的思想、劳动态度等，而小修保养的工程质量则应按照现行《公路技术状况评定标准》（JTG 5210）来进行。

三、道班管理

做好养路道班生产工作的关键在于做好班组管理工作，而做好班组管理工作的关键在于健全养路责任制。道班实行的养路责任制，其实质是道班岗位责任制，主要有下列6项内容。

1. 小修保养分工制

全班工人划分为小修和保养两个组。分工合作，共同负责，是道班养路责任制的中心。小修组负责在全班养护路线范围内进行周期性的养护工作，其基本要求是：在巩固原有路况的前提下，按计划逐步地、有重点地进行小修，提高路况水平，使之符合优良路或优等路标准。保养组则是把养护路线分为几个保养小段，每段安排一定的人力负责经常性的保养工作。其基本要求是：在正常情况下，负责维护路况，并负责验收责任区内砂石等材料和承担路政管理工作。工人的责任管区宜基本固定，以便于熟练操作和提高技术水平，便于施工管理、稳定质量和体现效果。

2. 雨雪天巡养制

在雨雪天，保养岗位工人应按责任区全面进行巡查，着重疏通排水，看守危桥，除雪破冰，坚守防洪、防滑重点路段，如遇可能发生严重险情的，应由班长统一指挥，请当地乡村支援，组织抢修，并及时上报。小修组应抓住全班的防洪防滑重点，协同保养组进行工作，力争全班所养路线不被毁、不滑车、不阻车，安全畅通。

3. 安全、质量检查制

坚持操作规程，安全生产，并设安全质量检验员。检查的主要内容有：操作方法、施工质量、路面材料规格质量、安全措施、安全事故发生的原因、处理事故的方法和路政管理。检查办法是：以岗位工人经常自检为主，全班工人利用各种机会进行现场互检，班组长、检验员采取随时抽查与定期（至少每旬一次）全面检查相结合。

4. 材料、机具保管制

道班要设置机具保管员，具体掌握材料存入（库）数据、规格，以便安排备料计划。掌握现有工具、机械设备的名称、数量、技术状况及盈缺情况，以便安排添置计划，并建立采购、验收、保管、领用、回收、修理、报废、换新等制度，做到有物有账、账物相符。碎石、油料等项材料消耗量要随时记录，定期盘存核对，累积资料，统计实际消耗定额。

5. 班组经济核算制

实行班组经济核算，是全面的核算，它是县级公路局经济核算的组成部分。每个人干什么，管什么，便核算什么。班组经济核算应由道班和县级公路局共同配合进行。班组经济核算，除了从养路技术经济指标核算外，还要考核使用效果，即汽车运输技术经济指标，要求运输部门定期提供轮胎、油料、车速、小修用料金额等资料，通过前后对比，反映各个时期养路效果对运输的影响。

6. 轮流值日制

为了使道班生产、生活、学习等有序进行，全班人员轮流值日，协助班长领导指挥全日活动，值日员不脱产。其主要职责是：①组织召开当晚的班日生产会议或其他会议；②负责执行前一天晚上班日生产会议决定,组织生产活动,掌握生产动态;③掌握全日作息时间;④填写道班大事记和晴、雨气温登记表;⑤处理日常事务,如整理内务、收拾文件报纸等;⑥收工后检查工具、机械保养,检查道班房安全保卫工作;⑦办好值日员上下交班手续,并提出注意事项。

做好班组组织工作,除了上述6项内容之外,还必须辅以其他一些必要的管理制度,以促进养路责任制的实现。

四、班组经济核算的内容

根据公路养护的特点,要在保证好路率、安全和完成养护任务的前提下,核算班组的人工、材料、机械和其他支出的消耗等有关指标。其主要内容包括:质量核算、劳动核算、材料消耗核算及成本核算。

1. 质量核算

质量核算主要是对路况进行核算,因为它反映了道班的生产成果。公路质量按部颁标准分为优、良、中、次、差5个等级。按路面、路基、桥隧构造物、沿线设施四项内容分项记分,以100分为满分,其中以路面为主,综合衡量。其主要指标为公路技术状况指数 MQI,其计算方法在第三章中论述。

2. 劳动核算

上述质量的核算,也是劳动成果的核算。劳动核算,就是核算取得上述成果所消耗的劳动时间。只有对这两方面都加以核算,才能正确考核生产过程中劳动效率的高低。对于一个班组,在定员数量确定之后主要核算以下几项内容:

(1) 出勤率核算:核算劳动出勤率的高低。

$$出勤率 = \frac{出勤工日数}{制度工日数} \times 100\%$$

其中:　　　　　　制度工日数 = 日历工日数 − 公休日天数

出勤工日数 = 制度工日数 − 缺勤工日数(考勤记录)

(2) 出工率核算:考核出工率所达到的程度。

$$出工率 = \frac{出工日数}{出勤工日数} \times 100\%$$

其中:　　　　出工日数 = 出勤工日数 − 非生产日数(考勤记录)

(3) 工时利用率核算:考核工时利用程度。

$$工时利用率 = \frac{实际工作时间(h)}{制度工作时间} \times 100\%$$

(4) 劳动效率核算:考核道班工人劳动效率的程度。

$$劳动效率 = \frac{实际完成工作项目的劳动数量}{定额劳动数量} \times 100\%$$

例如:某道工某日完成整修边坡200m,定额为180m,则劳动效率 = (200/180) × 100% = 111%,超额完成11%。

(5) 全班当月平均劳动效率。

3. 材料消耗核算

材料消耗核算是对劳动对象的核算。道班的主要材料是砂、石和油料，系通过定额控制。应注意的是，公路养护单位是根据路龄和路况等级确定的年公里材料消耗定额。因此，材料消耗的核算不是主要核算节约数量，而是要保证这些材料的合理使用，使有限的材料在养护生产过程中充分发挥作用，达到提高养护质量的目的。耗用量的降低只有在保证路况质量的前提下才有意义。尽管这样，为了反映班组材料的消耗水平，还是应当核算材料消耗的节约或超支。

$$年公里材料消耗节约或超支 = \frac{道班年实际耗用总量}{道班养护里程} - 年公里定额数量$$

4. 成本核算

生产成本是反映生产消耗和生产成果的一个综合性指标，公路养护班组的成本是由上年初一次下达，分季度控制的。因此，班组的成本核算首先要对计划成本所有项目进行分解，具体组织实施方案。它包括以下几项内容：

(1) 年公里班组养护成本：它是指班组在年度内平均每公里所消耗的生产费用。

$$年公里养护成本 = \frac{年度内实际总养护费用}{养护里程}$$

$$成本降低率 = \frac{计划总成本 - 实际总成本}{计划总成本} \times 100\%$$

(2) 人工成本：指养护班组核算人工费。
(3) 材料成本：公路养护的主要材料是砂、石和油料，由于来源不同的，必须分别计算。
(4) 机械成本：班组自有的小型机械的核算。

第二节　公路养护技术管理

一、概述

公路养护技术管理是公路管理的组成部分，它是公路管理部门合理组织设计、施工、养护的方法，是为了不断提高技术水平，采用先进的新技术、新材料、新设备，提高劳动生产率，提高工程质量，降低原材料消耗和保证安全生产，全面完成养护任务的关键环节。

公路养护应加强技术管理，严格遵守和贯彻执行有关公路技术标准、规范和规程，以提高公路养护质量和服务水平。公路养护技术管理应本着服务及保畅的原则，大力推行技术创新，不断提高公路养护技术水平和管理水平。各级公路管理机构应建立健全公路养护管理制度，采用现代科技手段，逐步建立公路养护信息化管理平台。

二、公路养护技术管理的内容

公路养护技术管理的内容包括：信息化管理、养护工程管理、公路检查和档案管理等。

1. 信息化管理

公路养护技术管理应建立公路数据库作为基础平台，所有公路基本信息采用计算机进行储存和管理。各地公路管理机构应根据现行有关公路数据库标准的要求,逐步建立完善省、市、县各级公路数据库系统。公路数据库的内容应包括公路几何数据、路面结构数据、公路养护历史数据、交通量和轴载数据、桥涵及路基防护构造物数据、安全保障工程设施数据、绿化植物数据、路域环境数据等基本数据资料,以及路面结构强度、路面破损、路面平整度和路面抗滑等路面状况数据和交通事故数据。

公路基本数据采集以公路竣工文件为主要依据,并结合现状调查进行。当公路大修或改建后,数据应及时进行更新。路面状况数据应现场采集,并应尽量采用高效检测仪器进行数据采集。

公路数据信息包括:文字信息、数字信息和图片信息。数据的采集和整理以路段(一般为1km)为单位。路域环境信息除文字和数字信息外,宜每百米拍摄一张全景式数码照片作为图片信息存入数据库。路域环境图片信息也可用前方图像系统采集的连续录像信息代替。

各地应创造条件在公路数据库的基础平台上,根据需要建立起地理信息系统(GIS)以及路面管理系统、桥梁管理系统、隧道管理系统、公共信息服务系统等应用系统。

2. 养护工程管理

(1)各级公路管理机构应定期组织对公路路况进行调查,正确评价和掌握公路技术状况,并通过动态分析各种病害产生的原因、机理和变化规律,科学预测路况发展趋势,为养护工程决策提供科学依据。各级公路管理部门对所管辖公路的技术状况进行定期检测与评定,对评定结构进行分析,对照现行《公路技术状况评定标准》(JTG 5210)及其他相关规范中规定的标准,进行公路设施养护维修方案的初步确定,提出养护维修计划,并提出养护资金需求计划。对于临时出现的养护维修需求,及时进行技术鉴定与评价,提出维修技术方案和计划。

(2)养护工程应引入竞争机制,推行招投标制度、工程监理制度和合同管理制度。按照相关法律法规规定,公路改善和大中修工程项目的设计与施工采用工程招投标,公路管理部门应做好招投标的前期准备工作,项目交由有相应资质的工程招标中心进行招投标。

对于大中修工程,应由具有相应资质的单位进行施工和监理。

(3)公路大修或改建工程项目,应由具有相应资质的设计单位进行勘测设计,并及时组织技术人员进行设计会审。主要审查技术方案是否合理,图纸及说明是否齐全,采用技术是否可行、可靠,施工技术方法和工艺是否合适,预算是否合理等。由于公路改善和大中修工程项目采用一阶段施工图设计,设计单位对设计质量负责,施工图预算严格限定在审批的资金限额之内,设计文件经过主管部门审批后,不能随意修改和变更。项目实施过程中确实出现与设计不符的情况需要变更设计时,必须按程序办理变更设计手续。

(4)养护工程完工后,必须符合以下条件才能接养:

①经竣工验收为合格工程。

②公路编号、命名以及相应的交通工程及沿线设施系统设置规范、完善。

③各项竣工文件、档案资料齐全。

3. 公路检查

为掌握公路质量的变化情况,考核公路养护生产和管理工作效果以及为计划编制提供依据,应定期对公路进行检查。公路检查应做到科学、合理,考核评定应客观、公正,检测手段应先进、准确。应对公路主要技术指标进行全面检测或抽检,客观地评价公路路况和养护水平。公路检查的评价标准按现行《公路技术状况评定标准》(JTG 5210)执行。

县级公路管理机构每季度检查一次;市级公路管理机构每半年检查一次;省公路管理局每年检查一次;全国性的公路检查,交通运输部一般每5年组织或委托组织一次大检查。

公路养护与管理工作检查的内容一般包括:

(1)公路养护质量。

(2)工区(站)管理。

(3)市、县公路管理。

(4)执行公路养护技术政策情况。

(5)大中修、改善工程。

(6)养路机械化水平与管理。

(7)路政管理。

公路因遭受洪水、台风、积雪等自然灾害毁坏或人为破坏,造成交通中断时,沿线养护道班(工区、站)应调查了解情况,并迅速向县级公路管理机构报告;受损线路为国省干线时,应立即上报到省级公路管理机构,国道应上报交通运输部。

经公路管理机构批准,超过公路限载、限高、限宽、限长的超限运输车辆通行后,县级公路管理机构应及时组织检查。发现公路损坏时,应将损坏的路段桩号、程度、数量等情况向市级公路管理机构报告。

4. 档案管理

公路养护应严格执行工程档案管理有关规定,建立档案管理制度,由专人负责管理。公路养护档案工作应遵循"统一管理、分级负责"的原则。公路工程所形成的档案应及时归档,并由档案管理部门实行集中统一管理,不得由承办部门和个人分散保存。公路养护工程的计划、统计、审计、机械设备、设计文件、竣工档案等信息资料,应按相应的管理规定进行管理。公路养护档案应对小修保养、中修工程、大修工程和改建工程分别立卷归档。

对公路养护技术档案应每年按照档案要求分类整理,科学组卷,每单位工程为一卷,装订成册,如文件材料多时可分为若干册,编好目录,分类归档。立卷应遵循工程文件的自然形成规律,保持卷内文件的有机联系,便于档案的保管和利用。卷内文件排列顺序一般为封面、目录、文件材料部分。文件应字迹清楚,图样清晰,图表整洁,签字盖章手续完备。

加强档案的保存与管理,档案保管分别按永久、长期和短期三种期限进行系统排列。安放档案的档案室管理应贯彻"预防为主,防治结合"的方针,认真做好防盗、防火、防光、防潮、防尘、防污染、防有害生物的"七防"工作。坚持库房检查制度和库房温湿度记录制度,注意调节和控制库房的温湿度,确保档案的安全。档案管理部门应建立定期检查库存档案和设备制度,并做好检查记录。对破损和字迹模糊或变质的档案,应及时修补或复制。对库存档案发现可疑情况或者发生意外事故,应及时进行检查。档案的使用应遵循"严守国家机密、禁止涂改抽拆、切勿私自携出,不得转借散失、妥善保护案卷、用毕及时归还"的原则。

技术档案管理的主要内容有:

（1）公路路况调查登记：它反映路线和结构物技术经济状况，并为改善路况决策提供依据。这些技术资料的要求，应按现行《公路养护技术规范》（JTG H10）中的规定进行办理。

（2）改建和大、中修工程的技术档案，其主要内容包括：

①每个工程的设计文件及施工图纸、预算及原始资料。

②图纸会审记录。

③材料、构件、仪器的质量出厂证明及试验单据。

④各项工程原始施工记录。

⑤质量与事故及处理情况有关资料。

⑥竣工图表，决算及竣工验收文件。

⑦施工总结等。

（3）养路技术管理资料：主要包括公路养护远景规划、年度计划、改革成果、养路机械效果、相关的各种报表及统计资料等。

（4）科学试验的有关技术资料：科研计划、科研方案、试验资料、试验报告等。

（5）公路交通情况观测：现行《公路养护技术规范》（JTG H10）中所规定的各项资料。

（6）有关图片、照片和实物。

第三节　公路养护质量检查评定

一、养护质量基本要求

公路养护质量检查与评定是公路养护技术管理中的重要内容，是保证公路养护质量的有力措施。公路养护质量的基本要求是：保持路面整洁、横坡适度、行车舒适；路肩整洁、边坡稳定、排水畅通；构造物、桥涵及隧道完好；沿线设施完善，绿化协调美观；逐步实施公路标准化、美化建设工程，力争构成畅、洁、绿、美的公路交通环境。

公路技术状况的检测与调查包括路基、路面、桥隧构造物和沿线设施4部分内容。路面检测包括路面损坏状况、路面平整度、路面车辙、路面跳车、路面磨耗、路面抗滑性能和路面结构强度7项指标；桥隧构造物包括桥梁、隧道和涵洞这3类构造物。根据获得的基础数据资料，并应用现行《公路技术状况评定标准》（JTG 5210）中规定的评定方法，对公路的技术状况进行评定，根据评定结果将公路技术状况评定为优、良、中、次、差5个等级。

二、养护质量检查评定方法

1. 检测与调查方法

为了提高公路技术状况评定技术的科学性和先进性，在充分考虑我国现实公路养护管理水平、检测手段、装备条件和发展方向的情况下，《公路技术状况评定标准》（JTG 5210—2018）吸收了国内外先进成熟的新技术和新方法，在工程化示范应用的基础上，进一步完善了我国公路技术状况检测的评定方法、指标体系。评价指标见图7-3，各指标值域均为0~100。

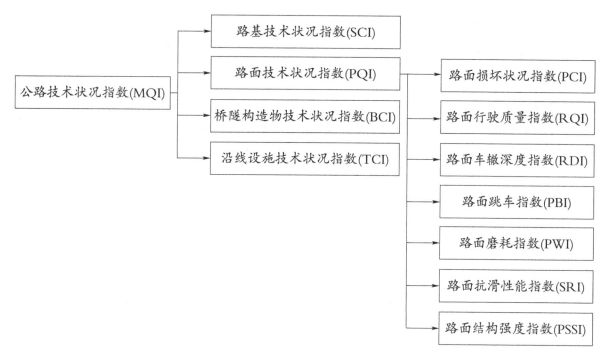

图 7-3 公路技术状况评价指标

公路技术状况指数(MQI)包含路基技术状况、路面技术状况、桥隧构造物技术状况和沿线设施技术状况四部分内容。上述四部分无论在内容上还是在属性上都有本质的差别,将属性不同的四部分内容结合在一起用一个指标表示,完全是适应管理上对公路技术状况整体评价的需要。

公路技术状况检测评定工作,应遵循客观、科学和高效的原则,采用先进可靠的检测和评定手段。在公路技术状况检测与调查过程中,多采用自动化检测设备,不适宜自动化检测的路线或路段可采用人工调查方式,人工调查应采用便携设备。便携设备应采用具有可现场记录和现场实时无线数据传输功能的便携式装置,包括移动终端等。

(1) 路面技术状况检测

路面技术状况检测应采用自动化检测设备。每个检测方向应至少检测一个主要行车道。二、三、四级公路的路面技术状况检测宜选择技术状况相对较差的方向。路面技术状况自动化检测指标应包括路面破损率(DR)、国际平整度指数(IRI)、路面车辙深度(RD)、路面跳车(PB)、路面构造深度(MPD)、横向力系数(SFC)和路面弯沉 l。其中,路面构造深度(MPD)和横向力系数(SFC)为二选一指标。

① 路面损坏状况检测

路面损坏状况检测指标应为路面破损率(DR),即路段内不同类型、程度和范围的损坏的折合面积与路段的路面总面积的比值。每 10m 应计算 1 个统计值。路面损坏应纵向连续检测,横向检测宽度不应小于车道宽度的 70%。检测设备应能够分辨约 1mm 的路面裂缝,检测数据宜采用机器自动识别,识别准确率应达到 90% 以上,高速公路宜采用 95% 以上的识别准确率。

② 路面平整度检测

路面平整度检测指标应为国际平整度指数(IRI),每 10m 应计算 1 个统计值。

平整度检测宜采用断面类检测设备,可结合路面损坏和车辙一并检测。单独检测路面平整度时,宜采用高精度的断面类检测设备。对路面平整度检测设备必须定期标定,每年至少标定一次,标定的相关系数应大于 0.95。超出设备有效检测速度或有效减速度范围的数据应为无效数据。

③路面车辙检测

路面车辙检测指标应为车辙深度(RD),每 10m 应计算 1 个统计值。

高速公路和一级公路路面车辙应采用自动化设备检测,路面车辙检测设备必须定期标定,每年至少标定一次,标定的相关系数应大于 0.95。当横断面数据出现异常或横断面数据不完整时,该检测断面应为无效数据。

④路面跳车检测

路面跳车是指由路面异常突起或沉陷等损坏引起的车辆突然颠簸。影响路面跳车的因素有水泥混凝土路面的错台,沥青路面的坑槽、拥包、沉陷、波浪,井盖突起或沉陷,路面与桥隧构造物异常连接等。路面跳车检测指标应为路面跳车(PB),每 10m 应计算 1 个统计值。

⑤路面磨耗检测

路面磨耗检测指标应为路面构造深度(MPD),每 10m 应计算 1 个统计值。路面磨损指数(PWI)是行车道三线位置(左轮迹带、右轮迹带及车道中线)路面构造深度最大差值的函数,用于描述路面表面磨损状况。路面构造深度的基准值为无磨损的车道中线路面构造深度检测数据。车道中线路面表面有明显磨损时,可采用同一断面同质路肩的路面构造深度检测数据为基准值。交工验收时的路面构造深度检测数据也可以作为路面构造深度的基准值。

⑥路面抗滑性能检测

路面抗滑性能检测指标应为横向力系数 SFC,每 10m 应计算 1 个统计值。路面抗滑性能检测应采用横向力系数检测设备或其他具有有效相关系数的自动化检测设备,相关系数不应小于 0.95。

⑦路面结构强度检测

路面结构强度检测指标应为路面弯沉 l。路面结构强度自动化检测应采用与贝克曼梁具有有效相关系数的高效自动化弯沉检测设备,相关系数不小于 0.95。具体检测方法应满足现行《公路路基路面现场测试规程》(JTG 3450)的规定。

(2)路基、桥隧构造物和沿线设施检测与调查

根据《公路技术状况评定标准》(JTG 5210—2018)的规定,路基损坏类型分为路肩损坏、边坡坍塌、水毁冲沟、路基构造物损坏、路缘石缺损、路基沉降和排水不畅 7 类,据此计算路基技术状况指数(SCI);桥隧构造物状况调查分为桥梁技术状况调查、隧道技术状况调查和涵洞技术状况调查三类,据此计算桥隧构造物技术状况指数(BCI);沿线设施损坏类型分为防护设施缺损、隔离栅损坏、标志缺损、标线缺损和绿化养护不善五类,据此计算沿线设施技术状况指数(TCI)。

2. 检测与调查频率

《公路技术状况评定标准》(JTG 5210—2018)规定了最低检测和调查频率(表 7-1)。有

条件的可根据实际情况适当增加部分指标的检测与调查频率或者按照季度检测,以便及时掌握公路技术状况的变化情况。

最低检测与调查频率 表7-1

检测与调查内容		沥青路面		水泥混凝土路面	
		高速、一级公路	二、三、四级公路	高速、一级公路	二、三、四级公路
路面PQI	路面损坏	1年1次	1年1次	1年1次	1年1次
	路面平整度	1年1次	1年1次	1年1次	1年1次
	路面车辙	1年1次			
	路面跳车	1年1次		1年1次	
	路面磨耗	1年1次		1年1次	
	路面抗滑性能	2年1次		2年1次	
	路面结构强度	抽样检测	抽样检测		
路基SCI		1年1次			
桥隧构造物BCI		按现行标准规范的有关规定执行			
沿线设施TCI		1年1次			

注:路面结构强度为抽样检测指标,抽样检测的路线或路段应按路面养护管理需要确定,最低抽样比例不得低于公路网列养里程的20%。

公路技术状况检测与调查的基本单元为千米路段。在行政等级、技术等级、路面类型、路面宽度、交叉口、出入口和管养单位等变化处可能存在非整千米路段。在非整千米路段处,检测(或调查)单元长度通常为100~1900m。公路技术状况检测与调查应按上行方向(桩号递增方向)和下行方向(桩号递减方向)分别实施,二、三、四级公路可不分上下行检测与调查。使用快速检测方法和设备采集路面技术状况评定所需数据时,每个检测方向至少要检测一个主要行车道。

3. 公路技术状况评定

公路技术状况应采用公路技术状况指数MQI评定。MQI应按式(7-1)计算。

$$\mathrm{MQI} = w_{\mathrm{PQI}}\mathrm{PQI} + w_{\mathrm{SCI}}\mathrm{SCI} + w_{\mathrm{BCI}}\mathrm{BCI} + w_{\mathrm{TCI}}\mathrm{TCI} \tag{7-1}$$

式中:w_{PQI}——PQI在MQI中的权重,取值为0.70;

w_{SCI}——SCI在MQI中的权重,取值为0.08;

w_{BCI}——BCI在MQI中的权重,取值为0.12;

w_{TCI}——TCI在MQI中的权重,取值为0.10。

《公路技术状况评定标准》(JTG 5210—2018)规定MQI的基本评定单元为1000m。取1000m是为了将公路技术状况评定与我国各级公路较为完善的里程桩系统结合起来,充分利用已有公路养护与管理的定位资源,使MQI的数据监测与技术状况评定有可靠的参照系统。有条件的省、自治区、直辖市,也可以将线性里程桩参照系统与大地坐标定位系统结合起来,使MQI评定路段的位置更精确。在参照了大量国内外文献资料、国内道路试验数据以及专家调查结果的基础上,《公路技术状况评定标准》(JTG 5210—2018)确定了路面性能(PQI)在MQI中权重为0.70,路基状况(SCI)、桥隧构造物状况(BCI)和沿线设施状况(TCI)

在 MQI 中的权重分别为 0.08、0.12 和 0.10。

(1) 路面技术状况(PQI)评定

《公路技术状况评定标准》(JTG 5210—2018) 对不同类型的路面规定了不同的技术指标。其中,沥青路面采用路面损坏、路面平整度、路面车辙、路面跳车、路面磨耗、路面抗滑性能和路面结构强度七项技术指标;水泥混凝土路面采用路面损坏、道路平整度、路面跳车、路面磨耗和路面抗滑性能五项技术指标。所有指标通过路面技术状况指数(PQI)[式(7-2)]汇总在一起,反映路面的整体使用性能。

$$PQI = w_{PCI}PCI + w_{RQI}RQI + w_{RDI}RDI + w_{PBI}PBI + w_{PWI}PWI + w_{SRI}SRI + w_{PSSI}PSSI \quad (7\text{-}2)$$

式中:PCI——路面损坏状况指数;
　　　RQI——路面行驶质量指数;
　　　RDI——路面车辙深度指数;
　　　PBI——路面跳车指数;
　　　PWI——路面磨耗指数;
　　　SRI——路面抗滑性能指数;
　　　PSSI——路面结构强度指数;
　　　w_{PCI}——PCI 在 PQI 中的权重;
　　　w_{RQI}——RQI 在 PQI 中的权重;
　　　w_{RDI}——RDI 在 PQI 中的权重;
　　　w_{PBI}——PBI 在 PQI 中的权重;
　　　w_{PWI}——PWI 在 PQI 中的权重;
　　　w_{SRI}——SRI 在 PQI 中的权重;
　　　w_{PSSI}——PSSI 在 PQI 中的权重。

PQI 各分项指标权重取值按表 7-2 选取。

PQI 各分项指标权重　　　　　　　　　　　　　　　表 7-2

路面类型	权重	高速公路、一级公路	二、三、四级公路
沥青路面	w_{PCI}	0.35	0.60
	w_{PQI}	0.30	0.40
	w_{PDI}	0.15	—
	w_{PBI}	0.10	—
	$w_{SRI(PWI)}$	0.10	—
	w_{PSSI}	—	—
水泥混凝土路面	w_{PCI}	0.50	0.60
	w_{PQI}	0.30	0.40
	w_{PBI}	0.10	—
	$w_{SRI(PWI)}$	0.10	—

采用式(7-2)计算 PQI 时,路面抗滑性能指数 SRI 和路面磨耗指数 PWI 应二者取一。路面结构强度指数 PSSI 不参与 PQI 计算。

① 路面损坏状况指数(PCI)

路面损坏用路面损坏状况指数(PCI)[式(7-3)、式(7-4)]评定。

$$PCI = 100 - a_0 DR^{a_1} \quad (7-3)$$

$$DR = 100 \times \frac{\sum_{i=1}^{i_0} w_i A_i}{A} \quad (7-4)$$

式中：DR——路面破损率(%)；

a_0——沥青路面采用15.00，水泥混凝土路面采用10.66；

a_1——沥青路面采用0.412，水泥混凝土路面采用0.461；

A_i——第i类路面损坏的累计面积(m^2)；

A——路面检测或调查面积(m^2)；

w_i——第i类路面损坏的权重或换算系数，见表7-3、表7-4；

i——路面损坏类型，包括损坏程度(轻、中、重)；

i_0——损坏类型总数，沥青路面取21，水泥混凝土路面取20。

自动化检测时，A_i应按式(7-5)计算：

$$A_i = 0.01 \times GN_i \quad (7-5)$$

式中：GN_i——含有第i类路面损坏的网格数；

0.01——面积换算系数，一个网格的标准尺寸为$0.1m \times 0.1m$。

沥青路面损坏类型、权重及换算系数 表7-3

类型 i	损坏名称	损坏程度	计量方法	权重w_i（人工调查）	换算系数w_i（自动化检测）
1	龟裂	轻	面积	0.6	1.0
2		中		0.8	
3		重		1.0	
4	块状裂缝	轻	面积	0.6	0.8
5		重		0.8	
6	纵向裂缝	轻	长度×0.2m	0.6	2.0
7		重		1.0	
8	横向裂缝	轻	长度×0.2m	0.6	2.0
9		重		1.0	
10	沉陷	轻	面积	0.6	1.0
11		重		1.0	
12	车辙	轻	长度×0.4m	0.6	—
13		重		1.0	
14	波浪拥包	轻	面积	0.6	1.0
15		重		1.0	
16	坑槽	轻	面积	0.8	1.0
17		重		1.0	

续上表

类型 i	损坏名称	损坏程度	计量方法	权重 w_i（人工调查）	换算系数 w_i（自动化检测）
18	松散	轻	面积	0.8	1.0
19		重		1.0	
20	泛油		面积	0.2	0.2
21	修补		面积或长度×0.2m	0.1	0.1(0.2)

注：1. 人工调查时，应将条状修补的调查长度(m)乘以影响宽度(0.2m)换算成面积。
2. 自动化检测时，块状修补的换算系数 w_i 为0.1，条状修补的换算系数 w_i 为0.2。

水泥混凝土路面损坏类型、权重及换算系数　　表7-4

类型 i	损坏名称	损坏程度	计量方法	权重 w_i（人工调查）	换算系数 w_i（自动化检测）
1	破碎板	轻	面积	0.8	1.0
2		重		1.0	
3	裂缝	轻	长度×1.0m	0.6	10
4		中		0.8	
5		重		1.0	
6	板角断裂	轻	面积	0.6	1.0
7		中		0.8	
8		重		1.0	
9	错台	轻	长度×1.0m	0.6	10
10		重		1.0	
11	拱起		面积	1.0	1.0
12	边角剥落	轻	长度×1.0m	0.6	10
13		中		0.8	
14		重		1.0	
15	接缝料损坏	轻	长度×1.0m	0.4	6
16		重		0.6	
17	坑洞		面积	1.0	1.0
18	唧泥		长度×1.0m	1.0	10
19	露骨		面积	0.3	0.3
20	修补		面积或长度×0.2m	0.1	0.1(0.2)

注：1. 人工调查时，应将条状修补的调查长度(m)乘以影响宽度(0.2m)换算成面积。
2. 自动化检测时，块状修补的换算系数 w_i 为0.1，条状修补的换算系数 w_i 为0.2。

②路面行驶质量指数(RQI)

路面行驶质量用路面行驶质量指数(RQI)[式(7-6)]评定。

$$\text{RQI} = \frac{100}{1 + a_0 e^{a_1 \text{IRI}}} \tag{7-6}$$

式中：IRI——国际平整度指数(m/km)；

a_0——高速公路和一级公路采用0.026，其他等级公路采用0.0185；

a_1——高速公路和一级公路采用0.65，其他等级公路采用0.58。

③路面车辙深度指数(RDI)

路面车辙用路面车辙深度指数(RDI)[式(7-7)]评定。

$$\text{RDI} = \begin{cases} 100 - a_0 \text{RD} & (\text{RD} \leqslant \text{RD}_a) \\ 90 - a_1(\text{RD} - \text{RD}_a) & (\text{RD}_a < \text{RD} \leqslant \text{RD}_b) \\ 0 & (\text{RD} > \text{RD}_b) \end{cases} \tag{7-7}$$

式中：RD——车辙深度(mm)；

RD_a——车辙深度参数，采用10.0；

RD_b——车辙深度参数，采用40.0；

a_0——模型参数，采用1.0；

a_1——模型参数，采用3.0。

④路面跳车指数(PBI)

路面跳车用路面跳车指数(PBI)[式(7-8)]评定。

$$\text{PBI} = 100 - \sum_{i=1}^{i_0} a_i \text{PB}_i \tag{7-8}$$

式中：PB_i——第i类程度的路面跳车数，路面跳车数计算方法见《公路技术状况评定标准》(JTG 5210—2018)附录B；

a_i——第i类程度的路面跳车单位扣分，按表7-5的规定取值；

i——路面跳车类型；

i_0——路面跳车类型总数，取3。

路面跳车扣分标准　　　　　　　　　　　　表7-5

类型 i	跳车程度	计量单位	单位扣分
1	轻度	处	0
2	中度		25
3	重度		50

⑤路面磨耗指数(PWI)

路面磨耗用路面磨耗指数(PWI)[式(7-9)、式(7-10)]评定。

$$\text{PWI} = 100 - a_0 \text{WR}^{a_1} \tag{7-9}$$

$$\text{WR} = 100 \times \frac{\text{MPD}_C - \min\{\text{MPD}_L, \text{MPD}_R\}}{\text{MPD}_C} \tag{7-10}$$

式中：WR——路面磨耗率(%)；

a_0——模型参数，采用1.696；

a_1——模型参数，采用0.785；

MPD_C——路面构造深度基准值，采用无磨损的车道中线路面构造深度(mm)；

MPD_L——左轮迹带的路面构造深度(mm)；

MPD_R——右轮迹带的路面构造深度(mm)。

⑥路面抗滑性能指数(SRI)

路面抗滑性能用路面抗滑性能指数(SRI)[式(7-11)]评定。

$$\mathrm{SRI} = \frac{100 - \mathrm{SRI}_{\min}}{1 + a_0 \mathrm{e}^{a_1 \mathrm{SFC}}} + \mathrm{SRI}_{\min} \tag{7-11}$$

式中：SFC——横向力系数；

$\mathrm{SRI}_{\min}$——标定参数，采用35.0；

a_0——模型参数，采用28.6；

a_1——模型参数，采用-0.105。

⑦路面结构强度指数(PSSI)

路面结构强度用路面结构强度指数(PSSI)[式(7-12)、式(7-13)]评定。

$$\mathrm{PSSI} = \frac{100}{1 + a_0 \mathrm{e}^{a_1 \mathrm{SSR}}} \tag{7-12}$$

$$\mathrm{SSR} = \frac{l_0}{l} \tag{7-13}$$

式中：SSR——路面结构强度系数，为路面弯沉标准值与路面实测代表弯沉之比；

l_0——路面弯沉标准值(0.01mm)；

l——路面实测代表弯沉(0.01mm)；

a_0——模型参数，采用15.71；

a_1——模型参数，采用-5.19。

(2)路基技术状况(SCI)评定

路基技术状况用路基技术状况指数(SCI)[式(7-14)]评定。

$$\mathrm{SCI} = \sum_{i=1}^{i_0} w_i (100 - \mathrm{GD}_{i\mathrm{SCI}}) \tag{7-14}$$

式中：$\mathrm{GD}_{i\mathrm{SCI}}$——第$i$类路基损坏的累计扣分，最高扣分为100，按表7-6的规定取值；

w_i——第i类路基损坏的权重，按表7-6取值；

i——路基损坏类型；

i_0——路基损坏类型总数，取7。

路基损坏扣分标准 表7-6

类型 i	损坏名称	损坏程度	计量单位	单位扣分	权重 w_i	备注
1	路肩损坏	轻	m²	1	0.10	
		重		2		
2	边坡坍塌	轻	处	20	0.25	边坡坍塌为重度且影响交通安全时，该评定单元的MQI值应取0
		中		50		
		重		100		
3	水毁冲沟	轻	处	20	0.15	
		中		30		
		重		50		

续上表

类型 i	损坏名称	损坏程度	计量单位	单位扣分	权重 w_i	备注
4	路基构造物损坏	轻	处	20	0.10	路基构造物损坏为重度时,该评定单元的SCI值应取0
		中		50		
		重		100		
5	路缘石缺损		m	4	0.05	
6	路基沉降	轻	处	20	0.25	
		中		30		
		重		50		
7	排水不畅	轻	处	20	0.10	
		中		50		
		重		100		

(3)桥隧构造物技术状况(BCI)评定

桥隧构造物技术状况用桥隧构造物技术状况指数(BCI)[式(7-15)]评定。

$$BCI = \min(100 - GD_{iBCI}) \quad (7\text{-}15)$$

式中:GD_{iBCI}——第 i 类构造物损坏的累计扣分,最高扣分为100,按表7-7的规定取值;

i——构造物类型(桥梁、隧道、涵洞)。

桥隧构造物扣分标准 表7-7

类型 i	构造物名称	评定等级	计量单位	单位扣分	备注
1	桥梁	1	座	0	采用现行《公路桥梁技术状况评定标准》(JTG/T H21)的评定方法,5类桥梁所属评定单元的MQI值应取0
		2		10	
		3		40	
		4		70	
		5		100	
2	隧道	1	座	0	采用现行《公路隧道养护技术规范》(JTG H12)的评定方法,5类隧道所属评定单元的MQI值应取0
		2		10	
		3		40	
		4		70	
		5		100	
3	涵洞	好	道	0	采用现行《公路桥涵养护规范》(JTG 5120)的评定方法,危险涵洞所属评定单元的MQI值应取0
		较好		10	
		较差		40	
		差		70	
		危险		100	

注:不含桥隧构造物的评定单元,BCI值应取100。

(4)沿线设施技术状况(TCI)评定

沿线设施技术状况用沿线设施技术状况指数(TCI)[式(7-16)]评定。

$$\text{TCI} = \sum_{i=1}^{i_0} w_i (100 - \text{GD}_{i\text{TCI}}) \tag{7-16}$$

式中：$\text{GD}_{i\text{TCI}}$——第 i 类设施损坏的累计扣分，最高扣分为100，按表7-8的规定取值；

w_i——第 i 类设施损坏的权重，按表7-8的规定取值；

i——沿线设施损坏类型；

i_0——沿线设施损坏类型总数，取5。

沿线设施扣分标准　　　　　　表7-8

类型 i	损坏名称	损坏程度	计量单位	单位扣分	权重 w_i	备注
1	防护设施缺损	轻	处	10	0.25	
		重		30		
2	隔离栅损坏		处	20	0.10	
3	标志缺损		处	20	0.25	
4	标线缺损		m	0.1	0.20	每100m扣1分，不足10m计10m
5	绿化管护不善		m	0.1	0.20	

在不断研究、试验、模拟和试点应用的基础上，《公路技术状况评定标准》(JTG 5210—2018)将公路技术状况分为优、良、中、次、差5个等级，并给出MQI及各分项指标的等级划分标准，见表7-9。

公路技术状况评定等级　　　　　　表7-9

评价等级	优	良	中	次	差
MQI	≥90	≥80,<90	≥70,<80	≥60,<70	<60
SCI、PQI、BCI、TCI	≥90	≥80,<90	≥70,<80	≥60,<70	<60
PCI、RQI、RDI、PBI、PWI、SRI、PSSI	≥90	≥80,<90	≥70,<80	≥60,<70	<60

注：1. 高速公路路面损坏状况指数PCI等级划分标准应为"优"大于或等于92，"良"在80～92之间，其他保持不变。

2. 水泥混凝土路面行驶质量指数RQI等级划分标准应为"优"大于或等于88，"良"在80～88之间，其他保持不变。

对于非整千米的路段，为了使评定结果具有可比性，除PQI外，其余的SCI、BCI和TCI三项指标实际扣分均应换算成基本评定单元的扣分(实际扣分×基本评定单元长度/实际评定单元长度)，然后再计算SCI、BCI和TCI。桥隧构造物评价结果(BCI)计入桥隧构造物所属评定单元。存在5类桥梁、5类隧道、危险涵洞及影响交通安全的重度边坡坍塌的评定单元，MQI=0。

路线公路技术状况评定时，应采用路线内所有评定单元MQI的算术平均值作为该路线的MQI。公路网公路技术状况评定时，应采用公路网内所有路线MQI的长度加权平均值作为该公路网的MQI。

《公路技术状况评定标准》(JTG 5210—2018)规定先按上、下行分别统计 MQI,然后将上、下行结果的平均值作为路线 MQI 评定结果。

公路技术状况评定应计算优等路率、优良路率和次差路率三项统计指标。优等路率为优等路长度之和与总评定长度的百分比;优良路率为优良路长度之和与总评定长度的百分比;次差路率为次差路长度之和与总评定长度的百分比。公路技术状况评定明细表的格式见表 7-10,公路技术状况评定汇总表的格式见表 7-11,路面技术状况评定汇总表的格式见表 7-12。

公路技术状况评定明细表　　表 7-10

所属政区：　　路线编码名称：　　技术等级：　　路面类型：　　检测方向：　　年　月　日

起点桩号	评定单元长度(m)	MQI	路基 SCI	路面 PQI	PQI 分项指标						桥隧构造物 BCI	沿线设施 TCI
					PCI	RQI	RDI	PBI	PWI	SRI	PSSI		
合计													

第　页　总　页

三、公路病害和缺陷的定义

1. 沥青路面

（1）龟裂

龟裂是裂缝与裂缝连接成形似龟背、小网格式、成块、不规则的网状裂缝。龟裂应按面积计算,损坏程度应按以下标准判断:

①轻:主要裂缝块度在 0.2~0.5m 之间,平均裂缝宽度小于 2mm。
②中:主要裂缝块度小于 0.2m,平均裂缝宽度在 2~5mm 之间。
③重:主要裂缝块度小于 0.2m,平均裂缝宽度大于 5mm。

公路技术状况评定汇总表

表 7-11

所属政区：　　　　　　　　　　　　　　　　　主管单位：　　　　　　　　　　　　　　　　　年　月　日

路线编码	路线名称	起点桩号	评定长度(km)	调查方向	技术等级	路面类型	MQI	MQI分项指标评定结果			MQI分布(km)					MQI统计(%)			
								SCI	PQI	BCI	TCI	优	良	中	次	差	优等路率	优良路率	次差路率
				全幅															
				上行															
				下行															
合计																			

第　页　总　页

路面技术状况评定汇总表

表 7-12

所属政区：　　　　　主管单位：　　　　　　　　　　　　　　　　　　　　　　　年　月　日

路线编码	路线名称	起点桩号	评定长度(km)	调查方向	技术等级	路面类型	PQI	PQI分项指标评定结果						PQI分布(km)				PQI统计(%)			
								PCI	RQI	RDI	PBI	PWI	SRI	PSSI	优	良	中	次	差	优等路率	优良路率	次路率	差路率
				全幅																			
				上行																			
				下行																			
				全幅																			
				上行																			
				下行																			
				全幅																			
				上行																			
				下行																			
				全幅																			
				上行																			
				下行																			
				全幅																			
				上行																			
合计				下行																			

第　　页　总　　页

(2)块状裂缝

当沥青面层较宽时,横向开裂、纵向开裂、斜向开裂相互交错,形成不规则的块状裂缝。块状裂缝应按面积计算,损坏程度应按以下标准判断:

①轻:主要裂缝块度大于1.0m,平均裂缝宽度在1～2mm之间。

②重:主要裂缝块度在0.5～1.0m之间,平均裂缝宽度大于2mm。

(3)纵向裂缝

纵向裂缝是路面上与行车方向基本平行的裂缝,应按长度(m)计算。检测结果应用影响宽度(0.2m)换算成损坏面积。损坏程度应按以下标准判断:

①轻:主要裂缝宽度小于或等于3mm。

②重:主要裂缝宽度大于3mm。

(4)横向裂缝

横向裂缝是路面上与行车方向基本垂直的裂缝,应按长度(m)计算。检测结果应用影响宽度(0.2m)换算成损坏面积。损坏程度应按以下标准判断:

①轻:主要裂缝宽度小于或等于3mm。

②重:主要裂缝宽度大于3mm。

(5)沉陷

沉陷是指路面局部垂直变形大于10mm的下陷变形。沉陷应按面积计算,损坏程度应按以下标准判断:

①轻:沉陷深度在10～25mm之间,行车无明显颠簸感。

②重:沉陷深度大于25mm,行车有明显颠簸感。

(6)车辙

车辙是指轮迹处深度大于10mm的纵向带状凹槽(辙槽)。车辙应按长度(m)计算,检测结果应用影响宽度(0.4m)换算成损坏面积。损坏程度应按以下标准判断:

①轻:车辙深度在10～15mm之间。

②重:车辙深度大于15mm。

(7)波浪拥包

波浪拥包是指路面纵向产生连续起伏(似波浪,有波峰波谷)或局部路面局部壅起,夜间行车时影响特别明显。波浪拥包应按面积计算,损坏程度应按以下标准判断:

①轻:波峰波谷高差在10～25mm之间。

②重:波峰波谷高差大于25mm。

(8)坑槽

坑槽是指沥青路面因面层集料局部脱落或基层和面层的局部脱落而出现的路面坑穴。坑槽应按面积计算,损坏程度应按以下标准判断:

①轻:坑槽深度小于25mm,或面积小于0.1m²。

②重:坑槽深度大于或等于25mm,或面积大于或等于0.1m²。

(9)松散

松散是沥青路面由于结合料散失或脱落,集料之间失去黏结力而出现松散、掉粒等现

象。松散应按面积计算,损坏程度应按以下标准判断:

①轻:路面表面细集料散失、脱皮、麻面等。

②重:路面表面粗集料散失、脱皮、麻面、露骨、表面剥落。

(10)泛油

泛油为沥青路面表面出现的薄油层,损坏应按面积计算。

(11)修补

修补为裂缝、坑槽、松散、沉陷、车辙等损坏的修复。块状修补应按面积计算,条状修补应按长度(m)乘以0.2m影响宽度计算。长度大于5m的整车道修复不计为路面修补损坏。修补范围内再次发生的损坏,应按新的损坏类型计算。

2. 水泥混凝土路面

(1)破碎板

破碎板是指被多条裂缝分为3个以上的板块。损坏按板块面积计算,损坏程度应按以下标准判断:

①轻:板块被裂缝分为3块及以上,破碎板未发生松动和沉陷。

②重:板块被裂缝分为3块及以上,破碎板有松动、沉陷和唧泥等现象。

(2)裂缝

裂缝为板块上只有一条裂缝的情况,应按长度(m)计算。检测结果应用影响宽度(1.0m)换算成损坏面积。损坏程度应按以下标准判断:

①轻:主要裂缝宽度小于3mm,一般为未贯通裂缝。

②中:主要裂缝宽度在3~10mm之间。

③重:主要裂缝宽度大于10mm。

(3)板角断裂

板角断裂为裂缝与纵横接缝相交,且交点距板角小于或等于板边长度一半的损坏,应按断裂板角的面积计算。损坏程度应按以下标准判断:

①轻:主要裂缝宽度小于3mm。

②中:主要裂缝宽度在3~10mm。

③重:主要裂缝宽度大于10mm。

(4)错台

错台为接缝两边出现的高差,应按长度(m)计算。检测结果应用影响宽度(1.0m)换算成损坏面积。损坏程度应按以下标准判断:

①轻:接缝两侧高差在5~10mm之间。

②重:接缝两侧高差大于10mm。

(5)拱起

拱起为横缝两侧板体高度大于10mm的抬高,损坏应按拱起涉及板块的面积计算。

(6)边角剥落

边角剥落为沿接缝方向板边上出现的碎裂和脱落,裂缝面与板面成一定角度,应按长度(m)计算。检测结果应用影响宽度(1.0m)换算成损坏面积。损坏程度应按以下标准判断:

①轻:板边上的碎裂和脱落。
②中:板边上的碎裂和脱落,接缝附近水泥混凝土有开裂。
③重:板边上的碎裂和脱落,接缝附近水泥混凝土多处开裂,开裂深度超过接缝槽底部。

(7)接缝料损坏

接缝料损坏是指由于接缝的填缝料老化、剥落等原因,填料不密水或接缝内已无填料,接缝被砂、石、土等填塞。接缝处损坏应按长度(m)计算,检测结果应用影响宽度(1.0m)换算成损坏面积。损坏程度应按以下标准判断:

①轻:填料老化,不密水,但尚未剥落脱空,未被砂、石、泥土等填塞。
②重:三分之一以上接缝出现空缝或被砂、石、土填塞。

(8)坑洞

坑洞为板面出现直径大于30mm、深度大于10mm的坑槽,损坏应按坑洞或坑洞群的包络面积计算。

(9)唧泥

唧泥为板块裂缝处有基层泥浆涌出,损坏应按长度(m)计算。检测结果应用影响宽度(1.0m)换算成损坏面积。

(10)露骨

露骨为板块表面细集料散失、粗集料暴露或表层疏松剥落,损坏应按面积计算。

(11)修补

修补为裂缝、板角断裂、边角剥落和坑洞等损坏的修复。块状修补应按面积计算,裂缝类的条状修补应按长度(m)乘以0.2m影响宽度计算。长度大于5m的整车道修复不计为路面修补损坏。修补范围内再次发生的损坏,应按新的损坏类型计算。

3.路基构造物

(1)路肩损坏

沥青路面路肩损坏分类应符合表7-3的规定,水泥混凝土路面路肩损坏分类应符合表7-4的规定。所有损坏均应按面积计算,累计面积不足$1m^2$应按$1m^2$计算。损坏程度应按以下标准判断:

①轻:路肩轻度损坏包括表7-3和表7-4规定的所有轻、中度损坏。
②重:路肩重度损坏包括表7-3和表7-4规定的所有重度损坏。

(2)边坡坍塌

边坡坍塌是路堤、路堑边坡表面松散及破碎引起的边坡坡面局部坍塌,按处计算。损坏程度应按以下标准判断:

①轻:边坡坍塌长度小于5m。
②中:边坡坍塌长度在5~10m之间。
③重:边坡坍塌长度大于10m。

(3)水毁冲沟

水毁冲沟为雨水冲刷形成的冲沟,按处计算。损坏程度应按以下标准判断:

①轻:冲沟深度小于20cm。

②中:冲沟深度在 20～50cm 之间。

③重:冲沟深度大于 50cm。

(4)路基构造物损坏

路基构造物损坏为挡墙等圬工体出现的表面、局部和结构等损坏,按处计算。损坏程度应按以下标准判断:

①轻:勾缝损坏、沉降缝损坏、表面破损、钢筋外露和锈蚀等,每 10m 计 1 处,不足 10m 按 1 处计算。

②中:局部基础淘空、墙体脱空、轻度裂缝、鼓肚、下沉等,每 10m 计 1 处,不足 10m 按 1 处计算。

③重:整体开裂、倾斜、滑移、倒塌等。

(5)路缘石缺损

路缘石缺损为路缘石缺失或损坏,按长度(m)计算。

(6)路基沉降

路基沉降为深度大于 30mm 的沉降,按处计算。损坏程度应按以下标准判断:

①轻:路基沉降长度小于 5m。

②中:路基沉降长度在 5～10m 之间。

③重:路基沉降长度大于 10m。

(7)排水不畅

排水不畅为路基边沟、排水沟、截水沟等排水系统淤塞,按处计算。损坏程度应按以下标准判断:

①轻:边沟、排水沟、截水沟等排水系统存在杂物、垃圾,每 10m 计 1 处,不足 10m 按 1 处计算。

②中:边沟、排水沟、截水沟等排水系统全截面堵塞,出现衬砌剥落、破损、圬工体破裂、管道损坏等,每 10m 计 1 处,不足 10m 按 1 处计算。

③重:路基排水系统与外部排水系统不连通。

4.桥隧构造物

桥隧构造物包括桥梁、隧道和涵洞三类。

(1)桥梁技术等级

桥梁技术状况等级采用《公路桥梁技术状况评定标准》(JTG/T H21—2011)规定的方法进行评定。评定等级为 1 类、2 类、3 类、4 类、5 类,对应的单位扣分分别为 0、10、40、70 和 100。

(2)隧道技术等级

隧道技术状况等级采用《公路隧道养护技术规范》(JTG H12—2015)规定的方法进行评定,对应的单位扣分分别为 0、10、40、70 和 100。

(3)涵洞技术等级

涵洞技术状况等级采用《公路桥涵养护规范》(JTG 5120—2021)规定的方法进行评定。评定等级为好、较好、较差、差、危险,对应的单位扣分分别为 0、10、40、70 和 100。

5. 沿线设施

(1) 防护设施缺损

防护设施缺损为防护设施（防撞护栏、防落网、声屏障、中央分隔带活动护栏和防眩板等）缺少、损坏或损坏修复后达不到技术要求。损坏应按处计算，损坏程度应按以下标准判断：

①轻度：缺损长度小于或等于4m。

②重度：缺损长度大于4m。

(2) 隔离栅损坏

隔离栅损坏为隔离栅破损或损坏修复后达不到技术要求，损坏应按处计算。

(3) 标志缺损

标志缺损为各种交通标志（如指示标志、警告标志、禁令标志、里程牌、轮廓标、百米标等）残缺、位置不当或尺寸不规范、颜色不鲜明、污染，可变信息板故障等。损坏按处计算，其中轮廓标和百米标每3个损坏算1处，累计损坏不足3个按1处计算。

(4) 标线缺损

标线缺损为标线（含突起路标）缺少应或损坏，损坏应按长度(m)计算。累计长度不足10m应按10m计算，评定时不考虑车道数量的影响。

(5) 绿化管护不善

绿化管护不善为树木、花草等枯萎或缺失，绿化带未及时修剪或有杂物，路段应绿化而未绿化。损坏应按长度(m)计算，累计长度不足10m按10m计算。

复习思考题

一、填空题

1. 我国的公路管理体制是按照"_____、_____"的原则建立起来的。
2. 道班养路生产的基本原则是：全面养护，以_____为主。
3. 路面检测包括_____、_____、_____、路面跳车、路面磨耗、路面抗滑性能和路面结构强度七项指标。
4. 对公路的技术状况进行评定，根据评定结果将公路技术状况评定为优、_____、_____、_____、差五个等级。
5. 公路技术状况指数(MQI)包含_____、_____、桥隧构造物技术状况指数和沿线设施技术状况指数四部分内容。

二、选择题

1. 路面技术状况自动化检测指标中，下面哪项指标与路面构造深度MPD为二选一指标。（　　）

　　A. 路面破损率DR　　　　　　　　B. 国际平整度指数IRI
　　C. 横向力系数SFC　　　　　　　　D. 路面跳车PB

2. 公路技术状况检测与调查的基本单元为( )路段。
   A. 千米　　　　B. 百米　　　　C. 米　　　　D. 厘米
3. 公路技术状况应采用公路技术状况指数( )评定。
   A. PQI　　　　B. MQI　　　　C. SCI　　　　D. BCI
4. 《公路技术状况评定标准》(JTG 5210—2018)规定 MQI 的基本评定单元为( )。
   A. 1000m　　　B. 100m　　　C. 10m　　　　D. 1m
5. 沥青路面沉陷是指路面局部垂直变形大于( )的下陷变形。
   A. 3mm　　　　B. 5mm　　　　C. 10mm　　　D. 15mm

三、判断题

1. 公路质量按交通运输部颁布的标准分为优、良、中、次、差五个等级。（　）
2. 公路基本数据采集以公路竣工文件为主要依据,并结合现状调查进行。（　）
3. 公路养护档案只需混杂归档即可。（　）
4. 档案的使用应遵循"严守国家机密、禁止涂改抽拆、切勿私自携出,不得转借散失、妥善保护案卷、用毕及时归还"的原则。（　）
5. 公路技术状况评定应计算优等路率、优良路率和次差路率三项统计指标。（　）

四、简答题

1. 班组经济核算包含哪些内容?
2. 公路养护技术管理包含哪些内容?
3. 水泥混凝土路面检测技术指标有哪些?
4. 沥青路面有哪些常见病害?
5. 路基构造物有哪些常见病害?

复习思考题及答案

附录

WECOST（V9.7.1版）软件编制的预算文件示例

表 A.0.2-3 总预算汇总表

建设项目名称：某新建二级公路
编制时间：2020-05-04
第 1 页 共 1 页 01-1

分项编号	工程或费用名称	单位	总数量	某二级公路 数量	某二级公路 金额（元）	某二级公路 技术经济指标	数量	金额（元）	技术经济指标	总金额（元）	全路段技术经济指标	各项费用比例（%）
	第一部分 建筑安装工程费	公路公里	5.000	5.000	6053524	1210704.80				6053523.91	1210704.80	82.29
	临时工程	公路公里	4.000	4.000	308073	77018.25				308072.51	77018.25	4.19
	路基工程	km	5.000	5.000	964019	192803.80				964019.11	192803.80	13.10
	路面工程	km	5.000	5.000	4404692	880938.40				4404692.25	880938.40	59.88
	专项费用	元			376740					376740.04		5.12
	第二部分 土地征用及拆迁补偿费	公路公里	5.000	5.000	720000	144000.00				720000.00	144000.00	9.79
	土地使用费	亩	90.000	90.000	720000	8000.00				720000.00	8000.00	9.79
	第三部分 工程建设其他费用	公路公里	5.000	5.000	582646	116529.20				582646.46	116529.20	7.92
	建设项目管理费	公路公里	5.000	5.000	553646	110729.20				553646.46	110729.20	7.53
	生产准备费	公路公里	5.000	5.000	29000	5800.00				29000.00	5800.00	0.39
	第四部分 预备费	元										
	基本预备费	元										
	价差预备费	元										
	第一至四部分合计	公路公里			7356170					7356170.37		100.00
	建设期贷款利息	公路公里										
	公路基本造价	公路公里			7356170					7356170.37		100.00

编制：黄丽平　　　　　　　　　　　　　　　　　　　　　　　　　　　　　　　　　复核：×××

附录 WECOST（V9.7.1版）软件编制的预算文件示例

表 A.0.2-5 总预算表

建设项目名称：某新建二级公路
编制范围：某二级公路

第 1 页 共 2 页 01 表

分项编号	工程或费用名称	单位	数量	金额（元）	技术经济指标	各项费用比例（%）	备注
1	第一部分 建筑安装工程费	公路公里	5	6053524	1210704.78	82.29	建设项目路线总长度（主线长度）
101	临时工程	公路公里	4	308073	77018.13	4.19	
10101	临时道路	km	4	61965	15491.19	0.84	
1010101	临时便道（修建、拆除与维护）	km	4	61965	15491.19	0.84	
10104	临时供电设施	总额		246108		3.35	
102	路基工程	km	5	964019	192803.82	13.10	
LJ02	路基挖方	m³	65000	716595	11.02	9.74	
LJ0201	挖土方	m³	65000	716595	11.02	9.74	
LJ03	路基填方	m³	38000	192221	5.06	2.61	
LJ0301	利用土方填筑	m³	38000	192221	5.06	2.61	
LJ07	路基防护与加固工程	km	5	55202	11040.47	0.75	
LJ0701	一般边坡防护与加固	km	5	55202	11040.47	0.75	
103	路面工程	km	5	4404692	880938.45	59.88	
LM01	沥青混凝土路面		5	4404692	880938.45	59.88	
LM0102	路面底基层	m²	40000	777925	19.45	10.58	
LM010201	石灰稳定类底基层	m²	40000	777925	19.45	10.58	
LM0103	路面基层	m²	40000	576276	14.41	7.83	
LM010302	水泥稳定类基层	m²	40000	576276	14.41	7.83	
LM0105	沥青混凝土面层	m²	35000	3050491	87.16	41.47	
LM010502	中粒式沥青混凝土面层	m²	35000	1869887	53.43	25.42	
LM010503	细粒式沥青混凝土面层	m²	35000	1180604	33.73	16.05	
110	专项费用	元		376740		5.12	
11001	施工场地建设费	元		287279		3.91	
11002	安全生产费	元		89461		1.22	

编制：黄丽平　　　　　　　　　　　　　　　　　　　　　　复核：×××

表 A.0.2-5　总预算表

建设项目名称：某新建二级公路

编制范围：某二级公路

第 2 页　共 2 页　01 表

分项编号	工程或费用名称	单位	数量	金额（元）	技术经济指标	各项费用比例（%）	备注
2	第二部分　土地征用及拆迁补偿费	公路公里	5	720000	144000.00	9.79	
201	土地使用费	亩	90	720000	8000.00	9.79	
20101	永久征用土地	亩	90	720000	8000.00	9.79	
2010101	土地补偿费	亩	90	720000	8000.00	9.79	
3	第三部分　工程建设其他费用	公路公里	5	582646	116529.29	7.92	
301	建设项目管理费	公路公里	5	553646	110729.29	7.53	
30101	建设单位（业主）管理费	公路公里	5	275644	55128.78	3.75	
30102	建设项目信息化费	公路公里	5	33882	6776.30	0.46	
30103	工程监理费	公路公里	5	170610	34121.97	2.32	
30104	设计文件审查费	公路公里	5	4511	902.25	0.06	
30105	竣（交）工验收试验检测费	公路公里	569000	13800	13800.00	0.94	
306	生产准备费	公路公里	5	29000	5800.00	0.39	
30601	工器具购置费	公路公里	5	29000	5800.00	0.39	
30602	办公和生活用家具购置费	元					
4	第四部分　预备费	元					
401	基本预备费						
402	价差预备费						
5	第一至四部分合计	公路公里		7356170		100.00	
6	建设期贷款利息	公路公里					
7	公路基本造价	公路公里		7356170		100.00	

编制：黄丽平　　　　　　　　　　　　　　　　　　　　　复核：×××

附录 WECOST（V9.7.1版）软件编制的预算文件示例

表 A.0.2-6 人工、主要材料、施工机械台班数量汇总表

建设项目名称：某新建二级公路
编制范围：某二级公路

第 1 页 共 3 页 02 表

代号	规格名称	单位	单价（元）	总数量	临时工程	分项统计 路基工程	分项统计 路面工程	分项统计 专项费用	辅助生产	场外运输损耗 %	场外运输损耗 数量
1001001	人工	工日	106.28	2252.793	188.400	425.078	1639.315				
1051001	机械工	工日	106.28	1707.655	80.400	1118.479	508.776				
2001021	8～12号铁丝（镀锌铁丝）	kg	4.36	84.000	84.000						
2003004	型钢（工字钢角钢）	t	3504.27	0.300	0.300						
2003005	钢板（A3，δ=5～40mm）	t	3547.01	1.000	1.000						
2009028	铁件（铁件）	kg	4.53	230.000	230.000						
3001001	石油沥青	t	4634.84	330.537			328.893			0.500	1.644
3003001	重油	kg	3.59	39992.568			39992.568				
3003002	汽油（93号）	kg	8.29	764.669			764.669				
3003003	柴油（0号-10号-20号）	kg	7.44	71430.000	2315.921	49210.514	19903.565				
3005002	电	kW·h	0.85	30121.094		49.365	30071.729				
3005004	水	m³	2.72	187.200		187.200					
5501002	土（路面用堆方）	m³	9.71	21551.967			20924.240			3.000	627.727
5503003	熟石灰	t	303.49	1140.416			1107.200			3.000	33.216
5503005	中（粗）砂（混凝土、砂浆用堆方）	m³	120.47	63.100		60.966				3.500	2.134
5503013	矿粉（粒径＜0.0074cm重量比＞70%）	t	179.76	279.406			275.548			1.400	3.858
5503015	路面用石屑	m³	106.80	1091.590			1080.783			1.000	10.808
5505005	片石（码方）	m³	96.88	175.950		175.950					
5505017	路面用碎石（1.5cm）（最大粒径1.5cm堆方）	m³	126.31	2392.480			2359.448			1.400	33.032
5505018	路面用碎石（2.5cm）（最大粒径2.5cm堆方）	m³	124.24	757.641			747.180			1.400	10.461
5509001	32.5级水泥	t	330.02	733.366		15.000	708.240			1.400	10.125

编制：黄丽平　　　　　　　　　　　　　　　　　　　　　　　　　　　　　　　　复核：×××

表 A.0.2-6 人工、主要材料、施工机械台班数量汇总表

建设项目名称：某新建二级公路
编制范围：某二级公路

第 2 页 共 3 页 表 02

代号	规格名称	单位	单价（元）	总数量	临时工程	分项统计 路基工程	分项统计 路面工程	分项专项费用	辅助生产	场外运输损耗 %	场外运输损耗 数量
5511002	钢筋混凝土电杆(7mm,)	根	264.10	60.000	60.000						
7001009	120/20 聚乙烯绝缘电力电缆（规格120/20）	m	14.02	6300.000	6300.000						
7801001	其他材料费	元	1.00	277962.340	3156.000	42.510	24763.830				
7901001	设备摊销费	元	1.00	84017.735	73958.000		10059.735				
8001002	功率75kW以内履带式推土机(TY100)	台班	884.21	35.960	35.960						
8001027	斗容量1.0m³ 履带式单斗挖掘机(WY100液压)	台班	1195.01	128.700		128.700					
8001045	斗容量1.0m³ 轮胎式装载机(ZL20)	台班	585.22	1.434		1.434					
8001047	斗容量2.0m³ 轮胎式装载机(ZL40)	台班	985.54	28.473			28.473				
8001058	功率120kW以内平地机(F155)	台班	1188.74	88.660		64.660	24.000				
8001078	机械自身质量6~8t光轮压路机(2Y-6/8)	台班	361.02	3.200	3.200						
8001079	机械自身质量8~10t光轮压路机(2Y-8/10)	台班	396.49	2.000	2.000						
8001081	机械自身质量12~15t光轮压路机(3Y-12/15)	台班	587.09	221.460	8.480	191.780	21.200				

续上表

代号	规格名称	单位	单价(元)	总数量	临时工程	路基工程	路面工程	分项专项费用	辅助生产	场外运输损耗 %	数量
8001083	机械自身质量18~21t光轮压路机(3Y-18/21)	台班	752.93	64.000			64.000				
8003005	功率235kW以内稳定土拌和机(WB230)	台班	2014.07	18.400			18.400				
8003048	生产能力60t/h以内沥青混合料拌和设备(LB800)	台班	9629.58	22.278			22.278				
8003057	最大摊铺宽度4.5mm,以内沥青混合料摊铺机(带自动找平)(2LTZ45)	台班	1310.54	21.137			21.137				
8003063	机械自身质量10t以内双钢轮振动压路机(YZC-10)	台班	1095.48	38.052			38.052				
8003066	机械自身质量9~16t轮胎式压路机(YL16)	台班	650.94	19.026			19.026				

编制：黄丽平　　　　　　　　　　　　　　　　　复核：×××

表 A.0.2-6 人工、主要材料、施工机械台班数量汇总表

建设项目名称：某新建二级公路

编制范围：某二级公路

第 3 页 共 3 页　　02 表

代号	规格名称	单位	单价(元)	总数量	分项统计					场外运输损耗	
					临时工程	路基工程	路面工程	分项专项费用	辅助生产	%	数量
8003067	机械自身质量16~20t 轮胎式压路机(YL20)	台班	765.52	16.226			16.226				
8005010	出料容量400L以内灰浆搅拌机(UJ325)	台班	137.79	2.295		2.295					
8007012	装载质量5t以内自卸汽车(CA340)	台班	574.24	18.246			18.246				
8007014	装载质量8t以内自卸汽车(QD351)	台班	680.18	575.926		536.250	39.676				
8007043	容量10000L以内洒水汽车(YGJ5170GSSJN)	台班	1104.87	31.920			31.920				

编制：黄丽平　　　　　　　　　　　　　　　　　　　　　　　　　　　　　　　　复核：××××

附录 WECOST（V9.7.1版）软件编制的预算文件示例

表 A.0.2-7 建筑安装工程费计算表

建设项目名称：某新建二级公路

编制范围：某二级公路

第 1 页 共 1 页　　03 表

序号	分项编号	工程名称	单位	工程量	定额直接费（元）	定额设备购置费（元）	直接费（元）				设备购置费（元）	措施费（元）	企业管理费（元）	规费（元）	利润（元）		税金（元）		金额合计（元）	
							人工费	材料费	施工机械使用费	合计					费率(%)		税率(%)	合计	合计	单价
1	2	3	4	5	6	7	8	9	10	11	12	13	14	15	7.42%	16	10.0%	17	18	19
1	1010101	临时便道（修建、拆除与维护）	km	4.000	49180		10458		38723	49181		1018	2242			3891		5633	61965	15491.19
2	10104	临时供电设施	总额		196860		9565	187292		196858		2447	8975			15455		22373	246108	
3	LJ0201	挖土方	m³	65000.000	583955		22903		561060	583964		5374	17114			44998		65145	716595	11.02
4	LJ0301	利用土方填筑	m³	38000.000	155420		8481		146940	155421		1876	5379			12070		17475	192221	5.06
5	LJ0701	一般边坡防护与加固	km	5.000	36550		13793	29893	1155	44841		623	1826			2894		5018	55202	11040.47
6	LM010201	石灰稳定类底基层	m²	40000.000	604800		97778	452805	83894	634477		6762	19166			46800		70720	777925	19.45
7	LM010302	水泥稳定类基层	m²	40000.000	453640		48889	344207	76358	469454		4962	14376			35095		52389	576276	14.41
8	LM010502	中粒式沥青混凝土面层	m²	35000.000	1440863		17148	1279156	232551	1528855		14123	45579			111342		169990	1869887	53.43
9	LM010503	细粒式沥青混凝土面层	m²	35000.000	912104		10412	811764	142926	965102		8863	28837			70475		107328	1180604	33.73
10	11001	施工场地建设费	元							287279									287279	
11	11002	安全生产费	元							89461									89461	
12		各项费用合计	公路公里	5.000	4433371		239427	3105117	1283608	5004891		46048	143493			343020		516071	6053524	1210704.78

编制：黄丽平　　复核：×××

表 A.0.2-8 综合费率计算表

建设项目名称：某新建二级公路
编制范围：某二级公路

第 1 页 共 1 页 04 表

序号	工程类列	措施费(%)							综合费率		企业管理费(%)					规费(%)				综合费率
		冬季施工增加费	雨季施工增加费	夜间施工增加费	高原地区施工增加费	风沙地区施工增加费	沿海地区施工增加费	行车干扰施工增加费	施工辅助费	工地转移费	I	II	基本费用	主副食运费补贴	职工探亲路费	职工取暖补贴	财务费用	综合费率	养老保险费	失业保险费	医疗保险费	工伤保险费	住房公积金	综合费率
1	2	3	4	5	6	7	8	9	10	11	12	13	14	15	16	17	18	19	20	21	22	23	24	25
01	土方		0.39						0.52	0.30	0.69	0.52	2.75	0.19	0.19	0.06	0.27	3.46						
02	石方		0.35						0.47	0.21	0.56	0.47	2.79	0.18	0.20	0.54	0.26	3.97						
03	运输		0.39						0.15	0.20	0.59	0.15	1.37	0.19	0.13	0.65	0.26	2.61						
04	路面	0.20	0.37						0.82	0.44	1.00	0.82	2.43	0.13	0.16	0.05	0.40	3.17						
05	隧道								1.20	0.35	0.35	1.20	3.57	0.15	0.27	0.05	0.51	4.55						
06	构造物 I	0.29	0.23						1.20	0.35	0.87	1.20	3.59	0.17	0.27	0.07	0.47	4.56						
06-1	构造物 I (绿化)		0.23						1.20	0.35	0.58	1.20	3.59	0.17	0.27	0.07	0.47	4.56						
07	构造物 II	0.39	0.28						1.54	0.45	1.12	1.54	4.73	0.20	0.35	0.07	0.55	5.89						
08	构造物 III (一般)	0.72	0.57						2.73	0.84	2.13	2.73	5.98	0.35	0.55	0.13	1.09	8.10						
08-1	构造物 III (室内)	0.72							2.73	0.84	1.56	2.73	5.98	0.35	0.55	0.13	1.09	8.10						
08-2	构造物 III (桥梁)	0.72	0.57						2.73	0.84	2.13	2.73	5.98	0.35	0.55	0.13	1.09	8.10						
08-3	构造物 III (设备安装)	0.72							2.73	0.84	1.56	2.73	5.98	0.35	0.55	0.13	1.09	8.10						

续上表

序号	工程类别	措施费(%)									综合费率		企业管理费(%)						规费(%)				综合费率
		冬季施工增加费	雨季施工增加费	夜间施工增加费	高原地区施工增加费	风沙地区施工增加费	沿海地区施工增加费	行车干扰施工增加费	施工辅助费	工地转移费	I	II	基本费用	主副食运费补贴	职工探亲路费	职工取暖补贴	财务费用	综合费率	养老保险费	失业保险费	医疗保险费	工伤保险费	住房公积金	综合费率
1	2	3	4	5	6	7	8	9	10	11	12	13	14	15	16	17	18	19	20	21	22	23	24	25
09	技术复杂大桥	0.45	0.36						1.68	0.52	1.33	1.68	4.14	0.17	0.21	0.06	0.64	5.21						
10	钢材及钢结构（一般）								0.56	0.47	0.47	0.56	2.24	0.17	0.16	0.05	0.65	3.27						
10-1	钢材及钢结构（桥梁）								0.56	0.47	0.47	0.56	2.24	0.17	0.16	0.05	0.65	3.27						
10-2	钢材及钢结构（金属标志牌等）								0.56	0.47	0.47	0.56	2.24	0.17	0.16	0.05	0.65	3.27						
11	设备																							
12	利润和税金																							
13	不计																							

编制：黄丽平　　　　　　　　　　　　　　复核：××××

表 A.0.2-9 综合费计算表

建设项目名称：某新建二级公路
编制范围：某二级公路

第 1 页 共 1 页　　表 04-1

序号	工程类别	冬季施工增加费	雨季施工增加费	夜间施工增加费	高原地区施工增加	风沙地区施工增加	沿海地区施工增加	行车干扰施工增加	施工辅助费	工地转移费	综合费用 I	综合费用 II	基本费用	副食运费补贴	职工探亲路费	职工取暖补贴	财务费用	综合费用	养老保险费	失业保险费	医疗保险费	工伤保险费	住房公积金	综合费用
	2	3	4	5	6	7	8	9	10	11	12	13	14	15	16	17	18	19	20	21	22	23	24	25
1	临时便道（修建、拆除与维护）	142	113						591	173	427	591	1764	82	135	32	229	2242						
2	临时供电设施	28	22						2364	34	83	2364	7061	329	539	128	917	8975						
3	挖土方		2270						1704	1400	3670	1704	11034	1119	902	2502	1557	17114						
4	利用土方填筑		598						810	468	1066	810	4269	297	298	93	421	5379						
5	一般边坡防护与加固	49	37						479	58	144	479	1448	65	109	24	180	1826						
6	石灰稳定类底基层	360	665						4947	790	1815	4947	14678	786	962	296	2443	19166						
7	水泥稳定类基层	248	458						3711	545	1251	3711	11010	590	721	222	1833	14376						
8	中粒式沥青混凝土面层	465	918						11688	1052	2435	11688	34814	1882	2287	795	5800	45579						
9	细粒式沥青混凝土面层	279	564						7380	639	1482	7380	22008	1193	1447	520	3668	28837						
10	合计	1570	5645						33674	5158	12374	33674	108087	6343	7401	4614	17049	143493						

编制：黄丽平　　　　　　　　　　　　　　　　　　　复核：××××

表 A.0.2-11 专项费用计算表

建设项目名称：某新建二级公路
编制范围：某二级公路

第 1 页　共 1 页　06 表

序号	工程或费用名称	说明及计算式	金额(元)	备注
11001	施工场地建设费	{部颁2018 施工场地建设费}	287279	287279.09
11002	安全生产费	建安工程费×1.5%	89461	6053523.91×1.5%

编制：黄丽平　　　　　　　　　　　　　　　　　　　　　　　　复核：×××

表 A.0.2-12　土地使用及拆迁补偿费计算表

建设项目名称：某新建二级公路
编制范围：某二级公路

第 1 页　共 1 页　　07 表

序号	费用名称	单位	数量	单价(元)	金额(元)	说明及计算式	备注
201	土地使用费		90.000	8000.00	720000.00		
20101	永久征用土地	亩	90.000	8000.00	720000.00		
2010101	土地补偿费	亩	90.000	8000.00	720000.00		

编制：黄丽平　　　　　　　　　　　　　　　　　　　复核：××××

附录 WECOST（V9.7.1版）软件编制的预算文件示例

表 A.0.2-13 工程建设其他费计算表

建设项目名称：某新建二级公路

编制范围：某二级公路

第 1 页 共 1 页 08 表

序号	费用名称及项目	说明及计算式	金额（元）	备注
301	建设项目管理费		553646	
30101	建设单位（业主）管理费	{部颁 2018 建设单位（业主）管理费}	275644	275643.88
30102	建设项目信息化费	{部颁 2018 建设项目信息化费}	33882	33881.52
30103	工程监理费	{部颁 2018 工程监理费}	170610	170609.84
30104	设计文件审查费	{部颁 2018 设计文件审查费}	4511	4511.23
30105	竣（交）工验收试验检测费	{部颁 2018 竣（交）工验收试验检测费}	69000	69000
306	生产准备费		29000	
30602	办公和生活用家具购置费	{部颁 2018 办公及生活用家具购置费}	29000	29000

编制：黄丽平

复核：×××

表 A.0.2-14 人工、材料、施工机械台班单价汇总表

建设项目名称：某新建二级公路
编制范围：某二级公路

第 1 页　共 1 页　表 09

序号	名称	单位	代号	预算单价（元）	备注
1	人工	工日	1001001	106.28	
2	机械工	工日	1051001	106.28	
3	8~12号铁丝镀锌铁丝	kg	2001021	4.36	
4	型钢工字钢角钢	t	2003004	3504.27	
5	钢板A3,δ=5~40mm,	t	2003005	3547.01	
6	铁件铁件	kg	2009028	4.53	
7	石油沥青	t	3001001	4634.84	
8	重油	kg	3003001	3.59	
9	汽油93号	kg	3003002	8.29	
10	柴油0号-10号-20号	kg	3003003	7.44	
11	电	kW·h	3005002	0.85	
12	水	m³	3005004	2.72	
13	土路面用堆方	m³	5501002	9.71	
14	熟石灰	t	5503003	303.49	
15	中(粗)砂混凝土、砂浆用堆方	m³	5503005	120.47	
16	矿粉粒径<0.0074cm 重量比>70%	t	5503013	179.76	
17	路面用石屑	m³	5503015	106.80	
18	片石码方	m³	5505005	96.88	
19	路面用碎石1.5cm 最大粒径1.5cm堆方	m³	5505017	126.31	
20	路面用碎石2.5cm 最大粒径2.5cm堆方	m³	5505018	124.24	
21	32.5级水泥	t	5509001	330.02	
22	钢筋混凝土电杆(7mm,)	根	5511002	264.10	
23	120/20聚乙烯绝缘电力电缆规格120/20	m	7001009	14.02	
24	其他材料费	元	7801001	1.00	
25	设备摊销费	元	7901001	1.00	
26	功率75kW以内履带式推土机TY100	台班	8001002	884.21	
27	斗容量1.0m³履带式单斗挖掘机WY100液压	台班	8001027	1195.01	
28	斗容量1.0m³轮胎式装载机ZL20	台班	8001045	585.22	
29	斗容量2.0m³轮胎式装载机ZL40	台班	8001047	985.54	
30	功率120kW以内平地机F155	台班	8001058	1188.74	

续上表

序号	名 称	单位	代号	预算单价（元）	备注
31	机械自身质量 6~8t 光轮压路机 2Y-6/8	台班	8001078	361.02	
32	机械自身质量 8~10t 光轮压路机 2Y-8/10	台班	8001079	396.49	
33	机械自身质量 12~15t 光轮压路机 3Y-12/15	台班	8001081	587.09	
34	机械自身质量 18~21t 光轮压路机 3Y-18/21	台班	8001083	752.93	
35	功率 235kW 以内稳定土拌和机 WB230	台班	8003005	2014.07	
36	生产能力 60t/h 以内沥青混合料拌和设备 LB800	台班	8003048	9629.58	
37	最大摊铺宽度 4.5mm，以内沥青混合料摊铺机（带自动找平）2LTZA5	台班	8003057	1310.54	
38	机械自身质量 10t 以内双钢轮振动压路机 YZC-10	台班	8003063	1095.48	
39	机械自身质量 9~16t 轮胎式压路机 YL16	台班	8003066	650.94	
40	机械自身质量 16~20t 轮胎式压路机 YL20	台班	8003067	765.52	
41	出料容量 400L 以内灰浆搅拌机 UJ325	台班	8005010	137.79	
42	装载质量 5t 以内自卸汽车 CA340	台班	8007012	574.24	
43	装载质量 8t 以内自卸汽车 QD351	台班	8007014	680.18	
44	容量 10000L 以内洒水汽车 YGJ5170GSSJN	台班	8007043	1104.87	
45	定额基价	元	1999	1.00	

编制：黄丽平　　　　　　　　　　　　　　　　　　　　　　　　　　　复核：×××

表 A.0.3-1　分项工程预算计算数据表

建设项目名称：某新建二级公路　　标准定额库版本号：　　　校验码：　　　第 1 页　共 4 页　　表 21-1

编制范围：某二级公路

分项编号/定额代号/工料机代号	项目、定额或工料机的名称	单位	数量	输入单价	输入金额	分项组价类型或定额子目取费类列	定额调整情况或分项算式
1010101	临时便道（修建、拆除与维护）	km	4.000	15491.19	61964.75		
8001002	功率 75kW 以内履带式推土机	台班	35.960	884.21	31796.19		
8001078	机械自身质量 6~8t 光轮压路机	台班	3.200	361.02	1155.26		
8001079	机械自身质量 8~10t 光轮压路机	台班	2.000	396.49	792.98		
8001081	机械自身质量 12~15t 光轮压路机	台班	8.480	587.09	4978.52		
LJ0201	挖土方	m³	65000.000	11.02	716595.10		
8001027	斗容量 1.0m³ 履带式单斗挖掘机	台班	128.700	1195.01	153797.79		
8001058	功率 120kW 以内平地机	台班	8.800	1188.74	10460.91		
8001081	机械自身质量 12~15t 光轮压路机	台班	54.600	587.09	32055.11		
8007014	装载质量 8t 以内自卸汽车	台班	536.250	680.18	364746.53		
LJ0301	利用土方填筑	m³	38000.000	5.06	192221.48		
8001058	功率 120kW 以内平地机	台班	55.860	1188.74	66403.02		
8001081	机械自身质量 12~15t 光轮压路机	台班	137.180	587.09	80537.01		
LJ0701	一般边坡防护与加固	km	5.000	11040.47	55202.37		
3005004	水	m³	187.200	2.72	509.18		
5503005	中（粗）砂	m³	60.966	120.47	7344.57		
5505005	片石	m³	175.950	96.88	17046.04		
5509001	32.5 水泥	t	15.000	330.02	4950.40		
7801001	其他材料费	元	42.510	1.00	42.51		
8001045	斗容量 1.0m³ 轮胎式装载机	台班	1.434	585.22	839.21		
8005010	出料容量 400L 以内灰浆搅拌机	台班	2.295	137.79	316.23		
LM010201	石灰稳定类底基层	m²	40000.000	19.45	777925.20		
5501002	土	m³	10786.880	9.71	104740.60		
5503003	熟石灰	t	1107.200	303.49	336024.13		
7801001	其他材料费	元	12040.000	1.00	12040.00		

编制：黄丽平　　　　　　　　　　　　　　　　　　　　　　　　　　　　　　　　　　　　　复核：×××

表 A.0.3-1 分项工程预算计算数据表

建设项目名称：某新建二级公路
编制范围：某二级公路　　标准定额库版本号：　　校验码：　　第 2 页　共 4 页　21-1 表

分项编号/定额代号/工料机代号	项目、定额或工料机的名称	单位	数量	输入单价	输入金额	分项组价类型或定额子目取费类别	定额调整情况或分项算式
8001058	功率 120kW 以内平地机	台班	12.000	1188.74	14264.88		
8001081	机械自身质量 12～15t 光轮压路机	台班	10.000	587.09	5870.90		
8001083	机械自身质量 18～21t 光轮压路机	台班	32.000	752.93	24093.76		
8003005	功率 235kW 以内稳定土拌和机	台班	9.600	2014.07	19335.07		
8007043	容量 10000L 以内洒水汽车	台班	18.400	1104.87	20329.61		
LM010302	水泥稳定类基层	m²	40000.000	14.41	576275.60		
5501002	土	m³	10137.360	9.71	98433.77		
5509001	32.5 级水泥	t	708.240	330.02	233733.36		
7801001	其他材料费	元	12040.000	1.00	12040.00		
8001058	功率 120kW 以内平地机	台班	12.000	1188.74	14264.88		
8001081	机械自身质量 12～15t 光轮压路机	台班	11.200	587.09	6575.41		
8001083	机械自身质量 18～21t 光轮压路机	台班	32.000	752.93	24093.76		
8003005	功率 235kW 以内稳定土拌和机	台班	8.800	2014.07	17723.82		
8007043	容量 10000L 以内洒水汽车	台班	12.400	1104.87	13700.39		
LM010502	中粒式沥青混凝土面层	m²	35000.000	53.43	1869887.25		
3001001	石油沥青	t	199.574	4634.84	924991.24		
5503013	矿粉	t	186.078	179.76	33449.29		
5503015	路面用石屑	m³	658.053	106.80	70280.01		
5505017	路面用碎石(1.5cm)	m³	1200.658	126.31	151655.05		
5505018	路面用碎石(2.5cm)	m³	747.180	124.24	92829.64		
7801001	其他材料费	元	390.775	1.00	390.78		
7901001	设备摊销费	元	5559.750	1.00	5559.75		
8001047	斗容量 2.0m³ 轮胎式装载机	台班	17.815	985.54	17557.40		
8003048	生产能力 60t/h 以内沥青混合料拌和设备	台班	13.930	9629.58	134140.05		

编制：黄丽平　　　　　　　　　　　　　　　　　　　　　复核：×××

表 A.0.3-1　分项工程预算计算数据表

建设项目名称：某新建二级公路

编制范围：某二级公路　　　标准定额库版本号：　　　校验码：　　　第 3 页　共 4 页　　表 21-1

分项编号/定额代号/工料机代号	项目、定额或工料机的名称	单位	数量	输入单价	输入金额	分项组价类型或定额子目取费类别	定额调整情况或分项算式
8003057	最大摊铺宽度 4.5mm，以内沥青混合料摊铺机（带自动找平）	台班	13.178	1310.54	17269.64		
8003063	机械自身质量 10t 以内双钢轮胎振动压路机	台班	23.730	1095.48	25995.74		
8003066	机械自身质量 9~16t 轮胎式压路机	台班	11.865	650.94	7723.40		
8003067	机械自身质量 16~20t 轮胎式压路机	台班	10.115	765.52	7743.23		
8007012	装载质量 5t 以内自卸汽车	台班	11.410	574.24	6552.08		
8007014	装载质量 8t 以内自卸汽车	台班	21.753	680.18	14795.62		
8007043	容量 10000L 以内洒水汽车	台班	0.700	1104.87	773.41		
LM010503	细粒式沥青混凝土面层	m²	35000.000	33.73	1180603.90		
3001001	石油沥青	t	129.319	4634.84	599373.11		
5503013	矿粉	t	89.471	179.76	16083.22		
5503015	路面用石屑	m³	422.730	106.80	45147.56		
5505017	路面用碎石（1.5cm）	m³	1158.791	126.31	146366.83		
7801001	其他材料费	元	293.055	1.00	293.06		
7901001	设备摊销费	元	4499.985	1.00	4499.99		
8001047	斗容量 2.0m³ 以内沥青混合料轮胎式装载机	台班	10.658	985.54	10503.39		
8003048	生产能力 60t/h 以内沥青混合料拌和设备	台班	8.348	9629.58	80382.92		
8003057	最大摊铺宽度 4.5mm，以内沥青混合料摊铺机（带自动找平）	台班	7.959	1310.54	10430.59		
8003063	机械自身质量 10t 以内双钢轮胎振动压路机	台班	14.322	1095.48	15689.46		
8003066	机械自身质量 9~16t 轮胎式压路机	台班	7.161	650.94	4661.38		
8003067	机械自身质量 16~20t 轮胎式压路机	台班	6.111	765.52	4678.09		
8007012	装载质量 5t 以内自卸汽车	台班	6.836	574.24	3925.22		
8007014	装载质量 8t 以内自卸汽车	台班	17.924	680.18	12191.21		
8007043	容量 10000L 以内洒水汽车	台班	0.420	1104.87	464.05		
2010101	土地补偿费	亩	90.000	8000.00	720000.00		

编制：黄丽平　　　　　　　　　　　复核：×××

附录 WECOST（V9.7.1版）软件编制的预算文件示例

表 A.0.3-1 分项工程预算计算数据表

建设项目名称：某新建二级公路

编制范围：某二级公路　　标准定额库版本号：　　校验码：　　第 4 页　共 4 页　21-1 表

分项编号/定额代号/工料机代号	项目、定额或工料机的名称	单位	数量	输入单价	输入金额	分项组价类型或定额子目取费类别	定额调整情况或分项算式
30101	建设单位（业主）管理费	公路公里	5.000	55128.78	275643.88		
30102	建设项目信息化费	公路公里	5.000	6776.30	33881.52		
30103	工程监理费	公路公里	5.000	34121.97	170609.84		
30104	设计文件审查费	公路公里	5.000	902.25	4511.23		
30105	竣（交）工验收试验检测费	公路公里	5.000	13800.00	69000.00		
30602	办公和生活用家具购置费	公路公里	5.000	5800.00	29000.00		

编制：黄丽平　　复核：×××

表 A.0.3-2　分项工程预算表

编制范围：某二级公路　　工程名称：临时便道（修建、拆除与维护）　　单位：km　　数量：4.0　　单价：15491.18775　　第 1 页　　共 11 页　　21-2 表

分项编号：1010101

工程项目									汽车便道					
工程细目									汽车便道路基宽 7m（平原微丘区）					
定额单位									1km					
工程数量									4.000					
定额表号									7-1-1-1					
序号	工、料、机名称	单位	单价（元）	定额	数量	金额（元）	定额	数量	金额（元）	合计				
										数量	金额（元）			
1	人工	工日	106.28	24.600	98.400	10458				98.400	10458			
2	功率75kW以内履带式推土机 TY100	台班	884.21	8.990	35.960	31796				35.960	31796			
3	机械自身质量6~8t 光轮压路机 2Y-6/8	台班	361.02	0.800	3.200	1155				3.200	1155			
4	机械自身质量8~10t 光轮压路机 2Y-8/10	台班	396.49	0.500	2.000	793				2.000	793			
5	机械自身质量12~15t 光轮压路机 3Y-12/15	台班	587.09	2.120	8.480	4979				8.480	4979			
6	定额基价	元	1.00	12295.000	49180.000	12295								
	直接费	元					49180.91				49181			
措施费	I	元		49180.911	0.868%		426.89				427			
	II	元		49180.911	1.201%		590.65				591			
	企业管理费	元		49180.000	4.559%		2242.12				2242			
	规费	元		52439.663	7.42%		3891.02				3891			
	利润	元												
	税金	元		56331.590	10.0%		5633.16				5633			
	金额合价	元					61964.75				61965			

编制：黄丽平　　　　　　　　　　　　　　　　　　　　　　　　　　　　　　复核：×××

表 A.0.3-2 分项工程预算表

编制范围：某二级公路　　工程名称：临时供电设施　　单价：0.0　　数量：0.0　　单价：0.0　　合计　　21-2 表

分项编号：10104

	工程项目			架设输电线路						第 2 页 共 11 页	
	工程细目			架设输电线路							
	定额单位			100m							
	工程数量			20.000							
	定额表号			7-1-5-1							

序号	工、料、机名称	单位	单价（元）	定额	数量	金额（元）	定额	数量	金额（元）	数量	金额（元）
1	人工	工日	106.28	4.500	90.000	9565				90.000	9565
2	8~12号铁丝镀锌铁丝	kg	4.36	4.200	84.000	366				84.000	366
3	型钢工字钢角钢	t	3504.27	0.015	0.300	1051				0.300	1051
4	钢板A3,δ=5~40mm	t	3547.01	0.050	1.000	3547				1.000	3547
5	软件软件	kg	4.53	11.500	230.000	1042				230.000	1042
6	钢筋混凝土电杆(7m)	根	264.10	3.000	60.000	15846				60.000	15846
7	120/20聚乙烯绝缘电力电缆规格120/20	m	14.02	315.000	6300.000	88326				6300.000	88326
8	其他材料费	元	1.00	157.800	3156.000	3156				3156.000	3156
9	设备摊销费	元	1.00	3697.900	73958.000	73958				73958.000	73958
10	定额基价	元	1.00	9843.000	196860.000	9843					
	直接费	元				196857.63					196858
	措施费 Ⅰ	元		9565.200	0.868%	83.03					83
	措施费 Ⅱ	元		196857.631	1.201%	2364.29					2364
	企业管理费	元		196860.000	4.559%	8974.85					8975
	规费	元									
	利润	元		208282.156	7.42%	15454.54					15455
	税金	元		223734.330	10.0%	22373.43					22373
	金额合价	元				246107.76					246108

编制：黄丽平　　　　复核：×××

表 A.0.3-2 分项工程预算表

编制范围：某二级公路
分项编号：LJ0201　　工程名称：挖土方　　单位：m³　　数量：65000.0　　单价：11.02454　　第 3 页　共 11 页　21-2 表

序号	工、料、机名称	单位	单价（元）	工程项目：挖掘机挖装土、石方			工程项目：自卸汽车运土、石方			工程项目：零填及挖方路基			合计	
				工程细目：斗容量1.0m³ 履带式单斗挖掘机 WY100 液压 挖装普通土			工程细目：装载质量8t 以内自卸汽车运土第一个1km			工程细目：二级公路零填及挖方路基 12~15t 光轮压路机碾压				
				定额单位：1000m³ 天然密实方			定额单位：1000m³ 天然密实方			定额单位：1000m²				
				工程数量：65.000			工程数量：65.000			工程数量：20.000				
				定额表号：1-1-9-5			定额表号：1-1-11-3			定额表号：1-1-18-24				
				定额	数量	金额（元）	定额	数量	金额（元）	定额	数量	金额（元）	数量	金额（元）
1	人工	工日	106.28	3.100	201.500	21415				0.700	14.000	1488	215.500	22903
2	斗容量1.0m³ 履带式单斗挖掘机 WY100 液压	台班	1195.01	1.980	128.700	153798							128.700	153798
3	功率120kW 以内平地机 F155	台班	1188.74							0.440	8.800	10461	8.800	10461
4	机械自身质量12~15t 光轮压路机 3Y-12/15	台班	587.09							2.730	54.600	32055	54.600	32055
5	装载质量8t 以内自卸汽车 QD351	台班	680.18				8.250	536.250	364747				536.250	364747
6	定额基价	元	1.00	2696.000	175240.000	2696	5611.000	364715.000	5611	2200.000	44000.000	2200		
	直接费	元			175213.207	175213.21		364746.525	364746.53		44003.946	44003.95		583964
	措施费	Ⅰ	元	0.686%	175213.207	1201.96	0.594%	364746.525	2166.59	0.686%	44003.946	301.87		3670
		Ⅱ	元	0.521%	175213.207	913.00	0.154%	364715.000	561.66	0.521%	44003.946	229.24		1704
	企业管理费		元	3.461%	175240.000	6065.06	2.612%	364746.525	9526.36	3.461%	44000.000	1522.84		17114
	规费		元											
	利润		元	7.42%	183420.013	13609.77	7.42%	376969.609	27971.15	7.42%	46053.949	3417.20		44998
	税金		元	10.0%	197002.990	19700.30	10.0%	404972.280	40497.23	10.0%	49475.100	4947.51		65145
	金额合价		元		216703.29			445469.51			54422.61			716595

编制：黄丽平　　　　　　　　　　　　　　　　　　　　　　　　复核：×××

表 A.0.3-2 分项工程预算表

编制范围：某二级公路　　工程名称：利用土方填筑　　单位：m³　　数量：38000.0　　单价：5.05846　　21-2 表

分项编号：LJ0301　　　　　　　　　　　　　　　　　　　　　　　　　　　　　　　　　　　　第 4 页　共 11 页

序号	工程项目 工程细目 定额单位 工程数量 定额表号 工、料、机名称				单位	单价（元）	定额	Ⅰ 数量	金额（元）	Ⅱ 定额	数量	金额（元）	合计 数量	金额（元）
	工程项目								填方路基					
	工程细目								二级公路填方路基，自身质量 12～15t 光轮压路机碾压土方					
	定额单位								1000m³ 压实方					
	工程数量								38.000					
	定额表号								1-1-18-6					
1	人工				工日	106.28	2.100	79.800	8481				79.800	8481
2	功率 120kW 以内平地机 F155				台班	1188.74	1.470	55.860	66403				55.860	66403
3	机械自身质量 12～15t 光轮压路机 3Y-12/15				台班	587.09	3.610	137.180	80537				137.180	80537
4	定额基价				元	1.00	4090.000	155420.000	4090					
	直接费				元				155421.17					155421
	措施费	Ⅰ			元		155421.167	0.686%	1066.19					1066
		Ⅱ			元		155421.167	0.521%	809.74					810
	企业管理费				元		155420.000	3.461%	5379.09					5379
	规费				元									
	利润				元		162675.013	7.42%	12070.49					12070
	税金				元		174746.670	10.0%	17474.67					17475
	金额单价				元				192221.33					192221

编制：黄丽平　　　复核：×××

表 A.0.3-2　分项工程预算表

编制范围：某二级公路
分项编号：LJ070　工程名称：一般边坡防护与加固　单位：km　数量：5.0　单价：11040.4734　第 5 页　共 11 页　21-2 表

序号	工程项目					人工挖基坑土、石方			浆砌片石			石砌护坡			合计
	工程细目					人工挖基坑土方（深3mm，以内干处）			浆砌片石基础、护底、截水墙			浆砌片石护坡（坡高10mm，以内）			
	定额单位					1000m³			10m³			10m³ 实体			
	工程数量					0.064			4.800			10.500			
	定额表号					4-1-1-1			4-5-2-1			1-4-11-2			
	工、料、机名称	单位	单价（元）	定额	数量	金额（元）	定额	数量	金额（元）	定额	数量	金额（元）	数量	金额（元）
1	人工	工日	106.28	269.500	17.248	1833	6.600	31.680	3367	7.700	80.850	8593	129.778	13793
2	水	m³	2.72				4.000	19.200	52	16.000	168.000	457	187.200	509
3	中（粗）砂泥凝土、砂浆用堆方	m³	120.47				3.820	18.336	2209	4.060	42.630	5136	60.966	7345
4	片石码方	m³	96.88				11.500	55.200	5348	11.500	120.750	11698	175.950	17046
5	32.5级水泥	t	330.02				0.931	4.469	1475	1.003	10.532	3476	15.000	4950
6	其他材料费	元	1.00				1.200	5.760	6	3.500	36.750	37	42.510	43
7	斗容量1.0m³轮胎式装载机ZL20	台班	585.22				0.080	0.384	225	0.100	1.050	614	1.434	839
8	出料容量400L以内走浆搅拌机UJ325	台班	137.79				0.150	0.720	99	0.150	1.575	217	2.295	316
9	定额基价	元	1.00	28642.000	1833.000	28642	2127.000	10210.000	2127	2334.000	24507.000	2334		
	直接费	元				1833.12			12780.37			30227.45		44841
	措施费	I	元	1833.117	1.124%	20.60	3690.884	1.124%	41.49	9424.238	0.868%	81.80		144
		II	元	1833.117	1.537%	28.17	10209.744	1.537%	156.92	24503.927	1.201%	294.33		479
	企业管理费		元	1833.088	5.885%	107.88	10209.600	5.885%	600.83	24507.000	4.559%	1117.27		1826
	规费		元											
	利润		元	1989.744	7.42%	147.64	11008.841	7.42%	816.86	26000.404	7.42%	1929.23		2894
	税金		元	2137.410	10.0%	213.74	14396.470	10.0%	1439.65	33650.090	10.0%	3365.01		5018
	全额合价		元			2351.15			15836.12			37015.10		55202

编制：黄丽平　　　　　　　　　　　　　　　　复核：×××

附录　WECOST（V9.7.1版）软件编制的预算文件示例

表 A.0.3-2　分项工程预算表

编制范围：某二级公路　　工程名称：石灰稳定类底基层　　单位：m²　　数量：40000.0　　单价：19.44813

分项编号：LM010201

表 21-2　第 6 页　共 11 页

序号	工程项目	工、料、机名称	单位	单价（元）	定额	数量	金额（元）	合计 定额	合计 数量	合计 金额（元）
	工程细目				稳定土拌和机拌和石灰土基层（石灰剂量8%，压实厚度20cm）					
	定额单位				1000m²					
	工程数量				40.000					
	定额表号				2-1-3-19改					
1	人工	工日	106.28	23.000	920.000	97778		920.000	97778
2	土路面用堆方	m³	9.71	269.672	10786.880	104741		10786.880	104741
3	熟石灰	t	303.49	27.680	1107.200	336024		1107.200	336024
4	其他材料费	元	1.00	301.000	12040.000	12040		12040.000	12040
5	功率120kW以内平地机 F155	台班	1188.74	0.300	12.000	14265		12.000	14265
6	机械自身质量12~15t光轮压路机 3Y-12/15	台班	587.09	0.250	10.000	5871		10.000	5871
7	机械自身质量18~21t光轮压路机 3Y-18/21	台班	752.93	0.800	32.000	24094		32.000	24094
8	功率235kW以内稳定土拌和机 WB230	台班	2014.07	0.240	9.600	19335		9.600	19335
9	容量1000L以内洒水汽车 YGJ5170GSSJN	台班	1104.87	0.460	18.400	20330		18.400	20330
10	定额基价	元	1.00	15120.000	604800.000	15120			
	直接费	元				634476.55			634477
	措施费 Ⅰ	元		181671.820	0.999%	1814.90			1815
	措施费 Ⅱ	元		604814.665	0.818%	4947.26			4947
	企业管理费	元		604800.000	3.169%	19166.11			19166
	规费	元		630728.275	7.42%				
	利润	元		707204.870	10.0%	46800.04			46800
	税金	元				70720.49			70720
	金额合价	元				777925.36			777925

编制：黄丽平　　　　　　　　　　　　　　　　　　　复核：×××

表 A.0.3-2　分项工程预算表

编制范围：某二级公路　　工程名称：水泥稳定表基层　　单位：m²　　数量：40000.0　　单价：14.40689　　第 7 页　共 11 页　21-2 表

分项编号：LM010302

工程项目		工程细目	定额单位	工程数量	定额表号								
		稳定土拌和机拌和水泥土基层（水泥剂量6%，压实厚度18cm）	1000m²	40.000	2-1-2-17 改								

序号	工、料、机名称	单位	单价（元）	定额	数量	合价（元）	定额	数量	金额（元）	定额	数量	合计金额（元）
1	人工	工日	106.28	11.500	460.000	48889					460.000	48889
2	土路面用堆方	m³	9.71	253.434	10137.360	98434					10137.360	98434
3	32.5 级水泥	t	330.02	17.706	708.240	233733					708.240	233733
4	其他材料费	元	1.00	301.000	12040.000	12040					12040.000	12040
5	功率 120kW 以内平地机 F155	台班	1188.74	0.300	12.000	14265					12.000	14265
6	机械自身质量 12~15t 光轮压路机 3Y-12/15	台班	587.09	0.280	11.200	6575					11.200	6575
7	机械自身质量 18~21t 光轮压路机 3Y-18/21	台班	752.93	0.800	32.000	24094					32.000	24094
8	功率 235kW 以内稳定土拌和机 WB230	台班	2014.07	0.220	8.800	17724					8.800	17724
9	容量 10000L 以内洒水汽车 YCJ5170GSSJN	台班	1104.87	0.310	12.400	13700					12.400	13700
10	定额基价	元	1.00	11341.000	453640.000	11341						
	直接费	元				469454.18						469454
措施费	Ⅰ	元			0.999%	1251.22						1251
	Ⅱ	元			0.818%	3710.78						3711
	企业管理费	元			3.169%	14375.85						14376
	规费	元										
	利润	元		125247.052	7.42%	35094.96						35095
	税金	元		453639.183	10.0%	52388.70						52389
	金额合价	元		453640.000		576275.68						576276
				472977.844								
				523886.980								

编制：黄丽平　　　　　　　　　　　　　　　　　　　复核：×××

附录　WECOST（V9.7.1版）软件编制的预算文件示例

表 A.0.3-2 分项工程预算表

编制范围：某二级公路

分项编号：LM010502		工程名称：中粒式沥青混凝土面层		单位：m²		数量：35000.0		单价：53.42535		第 8 页　共 11 页		21-2 表
序号	工程项目		中粒式			沥青混合料运输		沥青混合料路面铺筑			合计	
	工程细目		拌和沥青混凝土混合料（中粒式）		生产能力 60t/h 以内设备	装载质量 8t 以内自卸汽车 运输沥青混合料 1km		生产能力 60t/h 以内设备拌和，机械 摊铺沥青混凝土混合料（中粒式）				
	定额单位		1000m³ 路面实体		1000m³		1000m³		1000m³ 路面实体			
	工程数量		1.750			1.750		1.750				
	定额表号		2-2-11-9			2-2-13-1 改		2-2-14-35				
	工、料、机名称	单位	单价（元）	定额	数量	金额（元）	定额	数量	金额（元）	定额	数量	金额（元）	数量	金额（元）
1	人工	工日	106.28	51.700	90.475	9616				40.500	70.875	7533	161.350	17148
2	石油沥青	t	4634.84	114.042	199.574	924991							199.574	924991
3	矿粉粒径 <0.0074cm 重量比 >70%	t	179.76	106.330	186.078	33449							186.078	33449
4	路面用石屑	m³	106.80	376.030	658.053	70280							658.053	70280
5	路面用碎石(1.5cm)最大粒径 1.5cm 堆方	m³	126.31	686.090	1200.658	151655							1200.658	151655
6	路面用碎石(2.5cm)最大粒径 2.5cm 堆方	m³	124.24	426.960	747.180	92830							747.180	92830
7	其他材料费	元	1.00	223.300	390.775	391							390.775	391
8	设备摊销费	元	1.00	3177.000	5559.750	5560							5559.750	5560
9	斗容量 2.0m³ 轮胎式装载机 ZL40	台班	985.54	10.180	17.815	17557							17.815	17557
10	生产能力 60t/h 以内沥青混合料拌和设备 LB800	台班	9629.58	7.960	13.930	134140							13.930	134140
11	最大摊铺宽度 4.5mm，以内沥青混合料摊铺机(带自动找平)2LTZ45	台班	1310.54							7.530	13.178	17270	13.178	17270
12	机械自身质量 10t 以内双钢轮振动压路机 YZC-10	台班	1095.48							13.560	23.730	25996	23.730	25996
13	机械自身质量 9~16t 轮胎式压路机 YL16	台班	650.94							6.780	11.865	7723	11.865	7723
14	机械自身质量 16~20t 轮胎式压路机 YL120	台班	765.52							5.780	10.115	7743	10.115	7743
15	装载质量 5t 以内自卸汽车 CA340	台班	574.24	6.520	11.410	6552							11.410	6552
16	装载质量 8t 以内自卸汽车 QD351	台班	680.18				12.430	21.753	14796				21.753	14796
17	容量 10000L 以内洒水汽车 YGJ5170GSSJN	台班	1104.87							0.400	0.700	773	0.700	773

编制：黄丽平　　　　　　　　　　　　　　　　　　　　　　　　　　　　　　复核：×××

表 A.0.3-2 分项工程预算表

编制范围：某二级公路

分项编号：LM010502　工程名称：中粒式沥青混凝土面层　单位：m²　数量：35000.0　单价：53.42535　第 9 页　共 11 页　21-2 表

序号	工程项目		单位	单价(元)	中粒式			沥青混合料运输			沥青混合料路面铺筑			合计	
	工程细目				生产沥青混凝土混合料（中粒式）拌和沥青混凝土混合料设备以内h/t60能力			运输沥青混合料1km自卸汽车以内t8量质载表			摊铺沥青混凝土混合料（中粒式）铺装面路设备以内h/t60能力生产沥青混合料，机械式				
	定额单位				1000m³ 路面实体			1000m³			1000m³ 路面实体				
	工程数量				1.750			1.750			1.750				
	定额表号				2-2-11-9			2-2-13-1 改			2-2-14-35				
	工、料、机名称				定额	数量	金额(元)	定额	数量	金额(元)	定额	数量	金额(元)	数量	金额(元)
18	定额基价		元	1.00	776588.000	1359029.000	776588	8455.000	14796.000	8455	38307.000	67037.000	38307		1528855
	直接费		元				1447020.9			14795.62			67038.02		
	措施费	Ⅰ	元		167865.206	0.999%	1676.97	14795.615	0.594%	87.89	67038.023	0.999%	669.71		2435
		Ⅱ	元		1359029.338	0.818%	11116.86	14795.615	0.154%	22.79	67038.023	0.818%	548.36		11688
	企业管理费		元		1359029.000	3.169%	43067.63	14796.250	2.612%	386.48	67037.250	3.169%	2124.41		45579
	规费		元												
	利润		元		1414890.458	7.42%	104984.87	15293.396	7.42%	1134.77	70379.730	7.42%	5222.18		111342
	税金		元		1607867.290	10.0%	160786.73	16427.540	10.0%	1642.75	75602.680	10.0%	7560.27		169990
	金额合价		元				1768654.0			18070.29			83162.95		1869887

编制：黄丽平　　　　　　　　　　　　　　复核：×××

附录　WECOST(V9.7.1版)软件编制的预算文件示例

表A.0.3-2　分项工程预算表

编制范围：某二级公路　　工程名称：细粒式沥青混凝土面层　　单位：m²　　数量：35000.0　　单价：33.73154　　第10页　共11页　　21-2表

分项编号：LM010503

序号	工、料、机名称	单位	单价（元）	工程项目		工程细目		沥青混合料运输		沥青混合料路面铺筑		合计	
				细粒式		生产能力60t/h以内设备拌和沥青混凝土混合料（细粒式）		装载质量8t以内自卸汽车运输沥青混合料3km		生产能力60t/h以内设备拌和、机械摊铺沥青混凝土混合料（细粒式）			
				定额单位		1000m³ 路面实体		1000m³		1000m³ 路面实体			
				工程数量		1.050		1.050		1.050			
				定额表号		2-2-11-16		2-2-13-1 改		2-2-14-36			
				定额	数量	金额（元）	定额	数量	金额（元）	定额	数量	金额（元）	数量	金额（元）
1	人工	工日	106.28	51.500	54.075	5747				41.800	43.890	4665	97.965	10412
2	石油沥青	t	4634.84	123.161	129.319	599373							129.319	599373
3	矿粉粒径<0.0074cm 重量比>70%	t	179.76	85.210	89.471	16083							89.471	16083
4	路面用石屑	m³	106.80	402.600	422.730	45148							422.730	45148
5	路面用碎石(1.5cm)最大粒径1.5cm推沙	m³	126.31	1103.610	1158.791	146367							1158.791	146367
6	其他材料费	元	1.00	279.100	293.055	293							293.055	293
7	设备摊销费	元	1.00	4285.700	4499.985	4500							4499.985	4500
8	斗容量2.0m³轮胎式装载机ZL40	台班	985.54	10.150	10.658	10503							10.658	10503
9	生产能力60t/h以内沥青混合料拌和设备 LB800	台班	9629.58	7.950	8.348	80383							8.348	80383
10	最大摊铺宽度4.5mm，以内沥青混合料摊铺机（带自动找平）2LTZ45	台班	1310.54							7.580	7.959	10431	7.959	10431
11	机械自身质量10t以内双钢轮振动压路机 YZC-10	台班	1095.48							13.640	14.322	15689	14.322	15689
12	机械自身质量9~16t轮胎式压路机 YL16	台班	650.94							6.820	7.161	4661	7.161	4661
13	机械自身质量16~20t轮胎式压路机 YL20	台班	765.52							5.820	6.111	4678	6.111	4678
14	装载质量5t以内自卸汽车 CA340	台班	574.24	6.510	6.836	3925							6.836	3925
15	装载质量8t以内自卸汽车 QD351	台班	680.18				17.070	17.924	12191				17.924	12191
16	容量10000L以内洒水汽车 YGJ5170GSSJN	台班	1104.87							0.400	0.420	464	0.420	464
17	定额基价	元	1.00	818404.000	859324.000	818404	11611.000	12192.000	11611	38655.000	40588.000	38655		

编制：黄丽平　　　　　　　　　　　　　　　　　　　　　　　　　　　　复核：×××

编制范围：某二级公路

表 A.0.3-2 分项工程预算表

分项编号：LM010503　工程名称：细粒式沥青混凝土面层　单位：m²　数量：35000.0　单价：33.73154　第 11 页　共 11 页　21-2 表

序号	工程项目				细粒式			沥青混合料运输			沥青混合料路面铺筑			合计
	工程细目				生产能力60t/h以内设备拌和沥青混凝土混合料(细粒式)			装载质量8t以内自卸汽车运输沥青混合料3km			生产能力60t/h以内设备拌和、机械摊铺沥青混凝土混合料(细粒式)			
	定额单位				1000m³ 路面实体			1000m³			1000m³ 路面实体			
	工程数量				1.050			1.050			1.050			
	定额表号				2-2-11-16			2-2-13-1改			2-2-14-36			
	工、料、机名称	单位	单价(元)	定额	数量	金额(元)	定额	数量	金额(元)	定额	数量	金额(元)	数量	金额(元)
	直接费	元				912322.38			12191.21			40588.20		965102
	措施费 Ⅰ	元		100558.620	0.999%	1004.58	12191.206	0.594%	72.42	40588.201	0.999%	405.48		1482
	措施费 Ⅱ	元		859324.531	0.818%	7029.27	12191.206	0.154%	18.77	40588.201	0.818%	332.01		7380
	企业管理费	元		859324.200	3.169%	27231.98	12191.550	2.612%	318.44	40587.750	3.169%	1286.23		28837
	规费	元		894590.040	7.42%	66378.58	12601.186	7.42%	935.01	42611.456	7.42%	3161.77		
	利润	元												70475
	税金	元		1013966.790	10.0%	101396.68	13535.850	10.0%	1353.59	45773.680	10.0%	4577.37	107328	
	金额合计	元				1115363.4			14889.43			50351.05		1180604

编制：黄丽平　　　　复核：×××

附录 WECOST（V9.7.1版）软件编制的预算文件示例

表 A.0.3-3 材料预算单价计算表

建设项目名称：某新建二级公路

编制范围：某二级公路

第 1 页 共 1 页 22表

代号	规格名称	单位	原价（元）	供应地点	运输方式、比重及运距(km)	运杂费 毛质量系数或单位毛质量	运杂费构成说明或计算式	单位运费（元）	价运费合计（元）	场外运输损耗 费率(%)	场外运输损耗 金额(元)	采购及保管费 费率(%)	采购及保管费 金额(元)	预算单价（元）
3001001	石油沥青	t	4500.000	汝南—驻马店	汽车,1.0,0.0 汽车,1.0,25.0	1.000000	(0.5×25.0+6.2×1.0)×1×1	18.700	4518.70	0.500	22.594	2.060	93.551	4634.840
5503003	熟石灰	t	270.000	汝南—驻马店	汽车,1.0,0.0 汽车,1.0,25.0	1.000000	(0.5×25.0+6.2×1.0)×1×1	18.700	288.70	3.000	8.661	2.060	6.126	303.490
5503005	中（粗）砂	m³	86.000	汝南—驻马店	汽车,1.0,0.0 汽车,1.0,25.0	1.500000	(0.5×25.0+6.2×1.0)×1×1.5	28.050	114.05	3.500	3.992	2.060	2.432	120.470
5503013	矿粉	t	155.000	汝南—驻马店	汽车,1.0,0.0 汽车,1.0,25.0	1.000000	(0.5×25.0+6.2×1.0)×1×1	18.700	173.70	1.400	2.432	2.060	3.628	179.760
5505005	片石	m³	65.000	汝南—驻马店	汽车,1.0,0.0 汽车,1.0,25.0	1.600000	(0.5×25.0+6.2×1.0)×1×1.6	29.920	94.92			2.060	1.955	96.880
5505017	路面用碎石(1.5cm)	m³	94.000	汝南—驻马店	汽车,1.0,0.0 汽车,1.0,25.0	1.500000	(0.5×25.0+6.2×1.0)×1×1.5	28.050	122.05	1.400	1.709	2.060	2.549	126.310
5505018	路面用碎石(2.5cm)	m³	92.000	汝南—驻马店	汽车,1.0,0.0 汽车,1.0,25.0	1.500000	(0.5×25.0+6.2×1.0)×1×1.5	28.050	120.05	1.400	1.681	2.060	2.508	124.240
5509001	32.5级水泥	t	300.000	汝南—驻马店	汽车,1.0,0.0 汽车,1.0,25.0	1.010000	(0.5×25.0+6.2×1.0)×1×1.01	18.890	318.89	1.400	4.464	2.060	6.661	330.020

编制：黄丽平　　复核：×××

表 A.0.3-6 施工机械台班单价计算表

建设项目名称：某新建二级公路
编制范围：某二级公路

第 1 页 共 2 页　　表 24

序号	代号	机械名称	台班单价(元)	不变费用(元) 调整系数:1.0		机械工 106.28元/工日		重油 3.59元/kg		汽油 8.29元/kg		柴油 7.44元/kg		煤 元/t		电 0.85元/(kW·h)		水 元/m³		木柴 元/kg		车船税	合计
				定额	调整值	定额	费用	定额	费用	定额	费用	定额	费用	定额	费用	定额	费用	定额	费用	定额	费用	
1	8001002	功率75kW以内履带式推土机	884.21	262.670	262.67	2.000	212.56					54.970	408.98										621.54
2	8001027	斗容量1.0m³履带式单斗挖掘机	1195.01	425.120	425.12	2.000	212.56					74.910	557.33										769.89
3	8001045	斗容量1.0m³轮胎式装载机	585.22	114.160	114.16	1.000	106.28					49.030	364.78										471.06
4	8001047	斗容量2.0m³轮胎式装载机	985.54	188.380	188.38	1.000	106.28					92.860	690.88										797.16
5	8001058	功率120kW以内平地机	1188.74	365.130	365.13	2.000	212.56					82.130	611.05										823.61
6	8001081	机械自身质量12~15t光轮压路机	587.09	183.210	183.21	1.000	106.28					40.000	297.60										403.88
7	8001083	机械自身质量18~21t光轮压路机	752.93	206.200	206.20	1.000	106.28					59.200	440.45										546.73
8	8003005	功率235kW以内稳定土拌和机	2014.07	702.470	702.47	2.000	212.56					147.720	1099.04										1311.60
9	8003048	生产能力60t/h以内沥青混合料拌和设备	9629.58	1718.580	1718.58	3.000	318.84	1795.200	6444.77							1349.870	1147.39						7911.00
10	8003057	以内沥青混合料摊铺机最大摊铺宽度4.5mm（带自动找平）	1310.54	785.050	785.05	2.000	212.56					42.060	312.93										525.49

编制：黄丽平　　　　　　　　　　　　　　　　　　　　　　复核：×××

表 A.0.3-6 施工机械台班单价计算表

建设项目名称：某新建二级公路
编制范围：某二级公路

第 2 页 共 2 页 表 24

序号	代号	机械名称	台班单价(元)	不变费用(元) 调整系数:1.0		可变费用(元)												合计
					调整值	机械工 106.28 元/工日		重油 3.59 元/kg		汽油 8.29 元/kg		柴油 7.44 元/kg		煤 元/t		电 0.85 元/(kW·h)		水 元/m³		木柴 元/kg		车船税	
				定额		定额	费用	定额	费用	定额	费用	定额	费用	定额	费用	定额	费用	定额	费用	定额	费用		
11	8003063	机械自身质量10t以内双钢轮振动压路机	1095.48	478.180	478.18	2.000	212.56					54.400	404.74										617.30
12	8003066	机械自身质量9~16t轮胎式压路机	650.94	294.680	294.68	1.000	106.28					33.600	249.98										356.26
13	8003067	机械自身质量16~20t轮胎式压路机	765.52	343.780	343.78	1.000	106.28					42.400	315.46										421.74
14	8005010	出料容量400L以内灰浆搅拌机	137.79	13.230	13.23	1.000	106.28									21.510	18.28						124.56
15	8007012	装载质量5t以内自卸汽车	574.24	120.530	120.53	1.000	106.28			41.910	347.43												453.71
16	8007014	装载质量8t以内自卸汽车	680.18	205.990	205.99	1.000	106.28					49.450	367.91										474.19
17	8007043	容量10000L以内洒水汽车	1104.87	605.760	605.76	1.000	106.28					52.800	392.83										499.11

编制：黄丽平　　　　　　复核：×××

课 程 标 准

【课程名称】 公路施工与养护管理

【参考学时】 128 学时,理论教学 104 学时,实训教学为 24 学时

一、课程性质

本课程是道路与桥梁工程施工、公路养护与管理等相关专业的核心课程之一,也是专业必修课,旨在培养学生从事相关工作的职业能力和职业素养,要求学生能够了解公路建设管理的一般概念,熟悉公路施工组织设计的内容和方法,具备编制简单公路工程项目预算文件的能力,熟悉公路施工质量管理和公路养护管理的基本原理和方法。本课程与主要相关课程的关系详见表1。

主要相关课程一览表　　　　　　　　　　　　表1

序号	主要课程名称		需要掌握的知识和基本能力
1	先修课程	道路工程识图	能够识读简单的公路、桥涵结构物图样
2		道路勘测设计	掌握道路的平面、纵断面、横断面及道路线形组合设计的原理和方法,培养学生具备道路、桥梁、隧道等工程的施工放样技能
3		公路工程试验与检测	掌握常用道路建筑材料的技术标准和试验方法,具有公路工程质量检验评定的能力
4		路基路面施工技术	掌握路基路面施工基本知识,具有一定的路基路面施工和组织能力
5		桥隧施工技术	掌握桥梁隧道施工基本知识,具有一定的桥梁隧道施工和组织能力
6		公路养护技术	能够正确识别病害,掌握路况巡查、检查以及特殊检查的方法,能够进行路况评定
7	后续课程	综合实习、实训	通过综合实习、技能训练,加深对知识的理解,实现对所学知识的综合运用,为今后实际工作打下良好基础

二、课程目标

具有公路基本建设管理的一般知识,了解我国基本建设的内容和程序,掌握网络图的绘制方法,具备编制施工组织设计文件的能力,理解定额概念,熟悉定额的组成和分类,掌握定额的套用、换算、调整以及补充,学会公路工程概、预算文件的编制方法和计算程序,具备应用概、预算软件进行编制概、预算文件的能力,熟悉公路施工质量管理和公路养护管理的基本原理和方法。

1. 知识目标

(1)了解公路建设管理的概念,熟悉我国公路基本建设的内容和程序。

(2)掌握施工过程的组织原理和组织方法。

(3)熟悉施工组织设计的编制原则和程序,掌握编制施工组织设计的方法和步骤。

(4)理解公路工程定额的概念,熟悉定额的分类及组成。

(5)掌握公路工程概预算文件的编制方法和计算程序。

(6)熟悉公路工程施工项目质量管理工作体系。

(7)熟悉现行公路养护管理的组织机构,掌握公路工程养护质量的检查评定方法。

2．能力目标

(1)会编制施工进度计划,绘制施工进度图。

(2)具备编制一般工程施工组织设计文件的能力。

(3)具备正确运用公路工程定额的能力。

(4)具备编制一般工程项目概、预算文件的能力。

(5)会应用概(预)软件编制公路工程概(预)算文件。

(6)具有质量管理意识,能够对工程施工过程的质量进行管理和控制。

(7)具备评定公路工程养护质量的能力。

3．素质目标

(1)培养学生科学观察、独立思考、自主探究的习惯,使学生的学习能力、应用能力、协作能力和创新能力均有所提高,有所发展。

(2)培养科学、缜密、严谨、实事求是的工作作风。

(3)养成良好的职业道德,以及实事求是和不断求知的工作态度。

三、课程教学内容及参考学时(表2)

课程教学内容和建议学时　　　　　表2

章	节	知识内容和要求	技能内容和要求	参考学时
第一章 绪论	第一节 概述	1.了解管理学的一般知识; 2.掌握公路建设管理的概念	具备公路建设管理的一般知识	6
	第二节 公路建设的特点、管理原则和管理体制	1.掌握公路建设的概念和内容; 2.熟悉公路建设的特点; 3.了解公路建设的管理原则和管理体制	知道根据公路建设的特点,科学地组织与管理公路施工活动的重要性	
	第三节 公路基本建设	1.掌握公路基本建设的含义; 2.熟悉基本建设的项目组成	知道公路工程基本建设程序中各阶段的编制内容及要求	
第二章 施工过程组织	第一节 施工过程组织概述	1.了解施工过程组织的原理、内容和分类; 2.掌握施工过程组织的原则	具有施工过程组织的一般知识	16

续上表

章	节	知识内容和要求	技能内容和要求	参考学时
第二章 施工过程组织	第二节 施工过程的空间组织和时间组织	1. 了解施工过程空间组织和时间组织的概念； 2. 了解时间组织的基本作业方式； 3. 熟悉流水作业的参数及确定方法，掌握流水作业的作图方法	能绘制流水作业进度图； 会确定流水作业最优施工次序； 会绘制横线式施工进度图	16
	第三节 网络计划技术	1. 了解网络图的基本概念； 2. 熟悉双代号网络图的构成要素； 3. 掌握双代号网络图的绘制方法	会绘制双代号网络图	
第三章 施工组织设计	第一节 施工组织设计的任务和文件	1. 了解施工组织设计的任务和文件； 2. 熟悉施工组织设计的编制原则和程序	知道施工组织设计的内容和编制要求	14
	第二节 施工方案与施工进度计划	1. 熟悉施工方案的选择； 2. 掌握施工组织计划的编制方法	会编制施工进度计划，绘制施工进度图	
	第三节 施工平面图设计	1. 了解施工平面图的类型； 2. 掌握施工平面图设计的依据、原则和步骤	能够识读各类施工平面图	
	第四节 施工组织设计实例	通过实例分析，掌握编制施工组织设计的一般方法和步骤	具备编制一般工程施工组织设计文件的能力	
第四章 公路工程定额	第一节 定额的基本知识	1. 掌握定额的概念及分类； 2. 了解定额的作用及特点	具备定额的基本知识	18
	第二节 概、预算定额的组成	熟悉公路工程概、预算定额的内容组成	知道公路工程概、预算定额的内容组成	
	第三节 定额的运用	熟练掌握公路工程定额的运用（包括套用、换算与调整）	具备正确运用公路工程定额的能力	

续上表

章	节	知识内容和要求	技能内容和要求	参考学时
第五章 公路工程 概算预算	第一节 公路工程概算 预算概述	1.了解概算预算的概念、分类和作用； 2.掌握公路工程概、预算费用的组成； 3.掌握公路工程项目的划分及编制规则	知道公路工程概、预算有哪些费用组成	28
	第二节 概算预算 费用计算	掌握概预算各组成费用的内容和计算方法	知道概预算各项费用的计算程序和方式	
	第三节 概算预算 文件的编制	1.熟悉公路工程概、预算文件组成； 2.掌握概算预算文件的编制程序及步骤； 3.熟悉各种表格的填法、计算顺序和相互关系	具备编制一般工程项目预算文件的能力(手算法)	
	第四节 概算预算软件 的应用	1.了解 WECOST 公路工程造价管理软件的功能 2.掌握造价文件的编制流程	会该软件各界面的操作方法	
	第五节 概算预算 编制练习	熟练使用 WECOST 造价软件进行概、预算文件编制	能使用该造价软件编制一般工程项目预算文件	
第六章 施工质量 管理	第一节 质量管理概述	1.掌握质量管理概念,公路工程质量管理工作体系组成； 2.掌握全面质量管理的基本方法	能理解 PDCA 循环过程并主动应用在管理活动中	12
	第二节 施工过程的 质量管理	1.了解公路工程产品质量形成过程和质量保证体系； 2.掌握施工过程质量管理的要点	具备运用质量管理基本方法管理公路工程项目施工的能力	
	第三节 施工质量管理 常用方法	1.掌握排列图、因果分析图、调查表、直方图 2.了解管理图	能熟练使用排列图、因果分析图、调查表、直方图	

续上表

章	节	知识内容和要求	技能内容和要求	参考学时
第七章 公路养护管理	第一节 公路养护管理组织机构	1. 熟悉现行公路养护管理的组织机构 2. 了解道班管理的一般知识	具备道班管理的一般知识	10
	第二节 公路养护技术管理	熟悉公路养护技术管理的内容和方法	能够进行公路养护技术管理工作	
	第三节 公路养护质量检查评定	1. 熟悉公路养护质量基本要求； 2. 掌握公路养护质量检查评定方法	会评定公路工程养护质量	
综合实训				24
总学时				128

参 考 文 献

[1] 交通运输部第二公路工程局,西安公路交通大学.公路施工项目管理手册[M].北京:人民交通出版社,2003.
[2] 姚玉玲.公路工程施工组织学[M].2版.北京:人民交通出版社,2008.
[3] 武鹤.公路养护技术与管理[M].北京:人民交通出版社,2013.
[4] 邬晓光.工程进度监理[M].北京:人民交通出版社,1999.
[5] 李宗佳.公路工程管理[M].北京:人民交通出版社,1999.
[6] 高林.公路施工与养护管理[M].北京:人民交通出版社,2001.
[7] 中华人民共和国交通运输部.公路工程标准施工招标文件(2018年版)[M].北京:人民交通出版社股份有限公司,2018.
[8] 吴琼.公路工程管理[M].4版.北京:人民交通出版社股份有限公司,2020.
[9] 交通运输部路网监测与应急处置中心.公路工程概算定额:JTG/T 3831—2018[S].北京:人民交通出版社股份有限公司,2018.
[10] 交通运输部路网监测与应急处置中心.公路工程预算定额:JTG/T 3832—2018[S].北京:人民交通出版社股份有限公司,2018.
[11] 交通运输部路网监测与应急处置中心.公路工程机械台班费用定额:JTG/T 3833—2018[S].北京:人民交通出版社股份有限公司,2018.
[12] 交通运输部路网监测与应急处置中心.公路工程建设项目概算预算编制办法:JTG/T 3830—2018[S].北京:人民交通出版社股份有限公司,2018.
[13] 交通运输部公路科学研究院.公路技术状况评定标准:JTG 5210—2018[S].北京:人民交通出版社股份有限公司,2018.
[14] 王首绪.公路施工组织与概预算[M].4版.北京:人民交通出版社股份有限公司,2020.